그림책으로 시작하는
생태 전환 교육

일러두기

- 외래어 표기는 국립국어원 원칙을 기본으로 삼되 인명이나 지명 등 통상적으로 굳어진 표현과 그림책에 등장하는 고유 명사 등은 해당 표기를 따랐습니다.
- 본문에 등장하는 책의 출간 연도는 현재 유통되는 판본의 발행 연도를 기준으로 삼아 표기했습니다.
- 책 제목은 『　』, 잡지, 신문, 영상물 등은 <　>로 표기했습니다.

그림책
학교 13

그림책으로
시작하는

생태
전환
교육

그림책사랑교사모임 지음

학교
도서관
저널

여는 글

그림책으로 알차게 꾸리는
환경 수업

2019년 전 세계를 충격에 빠뜨렸던 코로나19 바이러스는 우리에게 일상의 소중함을 일깨워 준 동시에 바이러스의 원인을 깊이 생각해 볼 수 있게 하였다. 인수 공통 감염 바이러스가 사람에게 전염되는 원인으로 동물의 서식지가 파괴되었기 때문이라는 점이 발견된 것이다. 살 곳을 잃은 동물이 인간이 사는 장소로 옮겨 오며 전염병이 전파되었다는 연구 사례가 종종 보고되고 있다. 이를 계기로 인간의 생활뿐만 아니라 지구 환경 전반에 대한 위기 의식이 한층 높아졌다. 학자들은 '기후 위기 시대'가 왔다고 발표한다. 세계 각국에서는 홍수, 가뭄, 폭설 등 이상 기후 현상이 일어나고 있고 우리나라도 마찬가지이다. 2022년에는 국지성 집중 호우의 원인 중 하나로 우리나라 인근 해안의 해수면 온도가 상승했기 때문이라는 뉴스가 보도된 바 있다. 지구 어느 곳도 기후 위기에서 자유로울 수 없다는 점을 시사하는 부분이다.

국제 사회는 17가지 국가 지속 가능 발전 목표를 정하여 기후 위기를 해결하기 위해 노력하고 있다. 그중 하나가 온실가스 배출을 줄이고 최소한으로 배출되는 양은 산림과 습지를 통해 흡수되게 하여 실질적인 온실가스 양이 '0'이 되도록 하는 '탄소 중립'을 2050년까지 실현하기로 한 계획이다. 더불어 함께 사는 세상을 만들기 위해 환경에 대한 우리 교육에도 변화가 필요하다. 이에 맞추어 2022 개정 교육과정에서는 인간과 환경의 공존을 추구하는 생태 전환 교육을 강조하고 있다.

교육과정과 연계한 생태 전환 교육은 '더불어 사는 사람'과 핵심 역량을 연계하여 지속 가능한 삶을 살아가는 데에 필요한 생명, 즉 자연과 같이 살아가는 태도를 기르는 것에 목표를 두고 있다. 이러한 목표 달성을 위해서는 학생들이 생활 속에서 환경 문제를 인식하고, 자연에서 살아가는 다양한 생명체들에 공감하면서 공동체적 가치를 함양하도록 하는 생태 전환 교육이 계획되고 지속적으로 실천되어야 한다. 하지만 현장의 많은 교사들은 '어떻게' 해야 하는지에 대해 어려움을 느낀다. 이럴 때 학생들과 그림책으로 생태 환경 교육을 시작해 보길 제안한다. 그 이유는 다음과 같다.

첫째, 그림책은 글밥이 적고 아이들이 더 친숙하게 느끼는 '이미지'가 강조되는 매체여서 학생들이 가깝게 느끼는 경우가 많다. 환경과 연관된 주제를 그림책으로 접하게 되면 자신의 일상, 경험과 연결 지어 생각하고, 자기를 돌아보며 스스로에게 질문하는 것을 친숙하게 느낀다. 그림책 이야기가 삶으로 스며들면 학생들의 공감력과 생태 감수성이 높아진다. 학생들은 상황이나 인물에 감정을 이입하며 환경 문제를 해결하고 동식물과 공존하는 구체적인 실천법을 찾기도 한다.

둘째, 그림책은 대체로 학생들 눈높이에 맞춰져 있고 어려운 내용도 쉽게 풀어 주어 다양한 연령대가 쉽게 접근할 수 있다. 환경에 관한 용어에는 아이들에게 생소한 말들이 꽤 있다. 이 의미를 글과 그림으로 쉽게 설명해 주기 때문에 학생들이 그림책을 읽으며 환경 관련 정보를 빠르게 이해할 수 있다.

셋째, 그림책은 아름다움과 희망을 보여 준다. 정보책을 통해 환경 문제를 인식하고 해결 방향을 이야기하는 내용을 접하다 보면 자칫 죄책감이 들 수 있다. 하지만 그림책은 아름다운 그림으로 우리가 나아갈 길을 보여 주고 있어 우리의 작은 노력도 의미가 있다는 희망을 느끼게 한다.

넷째, 그림책마다 환경을 주제로 기후 위기, 멸종, 식량 문제 등 다양한 테마를 다루고 있다. 그래서 그림책은 프로젝트 수업을 하기에 적합하다. 생태 환경 교육은 일회성으로 끝나는 것이 아니라 개념과 해결 방안을 알아 가며 지속적인 실천으로 이어져야 하는데, 그림책은 그 과정에서 탁월한 수업 도구가 되어 준다.

환경 문제와 생태 환경 교육에 관심이 많은 교사들이 '그림책사랑교사모임'의 소모임에서 만났다. 환경 그림책을 읽으며 수업 나눔을 하고, 이슈에 관련된 자료도 열심히 공유하며 수업에 적용할 수 있는 방법들을 연구했다. 교실에서 환경 수업을 고민하고 적용해 보니 학생들이 '수업'이라는 한정된 시간과 공간 안에서 할 수 있는 것에는 한계가 많았다. 그 부분을 보완하고 인간과 환경의 공존을 추구하는 생태전환 교육의 일환으로 '자연과 더불어 사는 삶, 공존과 공감, 지속 가능한 환경'을 생각하며 더 나은 수업을 꾸리고자 고민했던 결과물인 '그림책 생태 환경 수업' 이야기를 여러 선생님과 나누고 싶다.

현재의 우리가 다가올 미래를 알 수 없듯, 과거 세대도 발전을 향한 당시의 열망이 지금의 환경 문제를 낳게 될 것이라고는 예측하지 못했을 것이다. 다만, 현재의 우리는 환경 문제를 '경험'하며 위기를 '인식'하고 있으므로 미래를 염두에 두며 이 문제를 해결하려고 노력해야 한다. 학생 세대가 어른이 되었을 때에도 이 논의는 꾸준히, 지속적으로 이어져야 할 것이다. 교실에서 학생들과 함께 하는 그림책 환경 수업이 작은 씨앗이 되어 교사와 학생 모두의 일상을 변화시키고 지구와 함께하는 삶을 고민하는 계기가 되었으면 좋겠다.

자연과 인간이 공존하는 사이가 되길 바라며,
그림책사랑교사모임

차례

여는 글 _ 4

❶ 뜨거워지는 지구

지구 온난화: 시간이 얼마 남지 않았다 _ 14
『눈보라』『뜨거운 지구』『기후 변화 이야기』『어려도 지구는 우리가 구할 거야!』

탄소 중립: 탄소 발자국을 어떻게 줄일 수 있을까? _ 27
『지구는 네가 필요해!』『지구를 위한 한 시간』『지구의 일』

숲과 산불: 산불에 타 버린 숲을 구해요 _ 38
『호랑이 바람』『아마존 숲의 편지』『산불이 일어난 뒤에』

나무와 사막화: 푸른 땅을 지켜요 _ 50
『나무는 좋다』『대머리 사막』『다 같은 나무인 줄 알았어』『나무 도둑』

기후 난민: 기후 변화가 난민을 만들어요 _ 65
『마지막 섬』『투발루에게 수영을 가르칠 걸 그랬어!』

❷ 환경 오염은 왜 발생할까?

쓰레기와 토양 오염: 우리가 버리는 것은 어디로 갈까요? _ *80*
『아직 봄이 오지 않았을 거야』『상자 세상』『09:47』

하천과 수질 오염: 소중한 물을 아껴요 _ *91*
『청소부 토끼』『오염물이 터졌다!』

공기 오염: 건강하게 숨 쉴 권리 _ *102*
『탁한 공기, 이제 그만』『죽음의 먼지가 내려와요』

미세플라스틱과 옷: 옷에서 미세플라스틱이 나온다고요? _ *113*
『미세미세한 맛 플라수프』『플라스틱 지구』『미미의 스웨터』

자원 순환: 쓰레기일까, 자원일까? _ *125*
『쓰레기 귀신이 나타났다!』『아다의 바이올린』

❸ 생태계를 지켜야 하는 이유

생물 다양성: 달콤하고 말랑말랑한 바나나를 좋아하나요? _ *140*
『열매 하나』『illuminature(일루미네이쳐) - 자연을 비춰 봐요』

생태계 평형: 생태계가 평형을 이루고, 유지되고, 복원되려면? _ *151*
『누가 누구를 먹나』『열네 마리 늑대』

동물권과 동물원: 동물도 지구 생태계의 주체입니다 _ *161*
『우리 여기 있어요, 동물원』 『내일의 동물원』

멸종 위기 바다 생물: 바다 생물은 지구 지킴이 _ *175*
『안녕, 나의 고래』 『사라지는 동물 친구들』 『우리 곧 사라져요』

멸종 위기 육상 동물: 멸종 위기 동물을 지켜요 _ *190*
『이빨 사냥꾼』 『코끼리와 숲과 감자 칩』

❹ 우리는 무엇을 사고, 무엇을 먹나?

소비 축소: 오래 쓰고 적게 구매해요 _ *202*
『최고의 차』 『어머, 이건 꼭 사야 해!』 『태어납니다 사라집니다』

소비와 책임: 가치 있는 생산, 의미 있는 소비 _ *213*
『멋진 하루』

공정 무역과 공정 여행: 환경을 살리는 착한 발걸음 _ *223*
『공정 무역, 행복한 카카오 농장 이야기』 『파란 티셔츠의 여행』
『착한 공정 여행 - 호텔 대신 랏지네 집에서 머물러요』

퍼머컬처: 안전한 먹거리를 위해 _ *235*
『농부 달력』 『내게 텃밭이 생겼어요!』 『도시 텃밭에 초대합니다』

먹거리와 환경: 환경을 생각한 식생활을 고민해요 _ *247*
『채식하는 호랑이 바라』 『채식은 사랑이다』 『앵커 씨의 행복 이야기』

❺ 에너지와 도시 이야기

에너지 절약: 전기와 함께 하는 생활을 점검해 봐요 _ *260*
『달 샤베트』『냠냠 빙수』

재생 에너지: 초록별을 위한 특별한 에너지 _ *270*
『나는 태양의 아이』『바람으로 전기를 만들어』『파워 업! 에너지 전쟁』
『누가 우리 아빠 좀 말려 줘요!』

도시 생성: 자연과 발맞추는 생태 도시 _ *283*
『지혜로운 멧돼지가 되기 위한 지침서』『우리 숲을 내버려 둬!』『형제의 숲』

도시 재생: 도시를 건강하게 살리는 방법 _ *294*
『나무가 자라는 빌딩』

찾아보기 | 생태 전환 교육에 활용된 그림책 _ *305*

①
뜨거워지는 지구

-
지구 온난화
-
탄소 중립
-
숲과 산불
-
나무와 사막화
-
기후 난민

시간이 얼마 남지 않았다

지구 온난화

지구가 몸살을 앓고 있다는 사실은 누구든 부정하기 어렵다. 학자들은 지구 온난화가 얼마나 파멸적인 결과를 초래할지 경고하며 지구의 수명이 몇 년 남지 않았다고 한다. 지구 평균 온도가 산업화 이전보다 1.5℃ 상승하는 '1.5℃ 지구 온난화 도달 시점'이 IPCC 특별 보고서(2018)에서 제시한 2030~2052년보다 2021~2040년으로 크게 앞당겨졌기 때문이다. 도처에서 빈발하는 산불, 대홍수, 가뭄, 혹한과 혹서뿐만 아니라 사라지고 있는 빙하와 만년설은 지구가 건강을 스스로 회복하기 어려운 지경에 이르렀음을 보여 주는 징표들이다. 기후는 예측하기 어렵게 변덕스럽고, 기후 재앙의 규모는 날로 커지고 있다.

오른쪽 이미지는 가열화 줄무늬(Warming Stripes)로 기후과학자 에드 호킨스가 1901년부터 2022년까지 특정 지역의 연간 온도를 나타낸 그래프이다. 온도가 하락할수록 진한 파란색으로 표시되고, 상승할수록 진한 빨간색으로 나타난다. 미래는 어떤 색으로 이어질지,

가열화 줄무늬. ©Ed Hawkins(showyourstripes.info)

우리는 지구와 어떻게 공존하며 살아갈 수 있을지 끊임없이 학생들과 이야기해야 한다. "잠깐 불을 끈다고, 잠깐 에어컨을 끈다고 지구 온난화가 멈출까요?" 학생들이 물어본다. 그럴 때마다 그 작은 행동이 왜, 얼마나 가치 있는지, 우리가 어떤 이유에서 함께 지구를 아끼며 살아가야 하는지 말해 보자. 왜냐하면 우리가 지구에 살아 있는 한, 절망이 아닌 희망을 향해 나아가야 하기 때문이다.

지구 온난화로 집을 잃었다면 어떨까?

『눈보라』
강경수 글·그림, 창비, 2021

'눈보라'라는 이름의 북극곰은 빙하가 녹자 인근 마을에 먹이를 구하러 내려온다. 그러나 북극곰에게 위협을 느낀 사람들은 사냥꾼을 불러 총을 겨누게 하고, 눈보라는 총을 피해 눈 속으로 사라진다. 북극곰 눈보라는 어떻게 될까?

➔ 활동 1: 지구 온난화로 집을 잃은 북극곰 입장에 서 보기 - 눈보라 인터뷰

빙하가 녹아 집을 잃은 북극곰 눈보라를 인터뷰한다. 그림책을 읽고 1인당 1개 이상의 질문을 포스트잇에 적는다. 모둠별로 질문을 책상 가운데로 모아 비슷한 질문끼리 분류하고 인터뷰하기 적절한 질문을 찾아 적어 본다. 인터뷰를 시작할 때 교사가 먼저 눈보라 역할을 맡아 진지하게 참여할 수 있도록 분위기를 조성한 후, 눈보라 역할을 하고 싶은 친구들이 돌아가며 참여하는 것이 좋다. 정리된 질문을 한 개씩 모둠별로 돌아가면서 눈보라에게 이야기하고 질문이 더 이상 나오지 않을 때 인터뷰를 마친다. 이 활동은 집을 잃은 북극곰의 입장에 서서 지구 온난화를 다양한 관점으로 살펴보는 데에 의미가 있다.

◆ 눈보라 인터뷰 활동

진행자: 북극에 사는 눈보라 님을 모시고 인터뷰를 하고자 합니다.
학생1: 눈보라 님, 사람들이 총으로 쏘려고 할 때 기분이 어땠나요?
눈보라: 정말 무서웠어요. 판다일 때는 잘해 주던 사람들이 내가 북극곰이라는 것을 알고 죽이려고 하니까 억울한 마음도 들었어요. 왜 저를 안 좋아하는지 알고 있나요?
학생2: 북극곰이 사람들을 죽일 수도 있다고 생각해서 그런 것 같아요.
눈보라: 저는 사람들을 해치지 않아요. 집이 없고 먹을 것이 부족해 힘들어서 마을로 갔던 거예요.
학생3: 왜 집이 없어진 건가요?
눈보라: 저도 잘 몰라요. 어릴 적에 제가 살던 동네가 갑자기 녹기 시작해서 엄마와 헤어지게 되었고, 혼자 남아 이리저리 헤매다 보니 빙하가 점점 사라져서 더 이상 갈 곳이 없었어요. 물고기도 많이 사라져서

사냥하기도 어려워졌어요. 도대체 왜 이런 일이 생겼는지 여러분은 아나요?
학생4: 그건 인간 때문이에요.
눈보라: 더 자세히 이야기해 주세요. 집이 사라진 이유가 정말 궁금해요.
학생5: 지구 온난화 때문이에요. 지구가 뜨거워져서 빙하가 녹는 현상이에요.
눈보라: 저는 잘못한 것이 없는데 왜 총까지 맞아야 하는 걸까요? 억울해요.
학생6: 미안해요. 그래서 지금 어디에 있나요?
눈보라: 빙하를 찾아 이리저리 헤매고 있어요. 저를 도와주세요.
학생7: 우리는 과학자도 아니고, 집을 짓는 건축가도 아니라 어려울 거 같아요. 그래도 우리가 할 수 있는 일을 찾아서 해 볼게요!
학생8: 눈보라는 앞으로 어떻게 살고 싶나요?
눈보라: 집이 있으면 좋겠어요. 엄마도 만나고 싶고, 물고기를 사냥하면서 살고 싶어요.

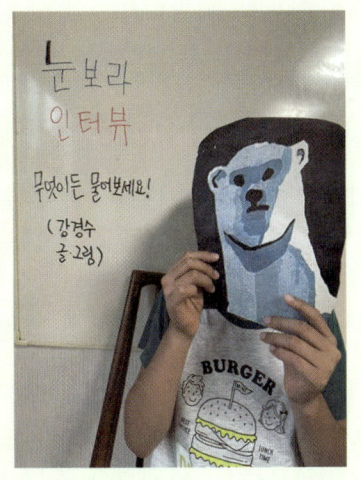

활동 2: 눈보라가 사람들에게 전하는 편지 쓰기

눈보라가 사람들에게 어떤 말을 하고 싶을지 상상하며 편지를 썼다. 그림책『눈보라』의 마지막 장면을 보여 주며 현재 눈보라는 어떤 상황에 있을지, 사람들에게 하고 싶은 말은 무엇이며, 어떻게 살고 있을지 생각해 보았다. 학생들은 지구 온난화의 책임이 인간에게 있으며 그 문제도 인간이 해결해야 한다고 이야기했다.

◆ 학생들이 눈보라 입장에서 쓴 편지

사람들에게! 나는 지금 눈보라 속에 있어. 심장이 마구 뛰어.
난 살아남을 수 있을까. 사람들아, 나는 지금 너무 배고프고 힘들어. 나를 도와줘.

인간들에게, 내가 지금 어디에 있는지 알고 있나요?
난 지금 녹고 있는 얼음 위에 있어요. 이 얼음도 녹고 있어요! 제발 도와주세요!

당신들이 북극곰이라고 생각해 보아요. 이유도 모른 채 나는 떠돌아다니고
있어요. 판다만 보살펴 주지 말고 나도 챙겨 주세요. 나는 아무 잘못이 없습니다.
제발 살려 주세요.

지구 온난화란 무엇인가?

『뜨거운 지구』애나 클레이본 글, 김선영 옮김, 푸른숲주니어, 2020
『기후 변화 이야기』캐서린 바 외 글, 에이미 허즈번드 외 그림, 황세림 옮김, 노란돼지, 2021

『뜨거운 지구』는 지금 우리가 겪고 있는 기후 변화의 원인인 지구 온난화의 개념과 영향을 글과 그림으로 상세하게 설명한다. 『기후 변화 이야기』는 기후 변화의 역사를 지구의 역사와 맞물려 설명하면서 우리가 앞으로 어떤 미래를 맞이하게 될지 과학적, 통계적으로 설명한다.

활동: 지구 온난화 전문가 협력학습

지구 온난화와 관련된 과학 분야의 지식그림책을 가지고 '전문가 협력학습'[1]으로 수업한다. 교사가 강의식으로 설명하기보다 아이들이 그림책을 읽고 스스로 관련 지식을 찾아 가며 정보 습득 능력을 길러 나가고 활동에 적극적으로 참여하기 위함이다. 전문가 협력학습 단계는 아래 표와 같다.

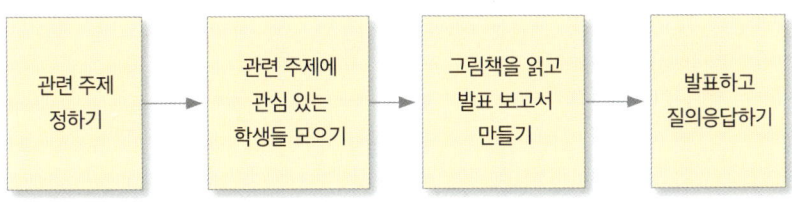

먼저 교사는 지구 온난화 관련 주제를 개념, 원인, 피해 현상, 온난화를 막기 위한 방법, 네 가지로 정했다. 교사는 이 주제들을 각각 종이에 적어 교실의 네 모퉁이에 붙여 둔다. 학생들은 자신이 전문가가 되어 공부하고 싶은 주제가 적힌 곳으로 이동한다. 다수의 학생이 한 가지 주제에 몰리지 않도록 인원수를 제한할 수 있으며 상황에 맞게 조정한다. 교사는 주제별로 모인 학생들에게 그림책 두 권과 보고서를 작성할 색지, 다양한 색의 펜을 제공한다. 학생들은 그림책을 읽으며 주제와 관련된 내용을 꼼꼼하게 보고 포스터 형식의 보고서를 작성하여 발표한다.

---

1 각자 관심 있는 주제를 정하고 그 분야의 전문가가 되었다고 가정하며 관련 자료를 조사하고 정리하여 발표하는 협동학습의 한 방법이다.

『뜨거운 지구』는 새로운 정보가 한눈에 들어오도록 배치했다는 장점이 있다. 학생들은 이 그림책을 통해 지구 온난화의 개념과 원인을 알게 되었고, 그 내용을 포스터에 반영했다. 『기후 변화 이야기』는

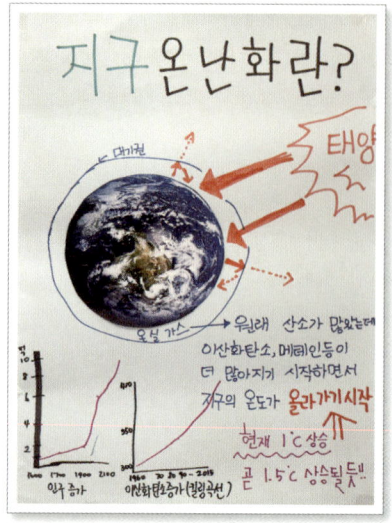

개념 탐구.

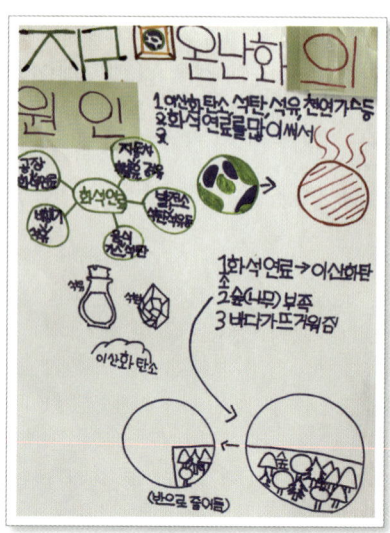

원인 탐구.

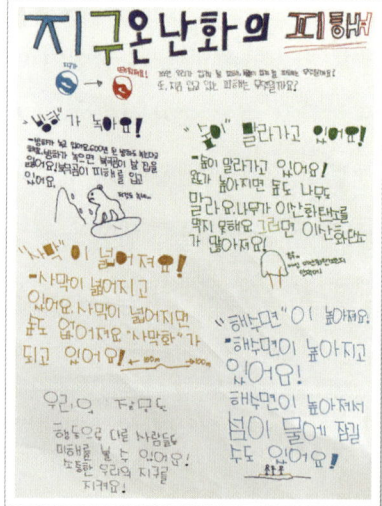

피해 탐구.

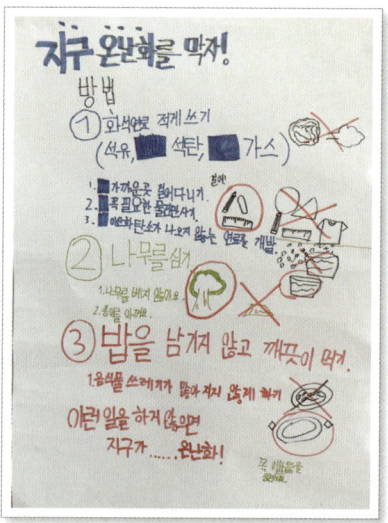

해결 방법 탐구.

세세한 부분에서 콜라주 기법을 사용해 정보를 자세하고 선명하게 전달해 주는 그림책이다. 아이들은 이 그림책을 바탕으로 피해 현상, 지구 온난화를 막기 위한 방법에 관한 이야기를 포스터에 담았다.

발표 후에는 질의응답 시간을 가졌다. 한 학생이 지구 온난화의 원인이 화석 연료에 있다는 것을 알면서도 왜 화석 연료를 계속 쓰고 있는지 질문했다. 발표자는 화석 연료가 대표적인 에너지이므로 화석 연료가 있어야 여러 공장을 운영할 수 있고, 전기도 사용할 수 있으며 경제적인 발전을 이룰 수 있다고 대답했다. 그 후, 학생들은 산업 발전이 우선이냐, 환경 보호가 우선이냐를 놓고 토론했다. 팽팽한 대립으로 논의하다가 산업 발전과 환경 보호를 함께 할 수 있는 대안적인 방법이 있을지 찾아보자고 했다. 지구 온난화 해결 방법을 조사한 모둠에서 바람이나 태양 등 자연으로부터 얻는 재생 에너지를 소개하며 아직 많이 사용하진 않지만, 미래의 해결책이 될 수 있다고 답했다. 각 주제에 대해 깊이 살펴보며 발표를 준비하니 서로의 질문에 도움이 될 수 있었다. 특히, 지구 온난화가 해수면 상승, 가뭄과 화재, 태풍과 홍수를 일으켜 많은 지역을 인간이 살 수 없는 환경으로 만들어 버리고, 새로운 전염병을 발생시켜 여러 생물이 멸종될 위기에 처했다는 것 등을 발표하면서 지구 온난화는 사람의 생명이 달린 큰 문제임을 인식했다. 학생들은 어떻게든 해결 방법을 알고자 했고, 적극적으로 지구 온난화를 막고자 하는 강한 의지를 갖게 한 수업이었다.

지구 온난화를 멈추게 하는 방법은 무엇일까?

『어려도 지구는 우리가 구할 거야!』

롤 커비 글, 아델리나 리리우스 그림, 심연희 옮김, 책읽는곰, 2022

12개국의 어린이 활동가들이 지구를 지키기 위해 실천했던 이야기가 담긴 경험담이다. 지구를 위한 일상 속 해법과 심화 정보를 얻을 수 있는 다양한 창구를 소개하며 독자들을 열세 번째 주인공으로 초대한다. 이 책은 나의 실천이 지구에 사는 다른 이들과 어떻게 연결되어 있는지, 지구에 어떠한 영향을 미치는지 거시적 관점에서 보게 해 주며 내가 어떤 선택을 하면서 어떻게 살아갈 것인지, 인문학적 고민도 함께 할 수 있도록 한다.

➡ 활동 1: 불타는 지구를 지켜 내는 100가지 방법 찾기

『어려도 지구는 우리가 구할 거야!』는 우리 아이들처럼 평범한 일상을 살아가는 세계 곳곳의 어린이들이 생활 속에서 바로 실천할 수 있는 아이디어부터 장기 프로젝트까지, 환경을 살리기 위한 다양한 해법을 제시한다. 해양 쓰레기만 담는 쓰레기통을 만든 호주의 샐리스 이야기, 유기농 텃밭을 제안한 뱅상, 학교의 음식물 쓰레기로 마을에서 쓸 거름을 만든 니키타 등 어린이 활동가들의 이야기는 지구 온난화, 해양 쓰레기 문제, 생물 다양성 등 다양한 환경 이슈를 생각하게 한다. 이 책에 나오는 지구를 지키는 방법과 자신이 생각한 지구 온난화를 막는 방법을 모아 <지구 온난화를 막기 위한 100가지 아이디어 찾기>에 도전해 보자. 학생들은 1장의 포스트잇에 1개의 아이디어를 적어 칠판에 붙인다. 1인당 정해진 개수는 없으며 할 수 있는 만큼 참여할 수 있다. 만약 칠판에 자신이 쓴 것과 같은 아이디어가 있다면 그 위에 덧붙인다. 활동 시간을 20분 정도로 정해 두면 놀이처럼 여겨 집중하며 더 재미있게 참여한다. 더 이상 아이디어가 생각나지 않는다고 하면, 교사가 "이산화탄소를 적게 배출하기 위해서는 무엇을 해야 할까요? 에너지를 많이 사용하는 곳은 어디인가요?" 등의 질문으로 아이디어를 찾도록 도와준다. 100개를 다 적은 후에는 칠판 가득 붙은 포스트잇을 하나씩 살펴보며 어떤 내용이 있는지 함께 알아본다. 다소 시간이 걸리더라도 학생들이 적은 아이디어를 꼼꼼히 읽어 보는 것은 아주 중요하다. 그 아이디어의 구체적인 실천 방법, 지구 온난화와의 관련성, 실제 예시 등을 알아야 생활까지 이어질 수 있기 때문이다. 전기 에너지를 아끼기 위해서 핸드폰 사용 줄이기, 컴퓨터 사용 시간 정해 두기 등의 이야기를 하는데 한 학생이 "제가 게임 시간을 줄이는 것이 지구 온난화를 멈추는 데 도움이 될까요?"라고 질문했다. 학생들은 게임 시간을 줄이는 것은 지구와 자신에게 당연히 좋은 일이니 함께 도전하자고 했다. 학생들은 이 활동을 통해 일상에서 자신이 실천할 수 있는 일이 많다는 점과 그것이 미래의 지구를 살리는 길이라는 점을 알게 되어 좋았다고 했다. 100가지 아이디어를 발표한 후에는 복도에 전시하여 다른 반 학생들도 볼 수 있도록 하며, "여러분의 아이디어를 적어 주세요."라고 덧붙여 더 많은 이들이 관심을 가질 수 있도록 한다.

◆ **지구 온난화를 막기 위한 학생들의 아이디어**

- 일회용품 줄이기
- 비닐봉지 사용 줄이기
- 옷 깨끗하게 입어 세탁기 사용 시간 줄이기
- 양말목을 이용해 생필품을 만들기
- 필요한 것만 사기
- 예쁘다고 사지 않기
- 소비를 줄이기
- 다 읽은 책, 더 못 입는 옷은 나누기
- 아나바다 장터 열기
- 제철 음식, 지역 농산물로 푸드 마일 줄이기
- 컵라면을 적게 먹기
- 고기를 적게 먹기
- 녹아 가는 빙하 알리기
- 멸종 위기 동물들의 상황 알리기
- 물 절약하기
- 양치를 할 때는 수도꼭지를 잠그기
- 샤워 시간 줄이기
- 안 쓰는 코드는 빼 두기
- 어둡지 않으면 불 끄기
- 게임 적게 하기
- 나무 심기
- 작은 생물을 소중히 여기기
- 먼 곳은 대중교통을 타고 다니기
- 쓰레기를 함부로 버리지 않기

활동 2: 정기적으로 "지구를 위한 시간" 갖기

지구 온난화를 극복하는 길은 혼자가 아닌 함께, 단기간이 아닌 장기간 해야 할 일이므로 자신이 실천한 환경 운동을 공유하고 더 좋은 방법을 소개하며 서로 힘과 위로를 얻는 시간이 중요하다. 그래서 한 달에 한 번 "지구를 위한 시간"이라는 이름으로 모였다. 이 시간을 위해 "불타고 있는 뜨거운 지구"를 색지로 만들고 자신이 지구를 위해 무엇인가 실천할 때마다 초록 스티커를 붙이도록 했다. 구체적인 실천 내용을 친구들 앞에서 발표하고, 지구 온난화와 관련된 지구촌 소식을

불타는 지구를 표현한 스티커 판.

나누었다.

"지구를 위한 시간" 모임에서 한 학생이 남미 안데스 크리킨디에서 유래되는 이야기를 소개했다. 어느 날 작은 벌새 콜리브리가 살고 있는 숲에 불이 나 많은 동물들이 숲을 벗어났는데, 콜리브리는 작은 부리로 쉼 없이 연못의 물을 물어다 숲에 뿌렸다. 다른 동물들은 작은 부리로 물어 온 물이 불을 끌 수 없다고 했지만, 콜리브리는 "그렇다고 이마저도 하지 않을 순 없잖아. 나는 내가 해야 할 일을 할 뿐이야."라고 대답한다. 생명농업학자 피에르 라비는 콜리브리의 이야기에 착안하여 2007년 생태협동조합 콜리브리를 창립하면서 "각자 자기가 선 자리에서 자신이 할 수 있는 일을 하자. 이 한 사람이 여러 사람이 되면 세상은 비로소 바뀔 수 있다."라고 말했다.[2] 이 이야기를 통해 학생들은 자신들의 실천이 작지만 힘이 있다는 것을 깨닫게 되었다.

지구 온난화에 절망하고 좌절하기보다 지금 할 수 있는 일이 무엇인지 알고 최선을 다하는 것이 중요하다. 지구 온난화를 막기 위한 학생들의 실천은 비록 작지만 모이면 큰 변화를 가져올 것이라 믿는다. 우리 학생들이 기후 위기에 대한 불안과 두려움을 넘어 자신의 삶을 '지구와의 공존'에 비추어 성찰하고 판단하는 지구인으로 살아갈 수 있도록 우리가 작은 것부터 꾸준히 실천하면 좋겠다.

함께 읽으면 좋은 그림책

1. 『빙하가 사라진 내일』(로지 이브 글·그림, 라피마 옮김, 한울림어린이, 2018)
2. 『북극곰에게 냉장고를 보내야겠어』(김현태 글, 이범 그림, 휴먼어린이, 2011)
3. 『내 의자에 북극곰이 앉아 있어!』(로스 콜린스 글·그림, 문유진 옮김, 사파리, 2021)
4. 『우리 집은 어디 있나요?』(진주니, 린산 글, 리우닝 그림, 펭귄랜덤하우스코리아, 2019)
5. 『돌아갈 수 있을까?』(이상옥 글, 이주미 그림, 한솔수북, 2021)

---

2 『내일을 바꾸는 작지만 확실한 행동』(피에르 라비 글, 코스팀 그림, 권지현 옮김, 한울림어린이, p.50).

탄소 발자국을 어떻게 줄일 수 있을까?

탄소 중립

지구 온난화로 봄꽃 개화 시기가 매년 빨라지고 있다. 전문가들은 봄꽃이 빨리 피는 현상이 지구가 우리 인간들에게 보내는 경고라고 한다. 탄소 배출량이 늘어나서 지구 온난화가 가속화되고 있기 때문에 개화 시기가 빨라지는 것이다. 탄소 배출량 증가가 불러오는 지구 변화는 이뿐만이 아니다. 빙하가 녹고 있으며, 가뭄이나 홍수, 태풍이 더 심해지고 있다. 기후 위기가 발등의 불이 되어 우리의 생존을 위협하고 있는 것이다. 기후 위기를 막기 위해 전 세계가 '탄소 중립'을 외치고 있다. 탄소 중립은 어렵고 힘들더라도 우리가 가야 할 길이다. 이제 교실에서도 학생들과 함께 탄소 중립이 무엇인지, 어떻게 실천해야 하는지 배워야 할 때가 된 것이다.

'탄소 중립'이란 온실가스 배출을 최대한 줄이고, 남은 온실가스는 흡수, 제거해서 실질적인 배출량을 '0(Zero)'으로 만드는 것이다. 즉, 배출량을 최대한 줄이고 남은 탄소와 자연에서 흡수되는 탄소량을 같게 하여, 탄소가 남지 않게 한다는 의미로 '넷-제로(Net-Zero)',

탄소 제로(carbon zero)라고도 한다. 아이들은 탄소 중립을 각자의 방식으로 풀어서 설명하며 '나무'와 '식물'이라는 키워드를 가져왔다. 탄소 중립을 위해서는 이산화탄소 배출은 최대한 줄이고, 생활하면서 배출하게 되는 이산화탄소는 나무와 식물로 제거해야 한다는 의미에서였다.

➡ **읽기 전 활동:** 이미지 프리즘 카드로 '탄소 중립'의 뜻 알아보기

탄소 중립은 어려운 말이다. 탄소가 발생하는 과정, 탄소를 제거할 수 있는 방법을 탐색한 후, 탄소 중립이 무엇인지 개념을 확실히 이해하도록 이미지 프리즘 카드로 토론한다. 용어의 뜻을 알아보고 그 의미를 자신의 생각으로 다시 표현해 보는 활동이다. 먼저 이미지 프리즘 카드 100장 중에서 희망하는 것을 선택하여 개념을 재정의한다. 시간이 부족한 경우에는 모둠별로 사진을 한 장 고르고 모둠원의 의견을 종합해서 정리하도록 한다.

◆ 학생 결과물

탄소 중립이란?
후루룩 먹는 자장면처럼
자연을 후루룩 쓰면 안 된다.
나무를 심고, 덜 쓰고, 아껴 쓰자.

탄소는 어디에서 얼마나 발생할까?

『지구는 네가 필요해!』
필립 번팅 글·그림, 황유진 옮김, 북극곰, 2021

쓰레기의 복잡한 개념을 쉽고 재미있게 소개하는 지식 정보책으로 탄소가 어디서 어떻게 발생하는지 알려 준다. 탄소를 줄이고, 쓰레기를 줄이고, 재사용하고, 재활용하고, 재탄생시키고, 환경 운동에 열심히 참여하는 방법이 담겨 있다. 쓰레기를 줄이기 위해 실천 가능한 행동에는 어떤 것이 있는지 유쾌한 서술과 그림으로 재미있게 보여 주는 책이다. 지구를 지키기 위한 우리 학생들의 실천법을 이 책에서 찾을 수 있을 것이다.

활동 1: 탄소 발자국 계산기

눈 덮인 길을 걸어가면 반드시 발자국이 남는 것처럼, 어떤 물건을 생산하고 소비하는 과정에서 필연적으로 이산화탄소가 발생한다. 이때 생긴 이산화탄소의 양을 kg 단위로 표시한 것이 '탄소 발자국'이다. 예를 들어 아이스크림을 먹으면 원료 생산, 제조, 운반, 판매, 소비, 쓰레기 처리 등 모든 과정에서 발생하는 이산화탄소의 양이 우리가 아이스크림을 먹고 만든 탄소 발자국이라고 할 수 있다. 그림책『지구는 네가 필요해!』는 탄소가 어디에서 어떻게 발생하는지를 잘 보여 준다. '쓰레기는 왜 지구에 해로울까?' 부분은 이산화탄소를 빨아들이는 나무를 베고, 옮기고, 종이를 만들고, 운반하고, 쓰레기가 되어 썩어 가는 모든 과정에서 이산화탄소가 생겨난다고 이야기한다. 이렇게 발생한 탄소가 실제로 얼마나 되는지는 막연하고 피부에 와닿지 않는다.

이산화탄소의 양을 수치로 볼 수 있는 있다면 더 효과적인 교육이 될 것이다. 이럴 때 사용할 수 있는 앱이 '탄소 발자국 계산기'다. 가정에서는 월말에 관리비 청구서나 전기 요금 고지서를 받는데 전기, 가스, 수도 사용량을 탄소 발자국 계산기에 입력하면 우리가 발생시킨 이산화탄소의 양을 확인할 수 있다. 탄소 발자국 계산기는 인터넷에 검색하면 쉽게 찾을 수 있다. 예를 들어 우리 집 전기 요금이 56,907원 나왔다면 발생한 탄소는 167.4kg, 필요한 소나무는 25.4그루라고 알려 주는 방식이다.

그뿐만 아니라 계산기에 온실가스 1인 1톤(t) 줄이기 서약을 하고, 매월 감축 목표를 정한 다음 실천 결과를 기록하면 월간 감축량과 연간 감축량이 나온다. 이 숫자를 친구들과 서로 비교하면서 우리가 실천할 수 있는 일을 토의하는 활동을 해 보자. 아이들은 각자의 집에서 사용하는 전기, 수도, 가스의 양을 탄소 발자국으로 계산하여 서로 비교해 본다. 전기 사용량은 가정마다 다르고 계절마다 다르게 나타난다. 적게 사용하는 경우 100kw 정도이고, 많이 사용하는 경우 300kw가 넘는다. 많이 사용한 달은 그 이유를 서로 토의해 보고, 사용량을 줄일 수 있는 방법도 찾아본다. '샤워 시간 7분으로 정하고 알람 설정하기, 플러그 꽂아 둔 사진 현관 앞에 붙여 두고, 외출할 때 잊지 않고 전원 끄기, 에어컨 사용 줄이기' 등 다양한 방법을 찾아서 실천한다.

➔ 활동 2: 탄소 중립 보드게임 만들기

탄소를 배출하는 행동이 적힌 칸에 말이 걸리면 '탄소 배출권'을 내놓고(마이너스, -), 탄소 배출을 줄이는 행동이 적힌 칸에 말이 걸리면 탄소 배출권을 획득하는(플러스, +) 모둠별 보드게임이다.

먼저, 게임판의 빈칸에 적절한 점수와 점수에 따른 행동들을 적는다. 『지구는 네가 필요해!』 그림책에 나온 활동을 중심으로 국가와 기업, 나와 가정, 학교의 탄소 중립 실천 방안을 구분해 넣으면 용이하다. 그림책에는 '종이, 음식 쓰레기, 플라스틱, 유리, 금속, 고장 난 물건에서 어떤 쓰레기가 나올까' 하는 내용이 있는데 아이들은 그중 쓰레기의 새로운 용도에 관한 실천법을 참고했다. 비누칠을 할 때 물을 틀어 놓기, 그림을 못 그렸다고 생각하면 스케치북을 찢어서 버리기 등을 탄소 배출 행동으로 보고 마이너스 점수를 매겼으며 안 쓰는 가전제품 플러그 빼기, 맑은 날에는 복도 전등 끄기, 지열을 이용한 냉난방 장치 설치, 승강기 오르내림 자동 장치 이용, 탄소 절감 방법 연구 지원하기, 저탄소 에너지 기업 지원하기 등에 플러스 점수를 매겼다.

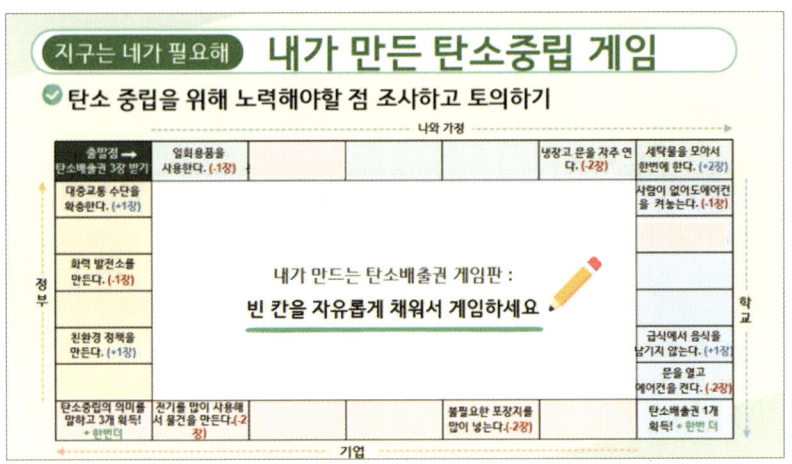

탄소 중립 보드게임판.

탄소 배출권은 모둠별로 30장씩 확보한 상황에서 1인당 3장씩 나눠 갖고, 남는 배출권은 가운데에 모아 둔다. 주사위를 던져서 탄소 배출 행동에 말이 도착하면 카드를 뺏기고, 탄소를 줄이는 행동에 말이 도착하면 탄소 배출권을 얻는다. 모둠원의 말이 모두 도착하면 획득한 탄소 배출권 수를 확인하여 승패를 가른다.

탄소 발생을 줄이려면 어떻게 해야 할까?

『지구를 위한 한 시간』
박주연 글, 조미자 그림, 한솔수북, 2011

일 년에 딱 하루, 딱 한 시간 불을 끄는 것으로 정말 지구를 살릴 수 있을까? 『지구를 위한 한 시간』은 호주에서 시작해 지금은 많은 사람들이 참여하는 '한 시간 불 끄기 운동'을 소개하고 있다. 불을 끄는 사람이 하나둘 모여서 1억 명이 넘는 사람들이 함께 한다면 에너지 소비 또한 줄어들 것이다.

활동 1: 지구의 날 소등 행사

그림책 『지구를 위한 한 시간』은 '우리 집 전등'을 끄는 작은 일이 얼마나 의미 있는지 직관적으로 이야기한다. 우리 집과 옆집이 모이면? 이웃들과 동네 사람들이 모두 함께 한다면? 우리나라 사람들뿐만 아니라 세계 모든 나라가 함께 한다면 어떨지 질문을 던지고 생각해 보게 한다. 아이들과도 지구의 날에 '우리 집 전등 끄기' 활동을 함께 했다. 학생들은 한 시간 동안 불을 끄고 밖에 나가서 놀기도 하고, 가족들과 함께 별을 찾아보기도 하고, 동생과 인형 놀이도 하고, 형과 마피아 게임이나 좀비 게임을 했다는 후기를 들려주었다. 이 활동으로 텔레비전과 유튜브에 빼앗긴 가족의 소통 시간이 다시 돌아온 것이다.

➔ 활동 2: 탄소 다이어트

지구를 위하여 탄소 발자국을 지우는 방법에는 무엇이 있을까? 그림책에서는 한 시간 동안 불을 끄는 방법을 제시했다. 소등하는 방법 외에 탄소를 줄이는 방법에는 무엇이 있는지 아이들과 토의를 한다. 일상생활에서 탄소 배출량을 쉽게 줄이는 방법은 쓰레기를 줄이는 것이다. 눈에 보이는 쓰레기뿐만 아니라 전력 소비를 일으키는 스팸메일도 줄인다. 카톡 메시지나 메일을 보내고 읽는 데 1년 동안 약 135kg의 탄소가 배출되고, 이 양은 차량을 320km 운행한 것과 같다. 스스로 실천할 수 있는 방안을 중심으로 탄소 다이어트 계획을 세우고 친구들 앞에서 발표한다. 종이 타월 대신 손수건 쓰기, 세수할 때 물 받아

실천 약속표.

서 쓰기, 부모님께 함께 하자고 권하는 편지 쓰기 등 여러 가지 약속을 한다. 다른 사람 앞에서 발표하는 것은 스스로 다짐하는 데에 그치지 않고 타인과 약속하는 효과가 있다. 실천점검표를 활용하여 한 학기 동안 꾸준히 실천하고 수행 평가에 반영한다.

배출된 탄소는 어떻게 흡수할까?

『지구의 일』
김용택 글, 연수 그림, 바우솔, 2021

지구가 하는 놀라운 일들과 생명 탄생의 경이로움을 아름다운 그림으로 담아낸 시 그림책이다. 구름이 끼고, 바람이 불고, 꽃이 피고, 새가 날아가고, 살구가 열리는 자연 현상은 신기한 일이다. 지구에 있는 모든 것은 오늘도 쉼 없이 움직이며 자신의 자리를 묵묵히 지키고 있다. 이 책을 통해 우리는 우리가 자연의 일부이며 여러 생명과 더불어 살아가야 하는 존재임을 깨닫고, 소중한 지구와 생명을 지키기 위해 해야 할 역할을 고민해 볼 수 있다.

➔ 활동 1: 나무와 씨앗 관찰하기

대표적인 탄소 흡수원은 나무다. 『지구의 일』은 살구나무를 소재로 하여 시간의 변화와 계절의 변화를 세밀하게 표현하고 있다. 학생들과 함께 그림책을 한 번 더 읽고 마음에 와닿은 구절을 써 본다. 학생들은 쓴 구절을 서로 나누면서 '지구가 하는 일이 이렇게 많은데 우리 인간은 지구가 하는 일을 많이 방해하고 있다.', '지구의 일을 방해하는 것은 삶을 포기하는 것과 같다.' 등 여러 의견을 이야기하기도 한다.

그림책을 읽은 후 학교 숲이나 학교 앞 공원에 나가서 살구나무를 비롯한 여러 가지 나무를 찾아보고 관찰한 후 열매 속에 들어 있는 씨앗도 들여다보자. 노랗게 익어서 떨어진 살구를 만져 보면서 '살구를 처음 본다.', '말랑말랑하고 보들보들한 느낌이 좋다.', '너무 예쁘고 귀엽다.'는 아이들도 있었고, '살구씨가 생각보다 크다.', '살구나무가 벚나무와 비슷한데 잎이 조금 더 크다.', '열매가 없었으면 무슨 나무인 줄 잘 모르겠다.', '우리 동네에 살구나무가 있어서 신기하다.'는 반응을 보이기도 했다.

활동 2: 나무 심기

지구 온난화를 늦추려면 대기 중 이산화탄소 농도를 낮추고 탄소 배출량을 줄여야 한다. 우리가 배출한 이산화탄소를 흡수하는 것을 '탄소 흡수원'이라고 하는데, 숲은 우리에게 잘 알려진 탄소 흡수원이다. 나무를 많이 심어서 숲이 건강하면 건강할수록 탄소 흡수율이 높아지는 것은 당연한 사실이다. 나무뿐만 아니라 낙엽과 토양 유기물, 바닷물도 탄소를 흡수한다.

『지구의 일』은 나무의 씨앗이 땅에 떨어져 흙에 묻히고, 싹을 틔우고, 자라기까지의 과정을 시간의 흐름과 함께 서정적으로 그리고 있다. 학생들과 함께 나무가 자라는 과정을 일부라도 지켜볼 수 있다면 얼마나 좋을까? 먼저, 학교 숲이나 공원에서 나무를 관찰한 후에 씨앗을 모아 싹을 틔워 주었다. 샬레에 키친타월을 깔고 씨앗을 놓은 다음 물을 듬뿍 뿌리고 지퍼백에 넣어 둔다. 나무는 쉽게 그 싹을 보여 주지 않지만 열흘 정도 지나면 싹이 튼다. 어느 정도 자라면 화분에 옮겨 심고 교

아이들이 싹 틔운
은행나무.

실 창가에 둔다. 나무는 풀과는 달리 쑥쑥 자라지 않지만, 끈기를 가지고 물을 주고 관찰하면서 나무가 자라는 모습을 알아 간다. 교실에 심은 나무가 어느 정도 자라면 학교 숲에 옮겨 심어 준다.

'지구가 죽는다. 정확히는 우리가 죽는다. 기후 위기를 막기에는 늦은 것일까? 우리가 노력하면 막을 수 있을까? 풀로 붙여도, 테이프를 붙여 봐도 지구의 조각들은 붙지 않는다. 하지만 방법이 있다. 우리가 작은 실천 하나 하면 조각 하나가 붙고, 두 번만 실천해도 조각 두 개가 붙는다. 우리가 지구를 살릴 풀과 같은 존재이다.' 4학년 아이가 쓴 글이 가슴에 남는다. 탄소 중립은 이제 힘들어도 우리가 가야 할 길이다. 그 변화가 눈에 보이지 않는다고 해도 우리가 바로 지구를 살리는 풀과 같은 존재가 되어 하나씩 둘씩 학생들과 함께 실천해야 한다.

함께 읽으면 좋은 그림책

❶ 『우리 집 전기 도둑』(임덕연 글, 이형진 그림, 미래엔아이세움, 2011)
❷ 『지구온난화가 가져온 이상한 휴가』(이윤민 글·그림, 미세기, 2020)
❸ 『지구를 죽이는 1초, 지구를 살리는 1초』(하오광차이 글, 페드로 페니조토 그림, 이재훈 옮김, 미세기, 2010)
❹ 『탄소 중립이 뭐예요?』(장성익 글, 방상호 그림, 풀빛, 2022)

산불에 타 버린 숲을 구해요

숲과 산불(wild fire)

숲이나 산에는 자연적으로 불이 발생하기도 한다. 그러나 최근에 우리나라와 다른 나라에서 발생하는 초대형 산불의 경우 그 원인으로 기후 변화가 지목되고 있다. 지구 온난화로 온도가 상승하면 숲의 습도가 떨어져 산불 발생 빈도가 증가한다는 것이다. 세계 곳곳에서 산불로 발생하는 피해 규모도 커지고 있으며 나무가 타면서 탄소 배출량도 증가시켜 기후 변화와 지구 온난화를 가속하게 되는 악순환에 빠져들고 있다. '숲과 산불'은 환경을 주제로 공부할 때 꼭 포함되어야 할 주제 이슈 중 하나인 것이다. 아이들은 산불을 숲과 그 안의 크고 작은 생물이 불타 희생되는 현상이라고만 생각하다가 '산불의 원인 중 하나가 지구 온난화'라는 사실을 알고 나면 새로운 관점으로 재해를 바라보게 된다. 관점의 변화는 행동의 변화를 가져오는 계기가 되기도 한다. "산불의 원인을 알고 나니 숲과 지구를 위해 실천할 수 있는 것을 찾아 행동에 옮기는 게 중요하다는 점을 알게 되었다."는 학생의 이야기처럼 이 수업이 숲의 소중함을 깨닫고, 숲을 지키기 위해 무엇을 할 수 있는지 고민해 보는 기회가 되었으면 한다.

하지만 숲에 대해 어떤 내용들을 알고 있는지 학생들에게 물어보면 실제로 충분하지 않음을 알 수 있다. 그래서 본 활동에 들어가기 전에 우리 동네 숲과 숲에서 볼 수 있는 동물과 식물을 알아보는 활동을 하면 좋다.

➡ 읽기 전 활동 1: 빙고놀이로 숲과 친해지기

학교 주변 숲에서 볼 수 있는 나무와 동물과 식물을 찾아보는 빙고놀이를 통해 우리 동네 숲에 있는 나무와 꽃, 풀의 종류를 알아보고 숲을 터전으로 살아가는 동물에 관해서도 살펴볼 수 있다. 빙고놀이 자료는 『놀면서 배우는 사계절 자연 빙고』(오창길 외 글, 소노수정 그림, 뜨인돌어린이, 2013)의 자료 중 일부를 활용하였다. 살펴보고자 하는 자연물에 적합한 빙고 학습지를 준비하고, 모둠을 나눈다. 모둠별로 빙고 학습지에 있는 자연물을 찾은 후 사진으로 찍어 빙고 놀이판을 완성하도록 한다. 3*3, 5*5 등 다양한 형태의 학습지와 자연 퀴즈 등이 제시되어 있어 학생들의 학년군과 수준에 따라 교사가 선택하여 활용할 수 있다. 사계절 활용하기 좋은 '침엽수 빙고', 자연 속 작은 생물들을 관찰할 수 있는 '작고 작은 빙고', 내 몸을 이용하여 길이를 재어 보는 '길이 빙고' 등의 활동지를 2모둠씩 짝을 지어 나눠 주고 관찰한 것을 활용해 완성하게 한다.

➡ 읽기 전 활동 2: 우리 동네 숲에 사는 동·식물 세밀화 그리기

빙고놀이가 끝나면 활동을 하면서 살펴본 동·식물 중 하나를 골라 세밀화 그리기를 한다. 세밀화를 그릴 때는 연필보다는 볼펜, 붓펜 등 펜 종류를 준비하도록 하는 것이 좋다. 한번 그리고 나면 지울 수 없으므로 학생들이 더 자세하게 관찰하고 조심하며 그리게 된다는 장점이 있기 때문이다.

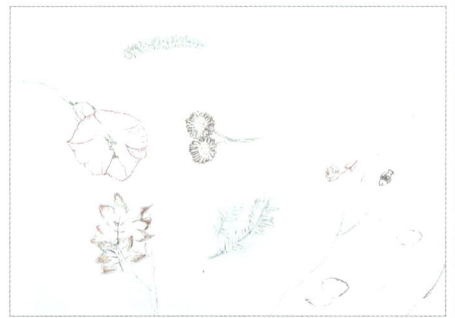 

학생들이 그린 세밀화.

➡ 읽기 전 활동 3: 자연물로 면 손수건 염색하기

자연물과 친해지기 위한 활동으로 '자연물로 면 손수건 염색하기'를 할 수 있다. 천연 재료로 염색하는 방법보다 쉽고 간단하게 할 수 있고, 꽃잎이나 나뭇잎 등으로 원하는 무늬를 만들 수 있다는 장점이 있다. A4 종이 위에 무지 면 손수건을 올리고 원하는 자연물을 수건 위에 놓는다. 그 위를 다시 OHP 필름으로 덮어 동전이나 자로 세게 밀거나 두드리면 자연물의 색이 천에 물든다. 단풍잎의 경우 초록색으로 보이지만 염색을 하면 붉은색으로

자연물로 손수건 염색하기.

나타나는 것도 있다. 보이는 색과 염색된 색이 달라 학생들이 신기해하기도 한다. 환경과 관련된 활동이므로 A4 용지는 이면지를 활용하고, OHP 필름은 활동 후 잘 닦아서 재활용하면 좋겠다.

'숲과 산불'을 얼마나 알고 있니?

『호랑이 바람』
김지연 글·그림, 다림, 2020

2019년 봄에 발생한 고성 산불을 소재로 산불의 발생과 그 진화 과정을 담은 그림책이다. 작은 불씨 하나가 호랑이처럼 사납고 매서운 바람을 타고 서식지인 숲을 까맣게 재투성이로 만들어 버린다. 호랑이 바람으로 까맣게 된 숲이지만 마지막 장면을 통해 작은 힘들이 모여 산불로 겪은 어려움을 극복할 수 있다는 '바람'을 동시에 표현하고 있다.

➔ 활동: 숲과 산불에 대해 깊이 있게 사고하기

숲과 산불 프로젝트 수업을 준비하면서 시작하는 그림책으로 『호랑이 바람』을 선택한 이유는 이 책을 통해 학생들이 '산불'이라는 문제를 인식할 수 있다고 생각했기 때문이다. 그림책을 읽은 후 둥글게 앉아 그림책을 읽고 난 느낌을 이야기한다. 교사는 원형 타월에 마음카드나 감정카드를 미리 펼쳐 두고, 학생들은 『호랑이 바람』을 읽고 난 자신의 느낌에 해당하는 그림카드를 골라 가져간다. 교사는 사전에 토킹피스를 준비해서, 아이들에게 발화 기회가 골고루 돌아가도록 한

그림책을 읽고 난 느낌 나누기.

다. 토킹피스를 가지고 있는 학생은 자신이 고른 그림카드를 다른 학생들에게 보여 주며 책을 읽은 감상을 설명한다.

『호랑이 바람』에서 산불이 일어나는 곳은 '높은성'이다. 고성을 풀어 쓴 명칭으로 그림책 이야기 안에서 쓰이고 있는데, 띄어쓰기가 되어 있지 않다. 작가가 서문에 고성 산불을 언급하고 있지만, 학생들이 이 둘을 연관 짓지 못하는 경우가 있기 때문에 필요한 경우 교사가 발문을 통해 높은성과 고성을 연결시켜 줄 수 있다. 책 속의 높은성이 강원도 고성을 의미한다는 것을 같이 살펴본 후 'QAR(Question-Answer Relationship) 질문법'에 따라 단계별 질문을 제시하고 학생들과 서로의 답을 들으며 이야기를 나눈다.

QAR 질문법은 학생들의 읽기 능력 향상을 위해 고안한 것으로 단계별 질문을 만들기 위해 핵심 키워드를 사용한다는 특징이 있다.[1]

---

1 『질문이 있는 그림책 수업』(그림책사랑교사모임, 케렌시아, 2022).

질문과 답의 관계를 나타내는 연상 키워드를 중심으로 교사가 질문을 제시하고 학생들이 답을 찾는 방법으로 진행한다.

단계	제시한 질문 예
1단계 바로 거기에(right there) 질문	• 표지에서 볼 수 있는 것은 무엇인가요? • 헬리콥터는 어디로 향하고 있나요?
2단계 생각과 탐색(think and search) 질문	• 여러 지역의 소방차가 등장한 이유는 무엇일까요? • 면지가 회색인 이유는 무엇일까요?
3단계 작가와 나 사이에 (author and you) 질문	• 작가가 책 제목을 『호랑이 바람』이라고 한 이유는 무엇일까요? • 작가가 나무를 안고 있는 사람을 제시한 이유는 무엇일까요?
4단계 나 자신에게(on my own) 질문	• 내가 작가라면 책의 제목을 무엇으로 하고 싶나요? • 책을 읽고 어떤 느낌이 들었나요?

산불은 왜 발생할까?

『아마존 숲의 편지』
잉그리드 비스마이어 벨링하젠 글·그림, 김현좌 옮김,
걸음동무, 2009

파란 지구에 있는 '나'는 덩치가 커서 남아메리카 대륙의 여러 나라에 걸쳐 있는 아마존 열대 우림이다. 언뜻 보면 녹색 담요 같지만, 원주민을 비롯한 매우 다양한 종류의 식물과 동물이 보호받으며 살아가는 터전이다. 화재로 사라질 위기에 처한 아마존의 이야기를 아마존인 '나'의 목소리로 호소력 있게 전하는 책이다.

➡️ **활동**: 산불 원인 조사하기

숲과 산림이 불에 타 사라지는 원인에는 여러 가지가 있지만, 그중 많은 부분은 인간에 의한 직접적인 인재(人災)이며 또 다른 이유로는 우리가 심화시키고 있는 지구 온난화가 꼽힌다. 『아마존 숲의 편지』를 통해 우리나라를 비롯해 세계 여러 지역에서 발생하고 있는 산불의 원인을 조사해 본다. 먼저, 이야기 속에서 말하는 이가 누구인지 물어보는 것으로 활동을 시작한다. 책을 읽고 새롭게 알게 된 점, 더 알고 싶은 점을 이야기 나눈다. 그다음 그림책 내용을 잘 이해했는지 확인하는 활동지를 만들 수 있다. 아마존 숲에 살고 있는 동물과 식물은 무엇인지, 아마존 숲을 불태우는 이유는 무엇인지 등을 묻는 질문을 넣어 활동지를 제시할 수 있다. 아마존 열대 우림에서 더 나아가 지구에서 산불(wild fire)이 발생하는 원인이 무엇인지 묻는 질문도 꼭 포함하도록 한다. 필요한 자료를 찾기 어려워하는 학생들이 있을 수 있으므로 참고 사이트(산림청 홈페이지나 산불 원인을 다룬 특집 기획 기사[2]) 등을 학생들에게 제공할 수 있다.

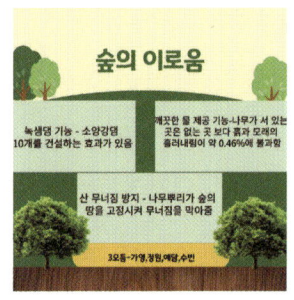

학생들이 미리캔버스로 작업한 포스터.

---

[2] <[기획 -지구의날 특집] 늘어가는 산불, 원인은?>(윤진욱, <사이드뷰>, 2021. 4. 11.).

모둠별로 산불의 원인을 조사하면서 알게 된 내용과 산불 발생 현황 등을 활용해 정보 전달 포스터 만들기 활동을 한다. 미리캔버스 사이트(miricanvas.com)를 활용하면 저작권 걱정 없이 여러 기본 디자인을 활용해 원하는 형태로 변형하여 ppt, 카드 뉴스, 포스터 등을 제작할 수 있다는 장점이 있다.

숲을 위해 우리가 실천해야 할 일에는 무엇이 있을까?

『산불이 일어난 뒤에』
대니 포포비치 글·그림, 김배경 옮김, 김황 해설, 책속물고기, 2021

도시를 떠나 숲으로 이사 온 주인공은 모든 게 낯설다. 밤은 너무 조용하고, 아침은 몹시 시끄럽고, 돌부리에 걸려 넘어지고, 벌레가 입에 날아드는 숲속 생활이 맘에 들지 않는다. 하지만 주인공은 시간이 지나면서 차츰 숲이 신나는 놀이터라는 것을 알게 되고 새로운 친구인 여우를 만나게 된다. 사방이 이상하리만큼 고요한 어느 날, 숲에 불이 나고, 주인공은 옷가지만 챙겨 가족과 집을 나오게 되는데…….

➔ 활동 1: 숲 되살리는 방법 토의하기

『산불이 일어난 뒤에』는 숲이 불에 타 버린 후 사람들이 해야 할 일에 대해서는 자세히 언급하지 않는다. 단지 숲이 자신이 해야 할 일을 알고 있듯, 우리도 알고 있다고 언급할 뿐이다. 숲도 그 방법을 알고 있다면, 우리도 알아야 하는 그 실천 방법은 무엇인가? 학생들과 숲을

◆ 『산불이 일어난 뒤에』 토의 학습지

『산불이 일어난 뒤에』 활동지

대니 포포비치 지음, 김배경 옮김, 김황 해설, 책속물고기, 2021

❖ 토의 주제: 산불이 일어난 뒤에 숲을 되살리는 최선의 방법은 무엇일까?

관련 용어
- 인공 복원: 산불 피해목(나무)을 베고 묘목을 심는 방법으로, 조림 복원으로도 불림
- 자연 복원: 산불 피해지에 다른 조치 없이 자연적으로 산림을 복원하는 방법
- 조림(造林): 나무를 심거나 씨를 뿌리거나 하는 인위적인 방법으로 숲을 조성함
- 혼효림(混淆林): 두 가지 종류 이상의 나무로 이루어진 숲

1. 조사할 내용

	인공 복원	자연 복원
장점		
단점		

2. 산불로 황폐해진 산림을 되살리기 위해 자신이 생각한 방법과 그 근거

숲을 되살리는 방법	
근거	

되살리는 최선의 방법에 대해 토의한다. 대형 산불이 진화되고 난 후에는 일반적으로 산불의 원인, 대형 산불의 예방 방법, 산림 복구 방안 등을 논의한다. 기사를 통해 이 내용을 찾아볼 수 있는데, 이때 등장하는 용어가 산림 복원 방법과 관련된 인공 조림(인공 복원), 자연 조림(자연 복원) 등이다. 학생들은 이러한 단어에 익숙하지 않으므로 교사는 토의에 활용할 수 있는 용어의 의미를 미리 제시하고, 관련 기사 등을 제공하여 두 가지 조림 방법의 장점과 단점을 살펴보면서 토의 자료를 준비할 수 있도록 한다. 산불의 원인, 복원 방법과 관련된 기사나 환경, 숲과 관련된 연재(환경의 날, 지구의 날 등) 중 연관되는 내용을 찾아 참고할 수 있는 부분을 발췌하여 자료로 제시한다.

➔ 활동 2: 나만의 나무 만들기, 우리 반 숲 만들기

활동 1에서 생각한 방안으로 나무 모양 활동지를 꾸며 본다. '나만의 나무 만들기, 우리 반 숲 만들기' 활동을 통해 숲을 위해 우리가 해야 할 일에는 무엇이 있는지 생각해 보고 이를 실천하기 위한 다짐을 적어 본다. 나무 모양 종이인 '트리앤아이'를 활용할 수 있는데, 이 교구는 온라인에서 'Tree & I 교구'를 검색하면 학습 교구몰에서 구매 가능하다. '트리앤아이'는 3장의 종이로 입체 나무를 세우는 형식이다. '트리앤아이'가 없을 경우 학생은 개인이 원하는 나무 모양을 그린 후 3장을 겹쳐 활동할 수 있다. 3장의 나무 모양 종이를 절반으로 겹쳐 입체 나무 모양으로 만들어야 하기 때문에 나무를 그릴 때 좌우가 같은 모양이 되도록 그리면 좋다. 첫 번째 종이에는 숲 활동을 통해 관찰한 우리 동네 나무 중 기억에 남는 것을 그리는데, 숲 활동 중 발견한 동

나만의 나무 만들기.

물을 추가로 그릴 수 있다. 두 번째 장에는 우리 동네 숲을 지키기 위해 내가 할 수 있는 일을, 세 번째에는 숲을 되살리기 위해 할 수 있는 일이나 지구 온난화를 줄이기 위해 스스로 실천할 수 있는 일을 적는다. 활동지 3장이 완성되면 뒷면에 풀을 칠하여 겹친 후 방향을 조절하여 나무가 설 수 있도록 한다.

'우리 반 숲 만들기'는 4절 도화지에 우리 동네 숲을 하늘에서 본 모양으로 협동화를 그려 바탕을 만들고, 각자 만든 나무를 모아 숲으로 꾸미는 활동이다. 마무리로 친구들이 선택한 나무와 동물에는 어떤 것이 있는지, 지구를 위한 친구들의 다짐은 무엇인지 살펴본 후 기억에 남는 친구의 작품에 관해 발표할 수 있다.

12월 11일은 UN이 정한 국제 산의 날이다. 산림청은 2002년 세

우리 반 숲 만들기.

계 산의 해를 맞이해 매년 10월 18일을 '산의 날'로 정했다. 산의 가치와 중요성을 잊으면 안 된다는 메시지이기도 하다. 산과 숲은 다양한 생물이 살아가는 생태계이자, 이산화탄소를 흡수하고 산소를 내뿜는 지구의 허파이며, 맑은 물을 담고 공급하는 천연의 댐이다. 소중한 산을 지키는 것이 바로 지구 온난화와 기후 변화로부터 지구와 인간을 포함한 생태계를 지키는, 가치 있고 중요한 일임을 잊지 말아야겠다.

함께 읽으면 좋은 그림책

① 『산불은 왜 일어날까?』(테일러 모리슨 글·그림, 장석봉 옮김, 사계절, 2009)
② 『나무늘보가 사는 숲에서』(아누크 부아로베르, 루이 리고 글·그림, 이정주 옮김, 보림, 2014)
③ 『숲』(이주미 글·그림, 현북스, 2016)

푸른 땅을 지켜요

나무와 사막화

생태계의 터전인 숲이 줄어들고 있다. FAO(국제연합 식량 농업 기구)자료에 따르면 2001년부터 2020년 사이에 해마다 평균 13만 ㎡의 숲이 사라졌다고 한다. 1분마다 축구장 35개를 합친 만큼의 숲이 파괴된 셈이다. 우리나라의 산림 면적도 1972년 이래로 31억 ㎡의 규모가 감소했다. 현재 지구 면적에서 3000만 ㎢(19%)가 사막화되고 있으며 1억 5000만 명이 사막화로 생존을 위협받고 있고, 이 수치는 더 증가할 것으로 보인다. 사막화의 직접적인 원인은 기후 변화이지만 또 다른 원인은 늘어나는 인구를 지탱하고 자원을 공급하기 위하여 토양을 과도하게 경작하고, 가축을 지나치게 많이 방목하며, 산림을 무분별하게 채벌했기 때문이다. 토양의 식생이 파괴되면 땅이 쉽게 바스러지고 강수량도 줄어 땅이 메말라 가고, 공기 중의 이산화탄소 흡수율이 감소하여 기온이 상승하는 악순환이 계속된다. 영국 기후예측 연구기관 하들리센터(2006)에서는 2100년까지 전 세계 절반 지역에서 사막화가 진행될 것이며, 지구의 30%는 사실상 사막화될 가능성이 높다고 이야기한다.

사막화를 주제로 수업을 할 때, 학생들에게 환경의 부정적인 실태를 먼저 이야기하기가 어렵고 조심스럽다면 아이들이 일상에서 자주 하는 놀이로 시작해 보자. 나무와 즐겁게 놀며 추억을 쌓으면 나무를 좋아하게 되고, 나무의 소중함을 느끼고 고마운 나무를 지키고 싶다는 마음이 생겨난다. 그러다 보면 나무를 왜 지켜야 하는지 우리 삶과 나무가 어떻게 연결되어 있는지 이해하려는 관심으로, 나무를 보살피려는 구체적인 실천으로 자연스럽게 이어질 것이다.

나무 놀이 해요

『나무는 좋다』
재니스 메이 우드리 글, 마르크 시몽 그림, 강무홍 옮김,
시공주니어, 2017

나무가 좋은 이유는 너무나 많다. 낙엽으로 집을 짓고, 모닥불을 피울 수 있다. 줄기는 타고 올라가서 해적선 놀이도 할 수 있고 잔가지로 모래 위에 그림을 그릴 수도 있다. 열매를 따고 나무 그늘에서 쉴 수도 있다. 나무와 추억이 있는 사람도, 나무를 무심코 지나쳤던 사람도 주변의 나무를 찾게 되고 나무로 시선을 향하게 하는 책이다. 나무 그늘 아래 돗자리를 펼치고 모두 누워서 나무를 볼 수 있도록 한 후 이 책을 읽어 주면 좋다.

➔ 활동 1: 버찌 씨 멀리 뱉기

『나무는 좋다』에는 아이들이 사과나무를 즐기는 풍경이 담겨 있다. 나무에 올라가 사과를 따 아래에 있는 친구에게 던져 주기도 하고, 큰 나무 기둥 뒤에 숨는 아이들도 나오고 그 틈에 사과를 맛보는 아이도 등장한다. 나무가 줄 수 있는 즐거움 중에는 열매를 먹는 일도 빼놓을 수 없다. 학교 주변 나무에서 열매를 맛보려고 할 때 가장 먼저 떠오르는 나무가 '벚나무'이다. 지난봄 벚꽃을 피웠던 벚나무에 버찌 열매가 열린 것이다. 학생들은 버찌를 먹을 수 있다는 것을 모르기도 한다. 나는 버찌를 입안에서 오물오물 맛을 본 후 버찌 씨 멀리 뱉기를 했다. 그림책 환경 수업을 힘차게 시작하자는 마음으로 누가 누가 멀리 뱉는지, '발사!'라고 외치면 아이들은 의욕적으로 참여한다. 버찌가 없다면 주목나무 열매나 은행 등 다른 열매로도 가능하다. 먹지 못하는 것이 있는지 사전에 주의를 주고 놀이를 하도록 한다.

➔ 활동 2: 솔방울 따먹기

그림책에는 나무를 놀잇감 삼아 재미있게 뛰노는 아이들 모습이 그려져 있다. 나무에 줄을 매달아 올라타기도 하고, 해적놀이도 하고, 나무에서 떨어진 가지로 그림을 그리기도 한다. 우리 주변 나무를 손쉽게 활용해 놀아 볼 수 있는 방법에는 무엇이 있을까? 솔방울을 모아 구슬치기를 변형한 솔방울 따먹기를 해 보자. 한 사람당 솔방울을 3개씩 가진다. 축구 센터서클을 이용하거나 바닥에 원을 그리고 학생들은 원 밖에서 중심을 보고 동그랗게 선다. 순서대로 솔방울을 원 안에 던지는데, 두 번째 던질 때는 첫 번째 솔방울이 떨어진 자리로 가서 다른 사람 것을 맞히기 위해 겨냥해서 던진다. 다른 사람 것을 맞히면 그 솔방울을 따먹는다. 솔방울을 잃은 사람은 원 밖에서 남은 솔방울 중 한 개를 던지면서 다시 시작한다. 솔방울을 다 잃으면 놀이에 참여하지 못한다. 마지막 솔방울까지 맞힌 후 솔방울을 많이 딴 사람이 이기는 놀이이다.

➔ 활동3: 솔방울 놀잇감 만들기

준비물은 우유갑, 나뭇가지, 마스크 줄, 솔방울, 송곳이다. 환경 수업으로 만드는 놀잇감이니 새로 마련하는 재료보다는 자연에서 얻을 수 있는 것과 쓰레기로 버려지는 것을 이용한다.

    나뭇가지는 길이 30cm, 굵기 1cm 정도로 가늘고 튼튼한 것을 줍는다. 우유갑 바닥에 송곳을 이용해서 구멍을 2개 뚫고 나뭇가지를 끼운다. 마스크 줄 2개를 연결한 후 한쪽 끝은 솔방울에 다른 쪽 끝은 나뭇가지에 묶는다. 우유갑은 윗부분을 안으로 접어 넣는다. 완성되면 마스크 줄에 연결된 솔방울을 앞으로 던져 올려 우유갑 안에 넣는 놀이를 한다. 놀고 난 후 분리해서 버릴 것을 고려해 테이프나 글루건은 사용하지 않는다. 나뭇가지가 약간 거칠어야 마스크줄과 우유갑이 움직이지 않게 잡아 줄 수 있다.

우유갑에 마스크 줄로
솔방울을 연결하면
훌륭한 놀잇감이 된다.

사막화가 어떤 현상인지 알아보아요

『대머리 사막』
박경진 글·그림, 미세기, 2019

아름다운 푸른 들판에 사람들이 몰려와서 나무를 베어 내고 길을 만든다. 숲은 점점 사라지고 사막이 되어 결국 사람들이 떠나게 된다. 사막화로 인한 피해를 막기 위해 우리가 할 수 있는 일을 생각해 보게 한다.

➲ **활동 1: 사막화의 원인, 피해, 우리가 할 수 있는 일 알아보기**

『대머리 사막』 그림책의 내용을 파악하면서 사막화의 원인, 사막화로 인해 달라진 모습을 이야기한다.

> **교사**: 사람이 몰려들기 전 들판은 어떤 곳이었나요?(자연의 본래 모습)
> **학생**: 아름다운 푸른 들판이었어요. 나무가 많았고 숲에서 새들이 노래했어요.
> **교사**: 사람들이 모여들어서 한 일은 무엇인가요?(원인)
> **학생**: 길을 내고 집을 짓기 위해 나무를 잘랐어요. 말과 들소를 닥치는 대로 사냥했어요.
> **교사**: 사람들로 인해 땅은 어떻게 변했나요?(사막화로 달라진 모습)
> **학생**: 푸른 들판, 울창한 나무숲, 맑은 시냇물과 동물들이 사라져요. 비가 안 와요. 땅이 메말라 가요. 결국에는 사람들도 떠나요. 그리고 모래사막으로 변해요.

교사는 사막화를 막기 위해 우리가 할 수 있는 일은 무엇인지, 세계적으로 어떤 노력을 기울이고 있는지도 질문한다. 학생들에게 예시 사례를 먼저 이야기해 안내할 수도 있다. 1994년 프랑스 파리에서는 6월 17일을 '사막화 방지의 날'로 지정하는 등 전 세계적으로 사막화 방지를 위해 노력을 기울이고 있다. 우리나라도 6.25 전쟁이 끝난 직후 많은 산림이 파괴되었지만, 범국민적 노력으로 산림 복구에 성공해 국제 사회의 주목을 받고 있다. 산림청에서는 지난 10여 년간 황사의 발원지인 중국과 몽골에서 나무 심기 사업도 펼쳤다. 사막화 방지를 위해 애쓰고 있는 사례들을 제시하고 나무 심고 가꾸기, 물 아껴 쓰기, 나무로 만든 종이 아껴 쓰기 등 학생들이 할 수 있는 방법도 함께 생각해 본다.

➡ 활동 2: 매직북 만들기

양쪽으로 당기면 내용이 바뀌는 매직북을 만든다. 매직북을 양쪽으로 당기기 전 보이는 면에는 사막화 전 모습을 그리고, 당긴 후 보이는 면에는 사막화 후 모습과 사막화의 개념, 원인, 피해, 사막화를 극복하기 위한 실천 방법과 다짐에 관한 글을 쓴다. 아이들은 『대머리 사막』을 참고해 사막화 전과 후를 비교했다. 사막화를 극복하기 위해서 '나무 심기, 나무를 많이 베지 않기, 나무로 만든 물건과 물 아껴 쓰기, 물 샤워를 빨리 끝내기'를 해야 한다는 의견도 적었다.

❶ 8절 색지 2장, 가위 준비하기.

❷ 한 장 대문 접기.

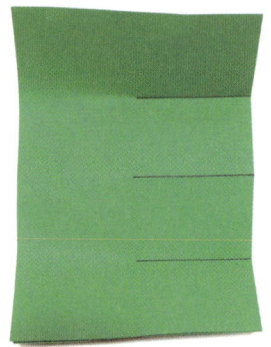
❸ 반절로 접고 이어진 부분 반절만 4등분 접기.

❹ 접은 선 자르기.

❺ 가운데 4개를 번갈아 가며 양쪽으로 접기.

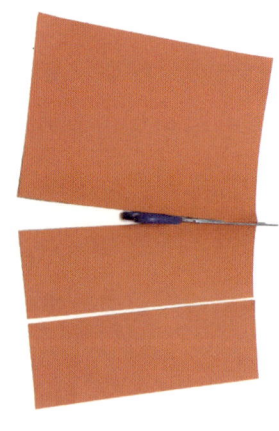
❻ 나머지 1장은 대문 접기를 한 후 2조각만 자르기.

❼ 자른 2조각
끼워 넣기.

❽ 완성.

양쪽을 당겼을 때.

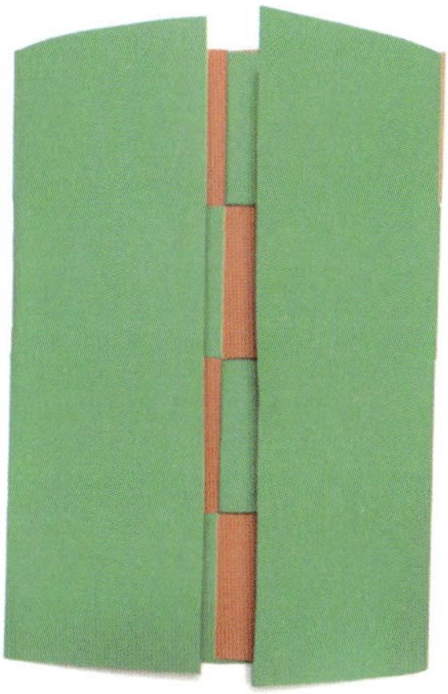

양쪽 날개를
앞으로 접으면 표지가 됨.

완성한 매직북.

❶ 뜨거워지는 지구

내 나무 정하고 마음 나누기

『다 같은 나무인 줄 알았어』
김선남 글·그림, 그림책공작소, 2021

다 같은 나무인 줄 알았는데! 꽃이 피고 싹이 나고 그늘이 생기고 다람쥐를 발견하고 향기를 맡으면서 나무를 한 그루 한 그루 가까이 다가가서 보니 다 다른 나무인 걸 알게 된다. 사막화 방지를 위해서는 나무가 있어야 한다. 우리가 마을 앞 큰 느티나무에 공동체의 안녕을 빌고 위안을 얻었던 것처럼 아이들이 살아가면서 힘들 때나 기쁠 때 나무를 찾고 의지하면서 자연과 함께 더불어 살아가길 바란다.

➔ 활동 1: 내 나무 정하기

『다 같은 나무인 줄 알았어』에는 벚나무, 느티나무, 은행나무, 참나무, 감나무 등 다양한 나무가 나온다. 학교에도 나무들이 많다. 그림책에 나온 나무들 중 학교에 있는 것을 찾아본 후 가까이에서 나무를 자세히 관찰하며 이름, 특징 등을 이야기한다. 튤립나무가 공룡이 살았던 백악기 때부터 지구에 살았다는 것을 알려 주니 어떤 학생은 튤립나무를 내 나무로 정하고 나무에 백악기라는 이름을 지어 주었다.

나무를 관찰하면서 마음이 끌리는 나무를 내 나무로 정하도록 한 후 노트에 나무의 이름, 나무가 있는 장소, 내가 지어 준 이름, 나무에게 드는 느낌을 글로 쓰고, 나무의 전체 또는 일부를 그림으로 그려 보도록 한다. 나무를 그리는 방법으로는 나뭇잎을 따서 잎맥을 자세

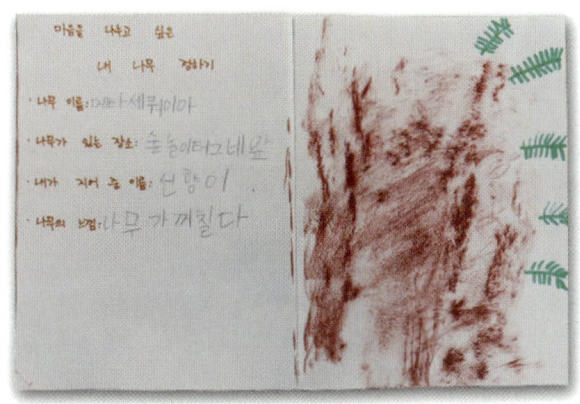

나무 기둥을 대고
그린 그림.

히 보고 그리기, 나무 기둥이나 나뭇잎을 크레파스, 연필, 색연필로 스크래치 하기, 꽃잎과 암술, 수술을 다 떼어서 꽃을 펼쳐 붙이기, 스크래치한 기둥에 나뭇잎 그리기 등이 있다. 전체 모습을 그리거나 어떤 한 부분을 자세히 그려도 좋고, 부분을 모아서 전체 나무를 완성해도 그리기의 부담을 덜 수 있다.

➔ 활동 2: 나무와 마음 나누기

내 나무에 가서 기대거나, 기둥에 손을 대거나, 나무를 안거나, 편한 자세로 나무와 접촉을 한다. 그리고 즐거웠던 일, 슬펐던 일, 아팠던 일, 재미있는 이야기, 부탁하고 싶은 것 등을 나무에 소리 내어 말한다. 나무와 이야기를 나눈 후 노트에 기록한다. 그림도 함께 그린다. 일기처럼 적거나 나무에 말하는 형식으로 쓸 수 있다. 처음 해 보는 것이라 학생들이 낯설어해 적응도 필요하다. 나무에 지속적으로 관심을 가지기 위해서는 일주일에 한 번 정도 주기적으로 하면 좋다. 꾸준히 하다 보면 나무의 다양한 모습과 계절에 따라 나무가 변하는 모

나무와 마음 나누기.

습, 나무와 함께 내가 살아가는 이야기도 글과 그림으로 남게 된다.

나무로 만든 종이를 아껴서 사막화를 막아요

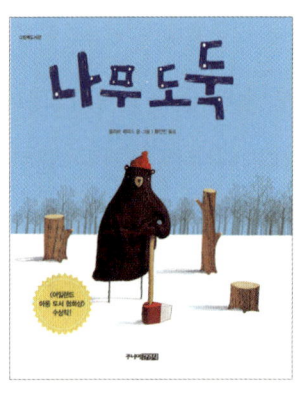

『나무 도둑』
올리버 제퍼스 글·그림, 황인빈 옮김, 주니어김영사, 2011

어느 날 숲속 나무가 여기저기 잘려 나간 것이 발견되어 나무 도둑을 찾기로 한다. 여러 가지 조사 끝에 곰이 법정에 서게 된다. 곰의 이야기를 듣고 친구들은 곰의 잘못을 용서해 주는 대신 곰에게 나무를 심으라고 한다. 학생들이 나무로 만든 것 중에 가장 많이 쓰고 버리는 것이 바로 '종이'이다. 학생들도 곰처럼 나무를 많이 잘리게 한 잘못으로 법정에 서게 된다는 설정을 한 후 수업을 진행해도 좋다.

➔ **활동 1: 재생 종이 만들기**

『나무 도둑』에서 곰이 나무를 벤 이유는 바로 '종이'를 만들기 위해서였다. 이 부분에 착안해 나무를 베지 않고 종이를 만드는 활동을 해 본다. 먼저, 사전에 학생들이 쓰고 버리는 종이를 모아 둔다. 모아 둔 종이를 함께 보면서 귀중한 나무로 만든 종이를 이렇게나 많이 버리고 있다는 것을 느끼도록 한다. 그림책에서 숲속 친구들이 곰의 잘못을 그냥 용서해 주지 않고 나무를 심게 한 것처럼, 곰이 된 학생들의 잘못을 그냥 용서하는 대신 버리는 종이로 재생 종이를 만들도록 한다. 재생 종이를 만들 때 믹서기와 다리미를 사용할 수 있지만 탄소가 발생하는 전기 사용 과정을 거치지 않고 사람 손으로만 제작한다. 그리고 남은 종이죽으로는 용기를 만든다. 일주일 후에 재생 종이가 완성되면 내가 만든 재생 종이에 '나무 2행시', '나무는 (   )다.', '나무에 편지 쓰기', '나무를 위한 다짐' 등을 쓰고 꾸미기를 한다.

　재생 종이를 만들면서 종이를 만드는 과정이 환경에 미치는 영향을 알아본다. 나무로 얇고 깨끗한 종이를 만들기 위해서는 비닐봉투를 만들 때보다 26배의 물이 더 필요하다. 종이 펄프를 만들 때 황화나트륨, 수산화나트륨, 탄산칼슘 같은 약제를 쓰고 착색을 막기 위해 염소, 이산화염소, 과산화수소, 오존 같은 화학 물질을 사용해서 표백을 하는데, 이 과정에서 제대로 정화되지 않은 화학 물질이 흘러나와 토양과 강을 오염시키기도 한다. 또한, 우리가 만들어 내는 온실가스의 10~15%는 나무 벌채 때문에 생긴다. 그뿐만 아니라 나무를 벌목하고 옮기고 공장에서 종이를 생산하고 운반하는 과정에서 온실가스가 많이 나온다. 이러한 설명을 들은 학생들의 표정은 심각하고 진지해진다. 약속이라도 한 듯 종이를 아껴 써야겠다는 말이 저절로 나온다. 어른이 일방적으로 들려주는 이야기가 아니라 직접 느낀 경험을 통해 종이와 나무의 소중함을 깨달은 시간이 되지 않았을까? 우리가

◆ 재생 종이 만드는 과정

종이를 작게 자른다.

물을 부어 불리면서 더 작게 잘라 종이죽을 만든다.

물기를 탈탈 털어 손으로 뜬다.

신문지, 손수건, 종이죽, 손수건, 신문지, 책 순으로 올려 눌러 놓는다.

일주일 정도 지나면 마른다.

남은 종이죽을 채에 걸러 물을 꽉 짠다.

종이죽에 목공풀을 섞는다.

틀에 종이죽을 붙인 후 마르면 틀에서 떼어 낸다.

완성된 재생 종이와 용기.

매일 쓰고 버리는 '자원'에 관해 피부로 성찰하는 시간을 경험했을 때 '절약'과 같은 의미라고 할 수 있는 소비와 사용에 관한 '머뭇거림'과 '고민'이 더 늘어날 것이라고 믿는다.

활동 2: 우유갑 모으기

우유갑이 화장지로 만들어지는 과정이 담긴 영상을 본다. 우리가 익숙하게 접하는 우유갑이 버려지지 않고 다시 사용될 수 있는 자원임을 인식하고 일정 기간을 정해 꾸준히 모으는 활동을 한다. 다모임 회의를 통해 전교생이 함께 참여할 수 있다. 우유갑을 모아 가까운 지자체에서 화장지로 교환하거나 이벤트를 진행하는 친환경 쇼핑몰에 보내 쌓인 적립금으로 필요한 물품을 구입할 수 있다. 우유갑을 학생들이 직접 우체국에 발송하러 가는 과정에서 공공기관 체험도 해 볼 수 있다.

우유갑이 화장지로 만들어지는 과정 영상 링크.

우유갑으로 바꾼 화장지는 화장실에 비치해 함께 사용한다. 아이들은 집에서도 이 활동을 하고 싶다며 지속적인 실천을 이어 가겠다고 자연스럽게 다짐한다.

종이를 절약하는 활동 이외에 우리가 사막화를 막기 위해 할 수 있는 일에는 무엇이 있을까? 아이들과 이야기를 나눠 보니 숲이 줄어들지 않게 하기 위해 나무를 심어야 한다는 의견이 먼저 나왔다. 하지만 학생들이 나무를 심고 가꾸는 일에 지속적으로 힘을 쏟기는 현실적으로 어렵다는 것을 느끼기도 했다. 그렇다면 우리가 할 수 있는 일은 기존의 나무를 지키는 일이라는 이야기가 나왔다. 환경 관련 교육이 활발하게 이루어져, 우리가 나무를 소중히 여기고, 나무로 만든 것들을 아껴 써야 한다는 의견이었다.

함께 읽으면 좋은 그림책

❶ 『꿈꾸는 사막』(박경진 글·그림, 미세기, 2019)
❷ 『우리 마을이 사막으로 변해 가요』(유다정 글, 황종욱 그림, 미래아이, 2014)
❸ 『작은 종이 봉지의 아주 특별한 이야기』(헨리 콜 글·그림, 비룡소, 2021)

기후 변화가 난민을 만들어요

기후 난민

2015년 9월, 세 살배기 꼬마가 튀르키예(옛 터키) 해안에서 숨진 채 발견되었을 때 전 세계는 충격에 빠졌다. 아이의 이름은 '알란 쿠르디', 시리아에서 유럽으로 이주하던 난민이었다. 이 일로 난민들의 현실이 중요한 사회 문제로 떠올랐다. 미국 컬럼비아대학의 리처드 시거 교수는 「비옥한 초승달 지대의 기후 변화와 시리아 최근 가뭄의 시사점」이라는 논문에서 시리아 난민 사태의 근본적인 원인이 기후 변화 때문이라는 결론을 내렸다. 시리아 내전은 독재, 종교 문제 때문인 것처럼 보이지만 기후 변화로 인한 가뭄으로 살아가기 힘들어지면서 내전이 확대되었다는 것이다.

안전하고 건강하게 살아갈 수 있는 터전이 폭염과 가뭄, 태풍과 홍수, 해수면 상승으로 점점 사라지고, 자원이 부족해지면 정치적으로 혼란스럽고 사회적으로도 불안정해져 해당 국가를 떠나오는 사람들이 생겨난다. 이들을 '기후 난민'으로 보는데, 기후 난민 문제는 생존을 위협하는 현실의 일이며 특정 국가에서만 일어나는 일이 아닌 우리 모두의 미래가 될 수도 있다. 따라서 기후 변화가 다양한 방식으로 인간의 삶에 영향을 미친다는 것을 알고, 우리가 지속 가능한 세상을 가꿔 나가는 '기후 시민'으로 성장할 수 있도록 소양과 역량을 갖추게 하는 실천적 통합 교육이 매우 중요하다 하겠다.

기후 난민은 누구이고 왜 생기는 것일까?

『마지막 섬』

이지현 글·그림, 창비, 2021

우리 앞에 다가온 환경과 기후 난민 문제를 두고 함께 나눌 이야기가 풍성한 그림책이다. 푸른 바다와 숲으로 둘러싸인 섬에서 노인은 나무 열매를 채취하고 물고기를 잡으며 자연과 동물과 평화롭게 살아간다. 어느 날, 섬이 물에 잠기기 시작하고, 삶의 터전을 지키려는 노인의 온갖 노력에도 불구하고 거대한 파도가 모든 것을 휩쓸어 간다. 배를 타고 유랑하던 노인이 일상생활을 하던 젊은이와 마주치며 이야기는 끝을 맺는다. 글이 없지만, 기후 변화에 대한 강렬한 메시지를 주는 그림책이다.

➔ 읽기 전 활동: 표지와 제목 마주하기

기후는 다양한 방식으로 인간의 삶에 영향을 미친다. 기후 변화로 삶의 터전을 두고 다른 곳으로 이주해야 하는 기후 난민의 경우 더더욱 그렇다. 살던 곳을 떠나는 사람에게 '마지막'은 어떤 의미일까? 책 제목과 연관 지어 그림책을 읽기 전에 제목에 쓰인 말의 의미를 생각해 보는 활동을 진행한다. '마지막'이라는 말을 해 본 경험이 있는지, 왜 그런 말을 했는지, 어떤 상황이 떠오르는지 등 제목을 보고 떠오르는 경험이나 느낌을 자유롭게 발표한다. 이어서 표지와 제목을 살펴보고 어떤 이야기일지 상상하며 이야기 나누고 싶거나 궁금한 것을 모둠 안에서 돌아가며 말한다.

◈ 표지를 보고 함께 나눌 수 있는 질문들

- 마지막 섬에서는 어떤 일이 일어났을까?
- 마지막 섬의 의미는 무엇일까?
- 표지에 그려져 있는 인물에게 무슨 일이 일어났을까?

활동 1: 그림 읽기로 내용 살피기

이 책은 글 없는 그림책이기 때문에 그림이 어떤 의미인지 구체적으로 상상해 보며 이야기를 유추하는 과정이 중요하다. 그림책을 천천히 넘기며 이미지를 기반으로 질문하고 추론하면서 응답을 이끌어 낼 수 있도록 내용을 파악하는 활동을 한다. 이 활동은 호기심을 자극하여 스토리에 대한 흥미와 내용 이해도를 높이는 데에 큰 도움을 준다.

그림을 꼼꼼하게 살펴보며 '언제, 어디에서 일어난 일일까?', '일이 일어난 원인은 무엇일까?', '다음 이야기는 어떻게 펼쳐질까?' 등 단순한 가정을 활용한 질문이나 다음에 일어날 일을 상상하고 예측하는 질문을 통해 학생들의 적극적인 참여를 유도한다. 그림책 페이지를 넘길 때마다 전체적인 맥락과 줄거리 파악을 위해 떠오르는 낱말이나 장면에 관한 내용도 함께 적는다. 낱말은 책 내용을 이해하는 데에 매우 중요하기 때문에 저학년의 경우 꼭 필요한 낱말은 교사가 먼저 언급해 주는 것이 좋다.

앞에서 정리한 내용을 바탕으로 그림책 장면을 한눈에 보는 마인드맵을 만든다. 그리고 육하원칙을 활용한 질문을 함께 정리하도록

◆ 『마지막 섬』에 관한 그림책 장면 마인드맵과 줄거리 관련 질문들

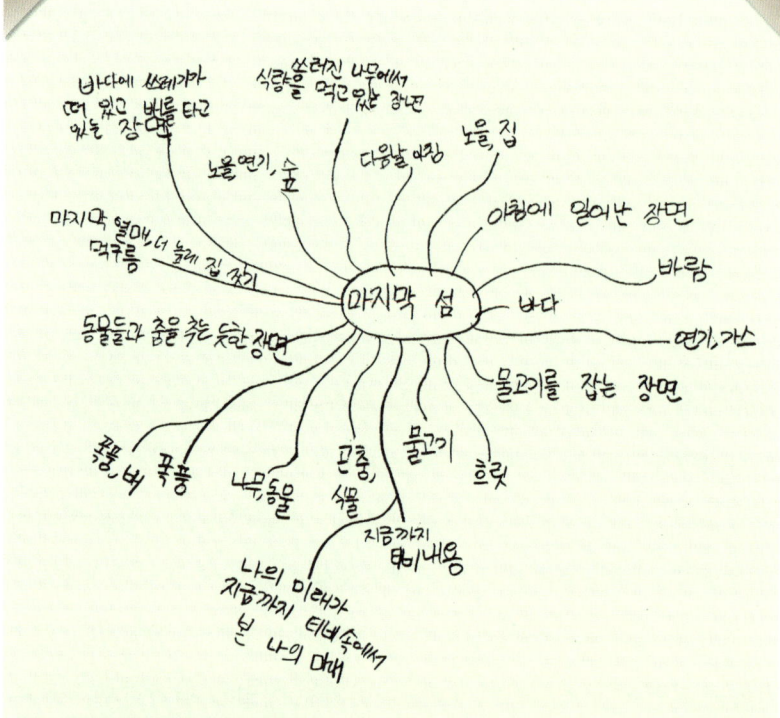

- 노인은 왜 혼자 살고 있을까?
- 다른 사람들은 모두 어디로 떠났을까?
- 섬에 물이 차오르는 까닭은 무엇일까?
- 물이 차오르는 것을 본 노인은 어떤 생각이 들었을까?
- 배를 타고 나간 노인은 어떻게 되었을까?
- 젊은 사람과 노인은 어떤 관계일까?

한다. 그 과정에서 충분히 대화를 하고 생각을 정리하여 줄거리가 파악된다면 자기 생각을 풀어놓기에도 좋다. 그림을 꼼꼼하게 훑어보았으므로 내용 이해가 수월한 상태에서 학생의 배경지식도 확인할 수 있다. 대부분 마지막 장면에서 두 사람의 마주침을 매우 궁금해했는데 그 사람이 누구인지, 어떤 대화가 오고 갔을지에 대한 다양한 생각들을 주고받았다.

➔ 활동 2: 기후 난민이 발생하는 원인 알기

살던 지역을 떠나는 난민 일행의 사진을 보여 주면서 '난민' 하면 떠오르는 말을 짝과 함께 브레인스토밍으로 생각해 본다. 그다음 교사는 난민에 대한 정확한 이해를 돕기 위해 사전적 의미를 알려 준다. 평화롭게 살아가던 노인의 집이 점점 물에 잠기는 이유와 배를 타고 먼 곳으로 가야만 하는 그림책 속 상황을 기후 난민과 연결시키기 위해 기후 위기의 심각성을 보여 주는 영상을 함께 시청한다. 영상은 유튜브에서 '기후 난민'이나 환경 단체 관련 채널을 검색하면 찾을 수 있다. 영상을 보고 기후 난민에 대해 새롭게 알게 된 점, 더 알고 싶은 점, 느낀 점이 무엇인지 이야기 나눈다. 기후 변화가 불러온 해수면 상승, 심각한 가뭄으로 겪게 되는 식량 위기, 위력을 더해 가는 태풍, 폭염과 홍수, 초대형 산불 등으로 인해 살던 지역을 떠나는 사람들이 굉장히 많다는 사실을 알면 아이들은 매우 놀라워한다. 이 단계에서는 인간의 무분별한 행동의 결과로 난민이 발생하며, 기후가 다양한 방식으로 우리 삶에 영향을 미친다는 것을 알고 관련된 문제를 해결하기 위한 실질적인 노력들이 필요하다는 데에 주안점을 두어 지도한다.

새롭게 알게 된 것	• 지구 온난화로 섬나라들이 물에 잠기는 것 • 기후 난민이 이렇게 많은 줄 몰랐다. • 기후 변화가 생각보다 많이 심각하다. • 우리의 행동 때문에 다른 나라에서 피해를 본다는 사실 • 지구 온난화의 문제는 혼자가 아니라 모두 함께 힘을 모아야 해결할 수 있다는 것 • 해수면 상승만 아니라 가뭄과 홍수, 산불로도 기후 난민이 생긴다는 것
더 알고 싶은 것	• 기후난민은 전 세계 인구의 몇 퍼센트일까? • 기후 변화를 늦추는 방법 • 우리가 해야 할 일 • 기후 난민들은 어떻게 살아가고 있을까?
느낀 점	• 기후 난민이 되어서 살던 나라를 떠나는 것이 안타깝다. • 더 이상 지구 온난화가 심해지지 않도록 노력하고 실천해야겠다.

➡ 활동 3: 기후 난민의 마음 짐작해 보기

환경 문제로 난민이 되는 상황에서 기후 난민이 겪는 상실감 등에 공감하기 위해 등장인물이 되어 일기를 써 본다. 그림책을 함께 읽고 내용을 이해한 다음, 모둠원끼리 일기 쓰는 순서를 정한다. 노인 입장이

◈ 이야기 초반 노인의 일기

> ○월 ○일
> 오늘은 웬일로 아침 일찍 일어났다. 일어나서 새와 인사도 하고 기지개를 켰다.
> 쉬다가 생각해 보니 어제 생선을 다 먹어 집에서 그물망을 챙겨서 바다로 갔다.
> 바다 안에 있는 물고기들과 인사를 했다. 오늘따라 새로운 종류의 물고기가
> 많이 보였다. 가장 잘 잡힐 것 같은 곳에 그물망을 놓고 나왔다.
> 오늘은 문어가 잘 잡히기를 기도했다.

◆ 이야기가 전개되며 변화하는 마음을 알 수 있는 일기

○월 ○일
물고기를 잡으러 바다에 나왔다. 오늘따라 물고기가 안 잡혔다. 그래서 허탕만 치고 집으로 돌아왔다. 노을이 참 예뻤다. 멀리 보이는 짙은 연기의 정체는 무엇일까? 일단 피곤해서 눈 좀 붙여야겠다. 일어나 보니 침대 밑이 물로 가득 차 있다. 왜 물이 점점 차오를까? 저 공장은 아직도 연기를 뿜어 댄다. 계속 물이 불어나니 걱정이다. 더 이상 여기에서 살기 어려울 것 같다. 여기를 빠져나갈 방법을 찾아봐야겠다.

되어 장소와 시간의 흐름에 따라 자신이 쓸 내용을 간단하게 이야기하고 일기 내용의 흐름이 자연스럽게 연결되도록 한다. 다 쓴 후 모둠 내에서 혹은 전체 발표를 통해 기후 난민이 처한 상황과 마음을 공감할 수 있도록 한다.

기후 변화로 난민이 된 사람들은 어떻게 살아갈까?

『투발루에게 수영을 가르칠 걸 그랬어!』
유다정 글, 박재현 그림, 미래아이, 2008

투발루에 사는 소녀 로자, 나라 이름과 같은 이름을 가진 고양이 투발루를 통해 지구 온난화로 발생하는 환경 문제의 중요성을 알리고, 기후 난민 문제를 생각해 보게 하는 그림책이다. 지구 온난화의 원인과 결과를 이야기하고, 우리가 어떤 실천을 해야 하는지 알 수 있는 읽을거리도 덧붙여 있다.

활동 1: 기후 난민, 투발루와 마주하기

이 그림책은 국어 교과서에 실려 있어 학생들이 어느 정도 내용을 알고 있다. 하지만 관련 주제를 더 깊이 있게 생각해 보고 활동을 원활하게 진행하기 위해서 교사가 글 전체를 꼼꼼하게 읽어 주는 것이 좋다.

먼저, 그림책을 읽고 등장인물이 처한 상황에 대해 학생이 만든 질문으로 짝 또는 모둠별 대화를 나눈다.

◆ 학생 질문 예시

- 섬에 남겨진 고양이 투발루는 어떻게 되었을까?
- 로자는 훗날 투발루를 만났을까?
- 내가 만약 로자라면 투발루를 두고 갔을까?
- 로자의 가족이 투발루에 되돌아가기 위해 할 수 있는 것에는 무엇이 있을까?

그림책에는 바닷물이 로자네 집 마당까지 들어오는 장면이 담겨 있다. 바닷물이 왜 자꾸 불어나느냐는 로자의 질문에 아빠는 지구가 더워져 엄청나게 큰 빙하가 녹기 때문이라고 이야기한다. 그림책 이야기가 투발루에서 실제로 일어나는 일임을 알아보기 위해 투발루의 해수면 상승과 관련된 5분 정도의 영상을 함께 시청한다. 유튜브에서 검색어 '투발루'를 입력하면 영상 자료를 쉽게 찾을 수 있다. 투발루는 해발 고도가 낮은 산호초 섬으로 구성된 국가인데 기후 위기로 해수면이 상승해 1년에 5mm씩 잠기고 있다. 어떤 곳은 해안가와 반대편 해안가 사이가 20m도 안 되는 곳도 있으며, 1999년에 이미 2개의 섬이 해수면 상승으로 사라졌다. 투발루에 살던 사람들과 동물들이 살 곳을 잃어버리고 결국 떠날 수밖에 없는 상황이 현재 진행 중인 것이다. 로자와 고양이 투발루 이야기가 실제로 존재한다는 것을 알고 아이들은 매우 놀라면서도 분위기가 사뭇 진지하고 신중하다. 투발루섬을 그저 안타까워하는 마음이나 감상에 초점이 쏠리는 분위기는 최대한 지양하고, 이 이슈가 전 지구적인 관점에서 함께 해결해 나가야 할 과제임을 인지시키며 수업을 진행한다.

➡ 활동 2: 기후 위기를 알리는 연설문 낭독하기

이상 기후로 내가 지금 살고 있는 곳을 떠나게 된다면 어떻게 행동할 것인지 생각해 본다. 난민이 되어 고국을 떠날 수밖에 없는 처지를 이해하고, 난민이 겪고 있는 어려운 삶을 공감하는 마음을 가질 수 있도록 한다. 이어서 기후 난민이 될 위기에 처해 있는 나라의 대표가 되어 세계 여러 나라에 전할 연설문을 작성하여 발표하는 활동을 한다. 연

◆ 기후 난민 문제를 함께 해결하자고 호소하는 연설문 예시

> 저는 기후 난민을 대표하는 ○○○입니다. 우리는 지금 지구 온난화로 바다의 수면이 높아져 나라가 사라지려는 심각한 위기에 처해 있습니다.
> 우리가 왜 이렇게 되었을까요?
> 기후 난민이 우리 투발루와 같은 섬나라에서만 생기게 될까요? 아닙니다.
> 우리 후손들, 아니 지금 당장 나 자신도 위기에 처할 수 있습니다.
> 이것은 우리 모두의 문제이니까요. 따라서 우리는 우리 모두를 위해서, 후손들을 위해서 지구 온난화를 막아야 합니다.
> 지구 환경을 향한 여러분의 관심과 행동을 보여 주십시오.

설문을 작성할 때에는 기후 난민이 된 이유와 이 문제를 함께 해결할 의무가 모두에게 있음을 설득할 수 있는 근거, 실천적 행동의 변화를 요구하는 내용이 포함되도록 한다.

➡ 활동 3: 생각의 피자판 활동

기후 위기는 어느 한 나라만의 일이 아니다. 투발루 국민들이 다른 나라로 떠나는 것처럼, 누구라도 기후 난민이 될 수 있다. 그들을 구하기 위해 우리는 어떻게 행동해야 할까? 생각의 피자판을 이용하여 구체적인 실천 방안을 제안한다. 생각의 피자판은 전혀 관련성이 없는 낱말들을 강제로 결합하여 여러 가지 문제 상황에 대해 창의적인 아이디어로 해결책을 제시하는 방법이다.[1]

먼저, 동그라미와 네모가 겹쳐 그려진 활동지를 모둠별로 제시한다. 방학, 스마트폰, 컴퓨터 중 하나를 정하여 붙임 딱지에 적고 한가운데 동그라미에 붙인다. 동그라미를 네 구역으로 나눠 1인당 한 구역씩 맡은 후, 가운데 동그라미에 붙은 단어에서 연상되는 단어를 각자 맡은 영역의 큰 동그라미 안에 자유롭게 적는다. 교사는 '기후 난민이 발생하지 않으려면 어떻게 해야 할까?'라는 문제 상황을 새로운 붙임 딱지에 적어 동그라미 한가운데에 붙인다. 각 영역 담당 학생들은 큰 동그라미 안에 있는 단어를 연관 지어 문제 상황을 해결할 실천 방법을 사각형 안에 적는다. 모둠별로 정리된 내용을 반 전체 학생들에게 발표하고 서로 의견을 주고받으면 더 창의적인 해결책이 나오

---

[1] 『액션 러닝으로 수업하기』(고수일 외 지음, 학지사, 2014) 참고 및 인용.

기도 한다.

➡ 활동 4: 지구를 살리는 홍보 배지 만들기

지구 온난화 극복에 직접적으로 도움이 되는 행동을 실천하는 것은 모두에게 매우 중요한 과제이다. 여기에 더해, 기후 난민과 환경 문제를 향한 관심을 불러일으키는 활동도 중요하다.

아름다운 지구를 지키고 더 많은 기후 난민이 생기지 않도록 실천과 응원의 메시지를 작성해 배지를 만들어 본다. 온라인에서 '무지 배지'나 '그리기 배지', '배지 만들기' 등을 검색하면 재료를 손쉽게 찾을 수 있다. 색깔 네임펜으로 그림이나 글씨를 더해 환경 문제의 경각심을 주제로 한 배지를 완성하면 된다.

인도의 수가타 미트라 교수는 TED 강연에서 "아이들에게 스스로 학습할 수 있는 환경을 만들어 준다면 누구나 스스로 배울 수 있

학생 작품.

다."라고 말했다. 기후 문제 해결을 위해 실제로 실천할 수 있는 활동을 계획하고 안내하는 교사의 마중물 역할은 작은 규모라도 매우 중요하다고 할 수 있다. 그림책으로 환경 수업을 진행하며, 기후 변화로 인한 난민의 문제가 한 국가의 이슈가 아닌 우리 모두의 이슈임을 이해하고, 환경 문제에 적극적으로 참여하려는 태도를 기를 수 있도록 해야 한다.

함께 읽으면 좋은 그림책

① 『돌아갈 수 있을까?』(이상옥 글, 이주미 그림, 한솔수북, 2021)
② 『난민이 뭐예요?』(호세 캄파나리 글, 에블린 다비디 그림, 김지애 옮김, 라임, 2018)
③ 『빙하섬을 지켜주세요』(이새미 글·그림, 파란정원, 2020)
④ 『사라지는 섬, 투발루』(바루 글·그림, 이주희 옮김, 북스토리아이, 2012)

❷
환경 오염은 왜 발생할까?

— 쓰레기와 토양 오염

— 하천과 수질 오염

— 공기 오염

— 미세플라스틱과 옷

— 자원 순환

우리가 버리는 것은 어디로 갈까요?

쓰레기와 토양 오염

환경부 산하의 한국환경공단은 지난 2020년 우리나라 하루 평균 폐기물 발생량이 전년보다 8.8% 늘어난 54만 872t으로 잠정 집계되었다고 발표했다. 이 가운데 가정에서 분리배출된 폐합성수지는 17.7% 급증했는데, 그 이유를 코로나19에서 찾았다. 음식 배달과 택배 주문이 늘면서 일회용 플라스틱과 포장재 사용이 늘어났기 때문이다. 다양한 분야에서 비대면 활동이 자리 잡은 지금, 이 추세는 이어질 수밖에 없다. 매립된 쓰레기가 자연 분해되는 시간은 각 성분에 따라 10~1,000년 이상이다. 쓰레기 배출량이 늘면 매립지는 점차 포화 상태가 된다. 또한 쓰레기는 악취를 발생시키고, 부패되는 과정에서 토양에 악영향을 주는 가스를 생성한다. 중금속으로 이루어진 쓰레기는 땅을 심각하게 오염시키기도 한다. 이러한 토양에서 동식물이 생존하기 어려움은 당연하다.

학생들과 환경 수업을 할 때에는 우리가 무심히 버리는 쓰레기들이 토양을 어떻게 오염시키고 환경을 어떻게 변화시키는지 깊이 있게 다루면 좋다. 더불어 우리의 지구 환경을 위해 학생들이 할 일을 찾아 실천하도록 안내해야 한다.

우리 주변의 쓰레기는 얼마나 될까?

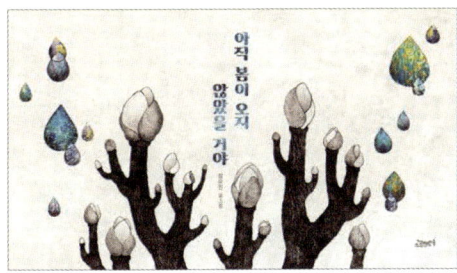

『아직 봄이 오지 않았을 거야』
정유진 글·그림, 고래뱃속, 2021

싱그러운 생명을 깨우는 봄비가 쓰레기로 표현된 그림책. 아름다운 그림 속에 숨은 알록달록한 쓰레기를 찾으며 환경 오염으로 많은 동물이 사라지고 그중에 인간도 포함될 수 있다는 것을 생각해 볼 수 있다.

➔ 활동 1: 학교 주변 플로깅하고 관련 자료 조사하기

『아직 봄이 오지 않았을 거야』를 읽고 온라인서점에 게재된 북트레일러를 통해 정유진 작가 인터뷰 영상을 본다. 정유진 작가는 인터뷰에서 개개인의 '변화'와 '노력'을 언급한다. 이 메시지와 그림책 소재인 '쓰레기'를 연결하는 활동으로 '학교 주변에서 플로깅하기'를 마련했다. 플로깅은 달리기를 하면서 쓰레기를 줍는 것으로 건강과 환경을 동시에 챙길 수 있는 캠페인 중 하나이다. 창체 시간을 이용하여 집게와 쓰레기봉투를 들고 나가 걷기 운동을 하며 학교 주변의 쓰레기를 줍는다. 일회용 나무젓가락은 또 다른 쓰레기가 되므로 학교에 집게가 구비될 수 있도록 사전에 준비한다. 모둠별로 지역과 시간을 정하면 좋고 학생들이 어릴 경우에는 교사와 함께 해야 안전하다. 집게

◆ **토양에 묻힌 쓰레기가 분해되는 시간**

- 유리 4,000년 이상
- 플라스틱 병 500년
- 종이 6주
- 물티슈 500년
- 비닐 20~100년
- 담배꽁초 12년
- 쓰레기 폐기물 40~500년

를 가지고 다니므로 사전에 반드시 주의 사항도 안내해야 한다. 플로깅 후에는 쓰레기들을 플라스틱, 종이(물티슈), 비닐, 담배꽁초, 기타로 분류해 보고 소감도 나눠 본다. 학생들은 1시간 동안 주운 쓰레기의 양에 매우 놀라곤 한다.

　그다음에는 우리가 버리는 쓰레기가 토양을 어떻게 오염시키는지 인터넷으로 조사한다. 이때 토양에 묻힌 쓰레기가 분해되는 시간을 꼭 찾아보도록 한다. 학생들은 『아직 봄이 오지 않았을 거야』에서처럼 쓰레기의 분해 속도에 비해 버려지는 비율이 너무 많아 세상이 쓰레기로 뒤덮이지 않을까 하는 반응을 보이기도 했다.

활동 2: 쓰레기 사진 콜라주

쓰레기 사진을 오려 붙이고 콜라주 기법으로 그림을 그려 본다. 쓰레기들이 땅에 묻혀 토양을 오염시키고 이 때문에 동물이 어떤 피해를 입는지 생각해 보는 활동이다. 학생들이 분류한 쓰레기를 교사가 사진으로 찍은 후 교실로 돌아와 출력하여 나눠 준다. 학생들은 주변에서 볼 수 있는 일상적인 모습을 그린 후 쓰레기 사진을 토양과 동물의

학생 활동 결과물.

몸 모양에 맞게 오려서 붙인다. 『아직 봄이 오지 않았을 거야』에는 몸이 옷걸이 무늬인 토끼나 페트병 무늬인 곰이 등장하는데 이러한 기법에 착안한 방식이다. 토양과 동물 등에 직접 쓰레기를 붙여 보면서 학생들은 쓰레기 배출과 환경 오염의 관계를 알고 자신이 해야 할 일들을 다짐한다.

쓰레기는 토양을 얼마나 오염시킬까?

『상자 세상』

윤여림 글, 이명하 그림, 천개의바람, 2020

번개쇼핑 택배기사는 오늘도 수백 개의 택배 상자를 가득 싣고 배송을 한다. '띵동' 소리와 함께 어떤 집의 현관 앞에 놓인 택배 상자는 뜯기고, 쓸모를 다한 후 밖으로 버려진다. 더 많이, 더 빨리 소비하는 삶에 익숙해진 우리들에게 소비와 쓰레기의 관계를 두고 의미 있는 생각거리를 던져 준다.

➡ 활동 1: 우리 집 쓰레기 배출량 조사

그림책을 함께 읽은 후 버려지고 쌓여 가는 택배 상자를 보면 어떤 느낌이 드는지 가볍게 이야기를 나누는 것부터 시작한다. 아이들이 인상 깊은 장면으로 많이 꼽는 부분은 고층 건물 사이로 건물 높이와 비슷하거나 더 높게 상자 더미들이 여기저기 솟아 있는 모습이다. 실제로도 택배 상자가 이렇게 많이 나올까? 학생들의 가정에서 쓰레기를 어느 정도 배출하는지 알아보기 위해 주말 동안 자기 집에서 나오는 쓰레기의 종류와 개수를 조사하는 활동을 해 보았다. 학생들은 활동 후 모둠별로 모여 이야기를 나누고 조사 결과를 모아 표로 만들어 발표한다.

학급 통계는 6학년 수학 교과의 '여러 가지 그래프' 단원에서 활용하거나 학생들의 환경 보호 관련 논설문 쓰기의 근거 자료로 활용할 수 있다.

◆ 2일 동안 각 가정에서 나온 쓰레기의 종류와 개수

	플라스틱(수)	캔(수)	비닐(수)	종이와 종이 상자(수)	기타(수)	합계(수)
1모둠	21	11	32	74	15	153
2모둠	21	13	11	39	0	84
3모둠	26	7	51	27	11	122
4모둠	52	8	45	163	35	303
5모둠	19	16	26	33	3	97
6모둠	65	0	33	81	0	179
합계	204	55	198	417	64	938
백분율	21.75	5.86	21.11	44.46	6.82	100

각 가정에서 배출한 쓰레기 중 종이와 종이 상자가 44.46%로 가장 많은 비율을 기록했다. 종이류가 어느 정도 포함된 수치라 일반화할 수는 없지만 가정에서 버려지는 택배 상자 비율이 상당함을 알 수 있었다.

활동 2: 4컷 그림

배출된 쓰레기가 어떻게 되는지 살펴보기 위해 우리나라의 쓰레기 매립장을 조사해 본다. 쓰레기 매립장이었던 난지도의 옛 모습과 현재 모습을 사진으로 비교해 보며 토양 오염 문제를 이야기 나눠 본다. 토양이 매립 쓰레기를 분해하는 시간에 비해 쌓이는 속도가 너무 빠르다는 것, 쓰레기가 썩으며 땅을 오염시켜 악취가 난다는 것을 들 수 있다. 폐건전지 같은 쓰레기로 땅에 중금속이 스며들어 그 지역에서 자라는 먹거리가 같이 오염되는 문제도 심각하다. 이러한 내용을 함께 토의한 뒤 4컷 그림으로 표현한다. 모둠별로 토양 문제의 심각성을 알리는 주제를 한 가지 정하고 각자 한 부분씩 나누어 그림으로 표현한 뒤 4컷을 모아 한 작품으로 완성한다.

우리가 아무렇게나 버리는 건전지. 그 건전지가 아기 나무에 영향을 주어 결국 나무 열매에도 영향을 준다. 폐건전지의 영향을 받은 사과는 위험하다.

지구 환경위기시계를 되돌리자!

『09:47』

이기훈 글·그림, 글로연, 2021

지구 환경위기시계 9시 47분. 시간의 흐름에 따라 지구가 처한 위기를 알려 주는 이 책은 글 없는 그림책으로 과거와 현재, 미래가 연속해 흘러가며 환경 문제가 불러오는 긴박한 위기감을 보여 준다.

➡ 활동 1: VTS질문법으로 그림 읽기

『09:47』은 우리들이 일상생활을 하면서 배출하는 쓰레기가 앞으로 어떤 위기를 가져올지 엄중한 질문을 던지는 그림책이다. 글이 없기 때문에 그림을 깊이 보고 주제를 생각할 수 있도록 VTS질문법을 이용하여 그림 읽기를 한다. VTS질문법[1]은 학생이 그림을 자세히 보면서 이야기를 찾아 그림을 해석하고 이해하도록 하는 질문법이다. 1단계는 '이 그림에서 무슨 일이 일어나고 있나요?', 2단계는 '무엇을 보고 그렇게 생각했나요?', 3단계는 '또 무엇을 더 찾을 수 있나요?'로 구성된다. 단계별로 질문하고 대답하는 과정을 거치며 학생들은 그림이 나타내는 의미와 그림 속에서 지구의 위기가 어떻게 표현되었는지 이해하며 사고를 확장할 수 있다. 그림 읽기를 마친 후에는 학생들이 질

---

1 『질문이 있는 그림책 수업』(그림책사랑교사모임 지음, 케렌시아, 2022, p.156).

문을 하나씩 만들어 칠판에 붙인다. 비슷한 질문끼리 유목화한 후 많이 나온 내용 중에서 함께 토의할 질문을 뽑는다. 학생들이 선정한 질문은 다음과 같다.

- 왜 제목이 『09:47』인가?
- 고래가 의미하는 것은 무엇일까? 고래는 왜 쓰레기로 그려졌을까?
- 12시로 갔다가 다시 9시 47분으로 돌아온 이유가 무엇일까?

➡ 활동 2: 지구 환경위기시계 포스터

토의를 마치면 지구 환경위기시계를 보여 준다. 매년 전 세계 90여 개국의 정부, 지방 자치 단체, NGO, 학계, 기업 등의 환경 전문가를 대상으로 설문 조사를 실시해 그들이 느끼는 인류 생존 위기감을 시간으로 표시한 것이 지구 환경위기시계이다. 이 시계에서 12시는 인류 생존이 불가능한 마지막 시간이라고 한다. 학생들에게 환경위기시계를 설명하고 연도별로 세계 환경위기시계를 함께 본다. 1992년은 7시 49분, 2000년은 8시 56분, 2010년은 9시 19분, 2020년은 9시 47분, 2021년은 9시 42분이었다. 빠른 속도로 12시에 가까워지는 것이다. 우리나라의 경우 2020년에 9시 56분이었으며 세계 평균 시간보다 12시에 조금 더 가까운 수치이다. 쓰레기 배출량과 지구 위기 상황이 연관되어 있음을 생각해 보고 이 내용을 담아 지구 환경위기시계 포스터를 만들어 보자.

환경을 직접적으로 보호하는 활동도 중요하지만 더 많은 사람에게 지구 환경의 위기를 알리는 일도 중요하다. 학생들이 만든 포스터

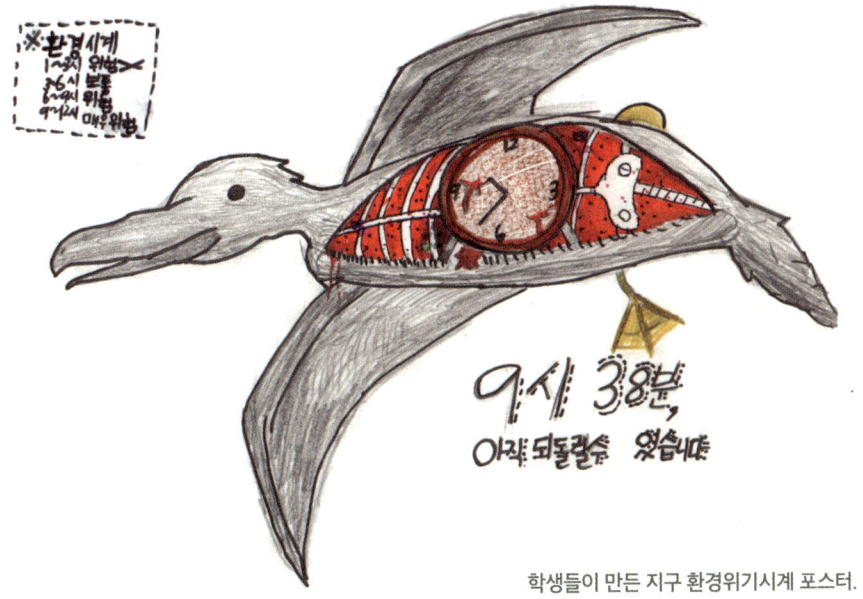

학생들이 만든 지구 환경위기시계 포스터.

를 학교 복도나 계단에 전시하고, 모두 환경지킴이 홍보대사가 되어 쓰레기 줄이기 캠페인을 꾸준히 할 수도 있다. 학생들은 수업을 통해 텀블러 사용하기, 일회용품 사용 줄이기, 배달 음식 자제하기, 소비 줄이기, 쓰레기 함부로 버리지 않기 등 다양한 캠페인을 전개하기도 했다.

쓰레기와 토양 오염을 주제로 그림책을 읽고 주변의 쓰레기를 조사해 보면서 학생들은 무심히 버려진 쓰레기들이 어떻게 환경을 오염시키는지, 그 심각성이 얼마나 큰지 깨닫게 되었다. 한 학생이 '우리가 버린 쓰레기는 더 커져서 돌아오네요.'라며 소감을 말했다. 코로나 19 이후 일회용 쓰레기와 택배 관련 쓰레기가 더 많아졌다고 한다. 늘어나는 쓰레기를 줄이기 위한 우리 학생들의 작은 실천이 씨앗이 되어 지구를 살리는 커다란 움직임으로 널리 퍼져 가길 바란다.

함께 읽으면 좋은 그림책

① 『쓰레기가 쌓이고 쌓이면』(박기영 글, 이경국 그림, 웅진주니어, 2010)
② 『나는, 비둘기』(고정순 글·그림, 만만한책방, 2022)
③ 『지구를 죽이는 1초, 지구를 살리는 1초』(하오광차이 글, 페드로 페니조토 그림, 이재훈 옮김, 미세기, 2010)
④ 『난지도가 살아났어요』(이명희 글, 박재철 그림, 마루벌, 2007)
⑤ 『꼬질꼬질 구리구리 지구가 몸살 났어요』(최열 글, 최병옥 그림, 청년사, 2008)

소중한 물을 아껴요

하천과 수질 오염

우리나라는 어디에서나 하천을 쉽게 볼 수 있다. 하천은 바다로 흐르고 구름과 비가 되어 끊임없이 순환하며 생명을 탄생시킨다. 하지만 지금은 물의 정화 작용이 제 힘을 발휘하지 못할 만큼 수질 오염이 심각하다. 특히 기후 변화로 가뭄이 심해지면서 '물 전쟁'이 시작됐다. 튀르키예, 시리아, 이라크는 여러 나라에 걸쳐 흐르는 하천을 두고 물 분쟁을 벌인 바 있다. 그럼에도 물 위기를 체감하는 사람은 많지 않다. 수도꼭지만 열면 물이 콸콸 나오기 때문이다. 학생들에게 물이 오염되는 원인을 묻자 대부분 "공장에서 더러운 물을 많이 버리잖아요."라고 말한다. 아이들 생각과 달리 폐수에서 가장 큰 비중을 차지하는 것은 생활하수(60%)다. 우리가 샤워 시간을 5분 단축해도 60L의 물을 절약할 수 있고, 대수롭지 않게 먹은 햄버거 하나에 2,500L의 물이 사용된다는 사실을 알리자 놀라움의 탄성이 터져 나오기도 한다. 지금 우리에게는 수질 오염 상황을 정확하게 인식하고 물을 지키는 실천적인 교육이 필요하다. 사소한 내 행동이 물을 얼마나 소비하고 오염시키는지 알면 일상 속에서 변화는 자연스럽게 이뤄진다. 환경 수업을 통해 학생 스스로 물을 보호하는 생활 습관을 갖춰, 환경 지킴이의 주체로 거듭나는 것이다.

하천과 물이 오염되는 이유는 뭘까?

『청소부 토끼』

한호진 글·그림, 반달, 2015

어느 날 갑자기 달빛이 어두워지자 토끼는 물론 야채도 시름시름 앓는다. 과학자 토끼는 청소부 토끼를 달로 보낼 방법을 고안한다. 어두워진 달빛이 달을 청소한다고 해결되지 않는다는 것을 알게 되자, 토끼는 새로운 결심을 한다. 이 그림책은 수질 환경을 직접적으로 다루진 않지만, 수질 오염 이슈에서 중요한 '정화'와 '환경 보호를 위한 개인의 노력', 환경 교육의 첫걸음인 '환경 감수성' 등을 생각해 보게 한다.

➡ 활동 1: '하천 꽁즙'으로 환경 감수성 키우기

그림책 『청소부 토끼』에서 달을 깨끗하게 하려던 토끼들은 결국 지구를 버리고 달로 향한다. 한 학생이 "더러워진 지구를 청소할 생각은 하지 않고, 지구를 버리고 달로 가요?"라며 황당함을 표현한다. '환경 감수성'이 드러나는 반응이다. 환경 감수성이란, 자연과 지속적으로 상호작용을 하며 자연환경에 공감적인 정서를 가지는 것이다. 환경 교육에서 이를 중요하게 여기는 이유는 환경 감수성이 높은 사람일수록 환경 보호와 지속 가능한 발전을 위해 더 노력하기 때문이다.

'하천 꽁(초)줍(기)'은 학급 단위로 손쉽게 움직일 수 있는 활동이다. 첫 번째 목적은 생활권에 있는 하천의 오염 정도를 직접 확인하며 정화 활동에 참여하는 것이다. 두 번째 목적은 자연환경을 느끼며 환경 감수성을 키우기 위함이다. 해당 교실은 '김해 율하천'을 갔는데, 양옆으로 카페와 식당이 많아 작은 쓰레기와 꽁초의 비중이 높았다. 학생 4명이 한 모둠이 되어 2명은 집게를, 1명은 종량제 봉투를 챙기고, 나머지 1명은 카메라로 하천에 있는 동식물을 촬영한다. 2시간 동안 활동하므로, 40분 단위로 역할을 바꿀 수 있다. 평소라면 버려진 쓰레기를 보고 모른 척하거나 눈살을 찌푸릴 텐데, 함께 하니 즐겁게 정화 활동에 임한다. 또 하천을 유심히 살피자 오리, 지빠귀, 피라미부터 맹꽁이와 백로까지 다양한 생물이 살고 있음을 알게 된다. 교실로 돌아와 쓰레기를 정리하면서 담배꽁초 무단 투기가 생각보다 심각하다는 것을 확인할 수 있었다. 찍어 온 사진을 함께 감상하며 환경 감수성을 높이는 시간도 가진다.

➡ 활동 2: '꽁초 어택' 캠페인으로 수질 오염 심각성 알리기

그림책에서 과학자 토끼는 무엇이든 척척 만들지만, 정작 오염된 지구를 정화하려는 노력은 하지 않는다. 청소부 토끼만 열심히 청소할 뿐이다. 환경을 지키기 위해서는 청소부 한 명의 노력이 아니라 모두의 참여와 노력이 중요함을 시사하는 부분이다. 이번 활동은 같은 맥락에서 마련한 것으로, 하천을 오염시키는 주범인 꽁초의 위험성을 알리고, 사람들에게 연대를 촉구하자는 의도에서 기획했다. 이름은 '꽁초 어택(attack)'으로 정했다.

세계보건기구(WHO)의 발표에 의하면 전 세계에서 연간 버려지는 담배꽁초의 양은 4조 5,000억 개에 달한다. 꽁초가 빗물과 하수구를 타고 하천과 바다로 흘러가면 심각한 수질 오염을 일으키고, 바다 생태계를 무너뜨린다. 국제 해양보존센터는 해양 쓰레기의 1/3이 꽁초이며 바다에 버려지는 쓰레기 중 가장 많다고 밝혔다.

등교 시간, 학교 정문에서 '꽁초 어택' 캠페인을 펼친다. 정문 입구에 세 구역으로 책상을 배치한다. 첫 번째 팀은 바닥에 버려진 꽁초가 환경에 미치는 영향을 설명하고 수질 오염의 심각성을 알린다. 두 번째 팀은 꽁줍 활동을 소개하며 학교 주변 쓰레기를 함께 줍는 활동을 한다. 마지막 팀은 담배꽁초를 안전하게 수거할 수 있는 도구인 '시가랩'을 알리고 가족과 이웃 등 흡연자에게 선물할 수 있도록 배포한다. 시가랩은 꽁초를 스스로 수거할 수 있도록 특수제작된 낱개 포장지다. '꽁초 어택' 캠페인을 통해 학생은 적극적인 환경 지킴이로서, 수질 오염의 심각성을 알리고 환경 보호 활동에 함께 참여하도록 연대를 촉구하는 활동에 동참하게 된다.

➔ 활동 3: '바다의 시작' 캠페인으로 빗물받이에 유입되는 오염물 관리하기

'바다의 시작' 캠페인은 빗물받이(우수관)에 꽁초를 비롯한 쓰레기 무단 투기를 방지하는 스티커를 붙여 행동의 변화를 촉구하는 활동이다. 스티커를 통해 지속적으로 시민의 동참을 유도하고 해양 오염에 대한 경각심을 깨우며 '환경 보호 실천 문화'를 확산한다. 해당 캠페인을 지방 자치 단체의 환경 관련 부서나 자원봉사센터가 담당하기도 하는데, 해당 교실은 김해시 자원봉사센터와 협력했다.

제일 먼저 학교 주변을 탐색하며 빗물받이의 위치를 파악하고, 꽁초나 쓰레기가 많이 버려진 곳을 캠페인 장소로 정한다. 빗물받이가 정해지면 그 수에 맞춰 캠페인 스티커를 구비하고 팀을 나눈다. 스티커는 지자체 관련 부서의 지원을 받을 수도 있고, 지자체가 제작 업체로 연결해 주기도 한다.(소량 주문 시, 스티커 하나에 약 2만 원이다.) 4~6명으로 구성된 한 팀이 빗물받이를 하나씩 맡는다. 준비물은 스티커, 활동 안내 삼각대, 인원수만큼의 빗자루와 고무 망치, 종량제 봉투, 헌 옷(천)이다. 스티커를 부착하는 동안 캠페인 활동 중임을 알릴 삼각대는 종이 상자를 재활용하여 미리 만들어 둔다.

캠페인은 동시다발적으로 진행된다. 먼저 삼각대를 세워 활동 중임을 공지하고, 빗물받이 주변을 깨끗이 쓸어 정리한다. '바다의 시작' 스티커를 적절한 위치에 붙이는데 스티커 위에 천을 덮고 고무 망치로 5분 정도 두들겨 부착하면 깔끔하다. 캠페인을 진행하는 동안 오

아이들이 부착한 '바다의 시작' 스티커.

가는 지역 주민들이 잠시 멈춰 우수관을 관찰하기도 했다. 활동에 참여한 학생들은 친구는 물론 가족과 이웃을 우수관으로 데리고 와 '바다의 시작' 캠페인에 함께 하겠다며 뿌듯하게 다짐하였다. '바다의 시작' 캠페인을 계기로 더 많은 사람이 수질 오염의 심각성을 깨닫고 환경 보호에 동참하기를 기대한다.

물 발자국을 줄이는 생활 습관 형성하기!

『오염물이 터졌다!』
송수혜 글·그림, 미세기, 2020

철이가 양치질과 세수를 하는 동안 틀어 놓은 물이 콸콸 흐른다. 먹기 싫은 음식은 싱크대에 슬쩍 버리고, 세제를 가득 사용하는 순간……. 우리나라의 상수도 보급률은 97.5%에 달한다. 언제 어디서나 수도꼭지만 열면 깨끗한 물이 나온다. 그래서인지 철이네처럼 생각 없이 물을 사용하는 경우가 많다. 그림책을 통해 물 소비 습관을 되돌아보고, 수질오염의 원인과 대책을 살필 수 있다.

➡ 활동 1: 물 발자국 알아보기

'물 발자국'이란 제품의 원료를 생산하는 일부터 제조, 유통, 사용과 폐기까지 모든 과정에서 이용되는 물의 총량을 측정한 것이다. 놀랍게도 커피 한 잔에는 132L의 물이, 초콜릿 1kg에는 17,196L의 물이, 쇠고기 1kg에는 15,415L의 물이 필요하다. 이 개념을 처음 만든 네덜란드의 훅스트라 교수는 인류의 물 발자국 85% 이상이 식품과 관련이 있으므로, 물을 아끼기 위해서는 어떤 농식품을 사는지가 중요하다고 말했다.

『오염물이 터졌다!』 그림책의 마지막 장에는 수질 오염의 원인과 대책, 물 발자국의 개념을 소개한다. 이와 관련하여 우리가 일상에서 만들어 내는 물 발자국이 얼마나 되는지 점검하는 활동을 해 본다. 부가 자료로 물 발자국을 소개하는 영상[1]을 보고, 지난 주말을 돌아보며 활동지를 작성한다. 샤워는 몇 번, 몇 분 동안 했는지, 무엇을 먹었는지 떠올린다. 그리고 Water Footprint Network의 자료를 근거로 물 발자국을 측정한다. 샤워 시간 1분 동안 12L의 물을 사용한다는 것도 놀라운데, 햄버거 하나가 2,400L의 물 발자국을 만든다는 것을 알게 되자 아이들 사이에서 '헉!' 하는 외마디 비명이 들린다. 특히 우리나라에서 나지 않는 음식과 육류를 소비했을 때 굉장히 많은 물이 쓰인다는 것을 알게 되면서, 식품의 선택이 중요함을 깨닫는다. 학생들은 물 발자국 체크리스트[2]를 작성하며, 자신의 물 사용 습관을 되돌아보고 점검했다.

◈ 물 발자국 측정 자료(출처: Water Footprint Network)

수도꼭지 1분	12L 이상
일반세탁기 1회	100L 이상
드럼세탁기 1회	40L 이상
쇠고기 1kg	15,415L
돼지고기 1kg	5,998L
닭고기 1kg	4,325L

1 <오늘 내가 사용한 물은 얼마나 될까?>(뉴스G, 〈EBSNEWS〉, 2016).
2 한국전력공사 사외보 2021년 42호에 실린 체크리스트를 학생의 발달과 생활에 맞게 수정.

계란 60g	196L
우유 250ml	255L
커피 120ml	132L
차 250ml	27L
햄버거 1개	2,400L
피자 1판	1,259L
초콜릿 1kg	17,196L
면 티셔츠 1벌 제작	3,900L
A4종이 1장 제작	10L

◆ 물 발자국을 만드는 생활 습관 되돌아보기

생활 습관	O / X
비누칠, 양치를 하는 동안 물을 잠가 둔다.	
양치 컵을 사용한다.	
가까운 거리는 차를 타는 대신 걷거나 자전거를 이용한다.	
급식을 먹을 때 가능한 한 잔반을 남기지 않는다.	
샤워 시간이 10분 이하다.	
변기 물통에 벽돌, 물이 든 페트병 등을 넣어 둔다.	
그릇, 냄비의 기름 찌꺼기는 키친 타월이나 신문지로 닦고 설거지한다.	
과일이나 채소를 씻을 때, 설거지 통을 이용해서 물을 받아 놓고 쓴다.	
음료수보다는 물을 마시려고 노력한다.	
수입품보다 국산품을 이용한다.	
안 쓰는 물건을 남에게 주거나 받아서 쓴다. (중고 시장, 벼룩시장 등을 이용한다.)	
한번 구매한 물품은 쉽게 버리지 않고 오랫동안 사용한다.	
육식보다 채식을 즐긴다.	
과자, 초콜릿 등을 멀리한다.	

동그라미 하나당 1점으로 계산하세요. 나의 생활 습관은 (   ) 점입니다.

◆ 물 발자국을 점검하는 활동지

1. 주말 동안 샤워를 (4)번 했고, 한 번 씻을 때 (10분) 동안 씻었습니다.
   = (40분 × 12L = 480)L.
2. 주말 동안 먹은 음식을 떠올리면 아래와 같습니다.

| 햄버거 2,400L
콜라 2L | 밥 580L
계란프라이 2개 392L
콩나물 (국내산, 물의 양이 적게 소비됨) | 닭갈비 865L
피자 2조각 314L
우유 255L |

내가 만든 물 발자국은 대략 (5,528)L입니다.

➡ 활동 2: '소프넛 천연 세제' 만들어 사용하기

그림책에서 수질 오염을 최소화하기 위해 소개하는 방법 중 하나인 '소프넛 천연 세제'를 직접 만들어 본다. 소프넛은 천연 계면 활성제인 사포닌을 함유하고 있어 설거지와 세탁 등에 활용할 수 있고 자연 분해된다. 인터넷 쇼핑몰에서 500g당 만 원에 구입하면 한 반 전체가 사용할 수 있다. 만들기에 앞서 유튜브 등을 통해 소프넛 세제로 제로웨이스트를 실천하는 영상을 검색해 보며 천연 세제에 대해 이해한다. 그 후 6명으로 모둠을 구성하고 가스버너와 냄비, 주전자와 깔때기를 준비한다. 학생은 재활용 유리병을 각자 준비한다.

먼저 모둠마다 소프넛 열매를 20개씩 나눠 주고 관찰하게 한다. 그다음 500ml의 물이 담긴 냄비에 열매를 모두 넣고 끓인다. 센 불로 가열하다가 끓으면 불을 낮춘다. 소프넛 열매에서 시큼한 냄새가 나기 때문에 활동 시 환기에 주의하고, 버너를 사용하며 다치지 않도록 안전 교육을 철저히 한다. 약 20분 이상 끓여 물이 연한 갈색으로 변하면 냄비째 식힌다. 그 후, 깔때기를 사용해 세제를 유리병에 담아 준다. 이때 천연 수세미도 함께 선물하면 좋다. 천연 수세미는 미세플라스틱이 없고 자연에서 분해되어 환경에 이롭다. 루파 수세미는 인터넷으로 1개 1,500원에 구입할 수 있는데, 애호박처럼 길쭉한 원통 모양이라 6등분하면 적당하다. 만 원으로 루파 수세미 5개를 구입하면 학생 30명에게 나눠 줄 수 있다. 마 수세미와 코코넛 브러시도 함께 소개하면 좋다. 학생들에게 천연 소재로 된 제품을 소개하는 이유는, 학생들이 친환경 제품의 존재를 알아야 선택권을 가질 수 있기 때문이다. 아이들은 직접 만든 소프넛 세제와 천연 수세미로 설거지를 함으로써, 가정에서 발생하는 폐수를 줄이는 데 동참할 수 있다.

➔ 활동 3: 맑은 물 순환 센터 견학하기

그림책에서는 하수 처리 과정을 소개하는데, 침전지, 생물 반응조, 소독조 등 단어부터 어렵게 느껴질 수 있다. 그래서 가능하면 지역의 '맑은 물 순환 센터(하수 처리장)' 견학을 추천한다. 사전에 견학 신청을 하면 담당자의 감독하에 하수 처리 과정을 상세히 소개받을 수 있다. 단, 초·중학생의 경우 안전을 위해 10명 이하의 소규모 견학을 추천한다. 해당 교실은 화목동에 있는 맑은 물 순환 센터에 방문했다. 견학을 통해 학생들은 눈높이에 맞춰 하수 처리 과정을 쉽게 이해할 수 있고, 특히 '생물 반응조'에서 눈에 보이지 않는 미생물이 오·폐수를 투명한 물로 바꿔 주는 것을 보고 물의 소중함을 느낄 수 있다. 마지막에는 정화된 물이 방류되는 모습을 보면서 물의 순환을 실감할 수 있다.

교실로 돌아온 후, 모둠별로 그림책과 물 발자국 그래프, 활동 1에 함께 실은 물 사용 습관 체크리스트를 살펴보며 '물 발자국을 줄이는 생활 습관'을 목록화한다. 목록이 완성되면 학생들은 주말에 실천할 것을 고른다. 활동 기간은 짧게 제안하는 것이 좋은데 작은 실천을 통해 환경을 지킨다는 성취감을 경험하는 일이 중요하기 때문이다. 물을 아끼는 생활 습관을 실천하면 그 모습을 찍어 학급 카페에 댓글로 인증해 서로의 실천을 응원하고 참여를 독려해 본다. 한 번, 두 번의 실천이 반복되면서 물을 아끼고 사랑하는 삶의 태도를 습관화할 수 있을 것이다.

함께 읽으면 좋은 그림책

① 『강물이 이야기』(카트린 르파주 글·그림, 권지현 옮김, 머스트비, 2017)
② 『귄터 아저씨에게 택배가 왔어요!』(엘리자베트 슈타인켈너 글, 미하엘 로어 그림, 위정현 옮김, 계수나무, 2010)
③ 『강아, 너는 누구야?』(모니카 바이세나비시엔 글·그림, 발테르 스트룀베리 옮김, 한봉호 감수, 그레이트북스, 2019)
④ 『세상을 돌고 도는 놀라운 물의 여행』(맬컴 로즈 글, 손 심스 그림, 김현희 옮김, 사파리, 2015)

건강하게 숨 쉴 권리
공기 오염

우리가 마시는 공기의 질을 파악하는 일이 큰 이슈인 세상이 되었다. 차량, 산업, 농업, 소각 등으로 발생한 공기 오염은 이미 전 세계에 걸쳐 위협적인 영향을 미치고 있으며, 산성비, 오존층 파괴, 온난화 현상 등 인류에게 피해를 주는 여러 가지 환경 문제를 파생시키고 있다. 세계보건기구(WHO)를 이끄는 사무총장은 한 기고문에서 대기 오염을 신종 담배라고 표현하였다. 그는 오염된 공기가 수백만 어린이들을 중독시키며 그들의 삶을 철저히 망가뜨린다고 하면서 모든 어린이는 깨끗한 공기를 호흡해 제대로 자랄 수 있어야 한다고 강조했다. 깨끗한 공기는 미래를 살아가는 어린이·청소년에게 남겨 줘야 할 가장 중요한 유산이라고 할 수 있겠다. 공기 오염을 막기 위한 구체적인 방법을 고민하고 지금 바로 실천해야 할 뿐만 아니라, 아이들이 이 문제를 바르게 인식하고 환경 보전을 위해 필요한 지식과 태도를 갖출 수 있도록 안내하려는 노력도 필요하다. 그림책 수업을 시작하기 전 "우리가 함께 있는 교실에서 공기를 오염시키는 것에는 무엇이 있을까?" 질문했다. 공기 오염은 특정 지역에서만 일어나는 일이 아니라 일상 속에서 우리의 작은 행동들로 얼마든지 발생할 수 있음을 환기하며 수업을 시작하길 추천한다.

공기 오염은 우리 일상과 얼마나 관련이 있을까?

『탁한 공기, 이제 그만』
이욱재 글·그림, 노란돼지, 2012

길거리에서 마주치는 사람들은 모두 방독면을 쓰고 있다. 목이 유난히 답답한 날에는 학교 옆 골목길에서 맑은 공기를 담아 파는 아저씨에게 공기를 산다. 깨끗한 공기가 필요한 사람들은 아저씨가 맑은 공기를 담아 오는 나무 구멍을 찾아내고, 결국에는 마을 사람들의 욕심으로 나무가 죽는다. 깨끗한 공기를 얻을 곳이 없어진 상황에서 과연 우리는 어떤 행동을 해야 하는지 생각해 볼 수 있도록 하는 그림책이다.

➡ **활동 1: 등장인물과 인터뷰하기**

그림책을 읽은 후에 학생들과 함께 등장인물과 이야기하는 시간을 마련한다. 먼저 1인당 등장인물 한 명을 골라 그 인물에게 하고 싶은 질문을 하나 포스트잇에 적어 본 다음 앞으로 나와 칠판에 붙인다.

칠판에 다양한 질문지가 붙으면 인터뷰이가 되어 대답할 학생을 한 명 선정한다. 인터뷰이는 마음에 드는 질문 5개를 뽑아 일인 다역을 소화해 내며 인물의 생각을 대변하여 답해 준다. 학생들은 자신들의 질문지가 선택받을 수 있도록 인상 깊은 질문을 만들기 위해서 더 고민하며 그림책 속의 상황을 다시 한번 생각해 볼 수 있다.

인터뷰 활동이 끝나면 반 학생들과 그림책을 읽은 소감을 가지고 간단하게 이야기 나눈다. 평소 공기 오염에 대해서 얼마나 인식하고 있었는지 질문하면서 서클맵 활동을 이어서 진행해 본다.

◆ 학생들이 만든 질문 리스트

- 주인공이 처음 맑은 하늘을 보았을 때 기분이 어땠나요?
- 왜 아저씨 집에만 나무가 있나요?
- 공기가 맑아진 이후 아저씨는 어떻게 지내나요?
- 마을 사람들이 극단적인 선택을 한 이유는 무엇일까요?
- 나무가 잘렸을 때 아저씨는 어떤 마음이 들었나요?
- 이야기 후에, 주인공은 공기를 깨끗하게 사용하기 위해 어떤 활동을 하였나요?
- 파란 하늘을 보기 위해 우리는 어떤 것을 할 수 있을까요?

➔ 활동 2: 서클맵(Circle Map) 진행하기

공기 오염에 대한 주제를 본격적으로 다루기 전에 평소 이 문제를 얼마나 알고 있는지 파악하는 '서클맵'을 진행한다. 서클맵은 주제와 관련된 정보를 구조화할 수 있게 해 주며 대상을 두고 평소에 자신이 생각하는 내용을 표현할 수 있게 한다. 한가운데 원에는 주제가 되는 단어를 적고, 그다음 큰 원에는 주제를 둘러싸고 있는 내용이나 생각나는 내용을 적는다. 사진이나 그림, 문자 등으로 자유롭게 나타낼 수 있다. 사각형 프레임에는 큰 원에 적은 내용이 어떤 배경에서 발생한 것인지 자유롭게 적도록 안내한다.

서클맵 활동을 통해서 학생들은 공기 오염과 관련된 주제로 공장 매연이나 자동차, 황사, 미세먼지, 쓰레기 소각, 건강 악화 등을 많이 떠올렸다. 이 단어들과 연결하여 사각형 프레임에는 대기 오염, 쓰레기를 소각하는 과정에서 대기에 좋지 않은 물질이 나와 가시거리가 짧아져 인명 피해를 초래하는 점, 눈 건강이나 호흡기 질환에 영향을 준다는 점 등 다양한 범주의 의견들을 적었다. 의외로 학생들이 대기 오염의 심각성에 대해 많은 생각을 하고 있음을 알 수 있었다.

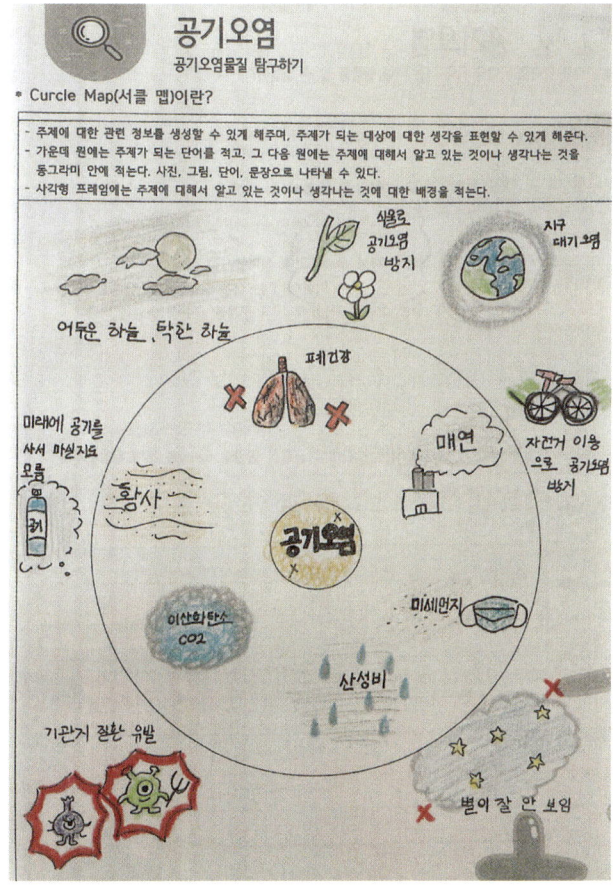

서클맵 활동지.

학생들에게 개인별로 서클맵을 작성할 시간을 정해 준 다음 활동이 끝나면 모둠별로 주제가 잘 드러난 작품을 선정하고 발표한다. 발표를 통해서 서로의 생각을 공유해 보고 두 번째 그림책을 소개한다.

공기 오염이 우리에게 어떤 영향을 미칠까?

『죽음의 먼지가 내려와요』
김수희 글, 이경국 그림, 미래아이, 2015

인체에 해로운 성분이 가득한 미세먼지는 폐암과 심혈관 질환을 비롯해 수많은 질병을 일으킨다. '나'는 친구 메이링이 미세먼지로 인해 폐암에 걸려 죽는 과정을 지켜보게 된다. 이 그림책은 공기 오염을 막기 위해서 우리 모두 할 수 있는 근본적인 해결책이 무엇인지 생각해 볼 수 있게 해 준다.

➡ 활동 1: 문제의 근본적 원인을 파악하기 위한 5why 활동

그림책 『탁한 공기, 이제 그만』을 읽었을 때처럼 이번에도 등장인물에게 궁금한 질문을 먼저 생각해 보고, 등장인물과 인터뷰를 진행하였다.

『죽음의 먼지가 내려와요』는 실화를 바탕으로 한 이야기이다. 우리가 이 이야기를 기사로만 접했다면 지구에 있는 수많은 메이링 이야기들을 그저 다른 나라에서 일어나는 일이라고만 받아들였을지 모른다. 그림책을 읽고 등장인물과 인터뷰를 하면서 학생들은 미세먼지가 주인공과 친구들의 삶에 어마어마한 고통을 가져온다는 데에

◆ **학생들이 만든 질문들**

- 메이링이 폐암에 걸렸을 때 무슨 생각이 들었나요?
- 어른이 된 자신을 상상하면서 무엇을 하는 그림을 그렸나요?
- 아픈 뒤부터는 어떤 그림들을 그렸나요?
- 메이링을 잃었을 때 오염된 공기에 대한 경각심이 들었나요?

깊이 공감하게 된다. 인터뷰 활동이 끝나면 학생들과 함께 공기 오염 문제의 근본적 원인에 대해 찾아보는 5why 활동을 진행한다.

5why는 문제가 발생할 때마다 연속적으로 문제가 발생한 이유(왜?)를 최소한 5회 이상 계속 질문하여 근본적 해결책을 찾아내는 기법이다. 학생들이 평소 일상생활에서 직면하는 다양한 문제를 해결하는 과정에서 근본적 원인을 고민해 보는 태도를 내면화하는 데에 도움을 준다. 새로운 지식을 창조하고 융합하는 역량을 기르기 위해서는 단편적으로 보이는 것이 아니라 이면을 바라보는 눈이 필요하다. 그림책을 통해 공기 오염을 둘러싼 자기 경험과 지식을 최대한 관련지어 주기 위해서 이 활동을 진행하였다. 5why 기법을 처음 접해 보는 학생이 대다수이기 때문에 예시 자료를 먼저 보여 주었다.

예시 자료를 분석했다면 본격적으로 공기 오염이 일어난 원인을 놓고 5why 모둠 활동을 진행한다. 교사는 순회 지도를 하면서 다양한 질문 기법을 활용하여 학생들과 함께 상호작용을 한다.

이때 학생들이 스스로 생각을 끌어낼 수 있도록 도와주는 것이 중요하다. 모둠별로 5why 과정이 완성되면 잘된 활동을 하나 뽑아서 칠

◆ **예시 자료**(미국 토머스 제퍼슨 독립기념관 외벽 부식을 다룬 사례)[1]

- **1why** 왜 외벽의 부식이 심한가? → 비누 청소를 자주 하기 때문이다.
- **2why** 왜 비누 청소를 자주 하는가? → 비둘기 배설물이 많이 묻어서다.
- **3why** 왜 비둘기 배설물이 많은가? → 비둘기 먹잇감인 거미가 많아서다.
- **4why** 왜 거미가 많은가? → 거미 먹잇감인 불나방이 많아서다.
- **5why** 왜 불나방이 많은가? → 실내 전등을 주변보다 일찍 켜기 때문이다.

- **결론:** 실내 전등 1시간 늦게 점등!

판에 전체적으로 함께 정리하는 시간을 가진다. 학생들과 함께 적절한 결론이 도출되었는지 평가하고 부족하다면 다시 조정, 점검 활동을 통해서 완성한다.

5why 활동을 진행하다 보면 학생들이 이러한 사고에 익숙하지 않아 어려워하기 때문에 5단계까지 진행하기가 쉽지 않다. 차근차근 생각해 볼 수 있도록 교사의 지속적인 피드백이 중요하다. 한 단계씩 나아갈 때마다 학생들과 함께 여러 생각들을 말할 수 있도록 분위기를 편안하게 조성하였고, 다양한 의견들이 나올 때마다 적절한 피드백을 한다. 예를 들면 교사가 "왜 공기가 탁해졌을까?"라는 첫 번째 질문을 하면 학생이 "인간들 때문이죠."라고 대답한다고 해 보자. 그렇다면 여기에서 발문을 시작한다. 첫 질문에 관한 답부터 너무 거시적인 내용이 되지 않도록 교사가 아이들이 범위를 좁혀, 좀 더 구체적으

---

[1] 「창의성으로 도전하라; 질문하기」(노경원, 경제정보센터 나라경제 칼럼, 2012).

◆ 5why 기법으로 공기 오염의 근본적인 이유 찾기

- **1why** 왜 공기가 탁하죠? → 공장에서 나오는 가스 때문
- **2why** 왜 공장에서 가스를 만들까요? → 우리 생활에 필요한 물건을 만들기 위해
- **3why** 왜 우리 생활에 필요한 물건을 만들까요? → 우리가 편하게 살기 위해
- **4why** 왜 우리가 편하게 살려고 하죠? → 인간의 이기적인 마음 때문에
- **5why** 왜 이기적인 마음을 가질까요? → 자기 자신만 잘 살려고 하기 때문에
- **결론:** 나만, 인간만 잘 살고자 하는 이기적인 마음과 행동을 버리기

로 생각하도록 도와야 한다.

➔ 활동 2: 공기 오염 유발 물질 탐구 시작

공기 오염과 관련된 두 권의 그림책에는 인간이 직접적으로 영향을 받는 모습이 나온다. 기침으로 고통스러워하고, 숨 쉬기 어려워한다. 깨끗한 공기와 더러운 공기의 차이점이 무엇이길래 주인공들에게 이런 결과를 초래하였겠느냐는 고민도 하게 된다. 더러운 공기 속에 있는 각 물질이 우리 몸에 어떻게 영향을 주는 걸까? 탐구 활동을 통해 경각심을 키우기 위해서 공기 오염 물질 조사 활동을 심화 연계로 수업하였고, 주거 환경에 대해 배운 내용들과 연결했다. 주거 환경 속 각종 건축 자재에서 나오는 화학 물질로 발생한 실내 공기 오염이 새집

증후군과 같은 알레르기 질환의 원인이며 이는 실내뿐만 아니라 대기에도 다양한 영향을 준다. 이 과정을 알아 가며 학생들은 그림책 속에서 보았던 오염된 공기 속에 있는 물질임을 인지한다.

공기를 오염시키고 인체에도 해로운 물질 중 학생들에게 비교적 익숙한 것으로 미세먼지, 일산화탄소, 이산화탄소, 아황산가스, 황사를 선정했다. 다섯 모둠이 하나씩 맡아 각 물질에 관한 정보를 정리하는 모둠 활동을 진행한다. 먼저, 모둠원의 역할을 분담한다. 역할은 다음과 같이 나누면 좋다.

- **발표자:** 친구들이 정리한 내용을 발표하는 역할
- **감독관:** 모둠 활동에 방해가 될 수 있는 산만한 분위기를 환기해 주는 역할
- **자료 분석자:** 태블릿 PC 담당자로 검색을 통해 자료를 검색하는 역할
- **자료 정리자:** 자료 분석자가 찾은 자료 중 핵심 내용을 B4 용지에 정리하는 역할

모둠에서 찾아야 하는 내용은 각 물질의 개괄적인 정리, 그 물질이 공기 오염과 어떤 관련이 있는지, 왜 발생하는지, 우리 몸에 어떤 영향을 미치는지 등이다. 자료가 취합되면 두꺼운 재질의 B4 용지에 정리해 포스터처럼 만들어 본다.

공기 오염 유발 물질 자체가 생소한 것들이 있어서 학생들이 자료를 찾고 정리할 때 교사는 각 모둠을 순회하며 지속적인 피드백을 해야 한다. 작품을 완성하면 각 모둠의 발표자가 발표를 진행한다. 주의를 집중시킬 수 있도록 발표자가 이야기하는 물질과 관련된 질문을

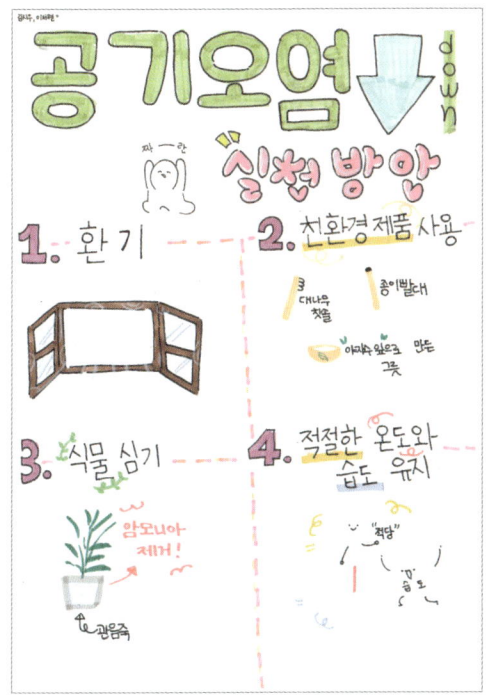

포스터 결과물.

모둠별로 하나씩 하도록 하였고, 발표자는 질문에 적절한 대답을 하도록 하였다. 질의응답이 끝나면 교사가 좀 더 설명이 필요한 부분에 대해 보충 설명을 한다.

   모든 활동이 끝나고 나면 모둠원별로 인상 깊은 내용들을 정리하여 공기 오염을 예방하기 위한 홍보 자료 만들기를 진행한다. 그림책에 나온 등장인물을 홍보 캐릭터로 삼아도 되고, 수업 시간 외에도 실천 방안들이 생각나면 적을 수 있도록 안내한다. 학생들이 홍보 자료를 만들면서 수업 내용을 스스로 재해석할 수 있고, 그 과정에서 각자 의지와 신념을 다지며 행동을 변화시키고 실천하는 계기를 만들 수 있다.

마의 3.3.3법칙에 따르면 사람이 음식 없이는 3주를, 물 없이는 3일을, 온기 없이는 3시간을 버틸 수 없다고 한다. 하지만 공기가 없으면 3분을 버티지 못한다. 그만큼 우리에게 공기는 너무나도 중요하며, 공기가 오염된다면 지구상의 모든 생물은 생존을 장담할 수 없다. 어렸을 적에 보던 하늘은 맑고 푸른 모습이 흔했는데, 요즘에는 그러기가 쉽지 않다. 미세먼지 걱정 없이 건강하게 숨 쉴 권리를 되찾기 위해 이 문제의 심각성을 인지하고 해결하려는 모두의 노력이 필요하다.

함께 읽으면 좋은 그림책

① 『오늘 미세먼지 매우 나쁨』(양혜원 글, 소복이 그림, 위즈덤하우스, 2016)
② 『맑은 공기가 필요해』(장미정 글, 김순효 그림, 한울림어린이, 2020)
③ 『시골로 돌아갈래!』(이순남 글, 박준 그림, 스푼북, 2019)
④ 『공기는 안 괜찮아』(고여주 글, 미르 그림, 상상의집, 2016)

옷에서 미세플라스틱이 나온다고요?

미세플라스틱과 옷

미세플라스틱은 크기가 5mm 이하인 작은 플라스틱 조각이다. 해양으로 흘러가 소금, 생선, 조개류를 통해 최상위 포식자인 사람에게 돌아오는데 한 사람이 일주일에 신용카드 1장 정도의 미세플라스틱을 섭취하게 되는 것이다. 합성섬유로 만들어진 옷을 세탁할 때 나오는 미세플라스틱은 1년에 50만 t으로, 페트병 500억 개의 양과 같다. 유네스코는 해양 생태계 건강 보호를 위한 4대 이슈 중 하나로 해양 미세플라스틱을 선정했다. 미세플라스틱의 35%가 옷으로부터 나온다는 통계를 생각해 보면 옷은 지구 환경에 악영향을 주는 중요한 요소인 것이다.

옷으로 인한 환경 오염은 이뿐만이 아니다. 천연 소재인 면, 동물의 털과 가죽으로 옷을 만드는 과정에서 살충, 표백, 염색, 부패 방지를 위해 화학 약품이 대량으로 사용되는데 이 과정에서 토양과 물이 오염되고 사람에게는 백혈병과 암이 유발되기도 한다. 또한, 옷의 생산과 운반 과정에서 배출되는 탄소는 국제 항공 및 해상 운송에서 발생하는 탄소의 양보다 많다는 통계도 있다. 패스트 패션 산업의 출현으로 옷 생산과 소비가 증가하고, 버려지는 옷은 주로 최빈국으로 꼽히는 국가에 쌓이며 쓰레기 산을 이뤄 또 다른 환경 문제가 되고 있다.

천연 소재와 합성섬유 모두 옷을 만드는 과정에서 환경을 오염시킨다. 사람이 살아가는 데 꼭 필요한 의생활을 포기할 수 없다면 결국은 소비의 문제이다. 특히나 옷에 관심이 많은 청소년 시기에, 내가 사고 버리는 옷이 지구에 어떤 영향을 미치는지 알고 그 영향이 결국 사람에게 돌아온다는 사실을 생각해 보는 과정은 꼭 필요하다. 아이들이 모두 각자의 자리에서 옷 소비에 대한 문제를 고민하고, 새 옷 구매를 최소화하고, 옷이 폐기되기까지의 기간을 늘리기 위한 노력을 쏟는다면 그 자체로 지구를 위한 의미 있는 실천이 되지 않을까?

우리가 버리는 것이 식탁에 오르기까지

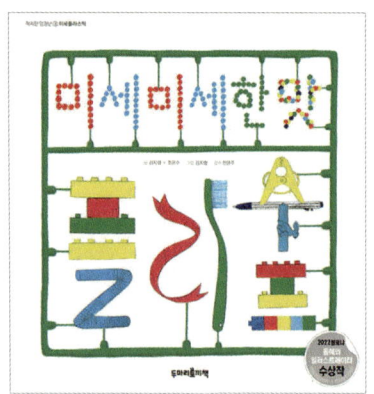

『미세미세한 맛 플라수프』
김지형, 조은수 글, 김지형 그림, 두마리토끼책, 2022

"신난다!" 쓰던 물건이 망가지고 싫증 나면 쉽게 버리고 다시 사는 우리들. 그러는 사이 플라스틱이 하수도와 비를 타고 바다로 간다. 플라스틱은 미세 플라스틱이 되어 작은 물고기가 꿀꺽, 큰 물고기가 꿀꺽 삼키게 되고, 그 물고기는 사람의 식탁에 올라온다. 사람이 만들고 버린 플라스틱을 결국 사람이 먹는다는 끔찍한 순환을 강렬한 그림으로 표현한 책이다.

➡️ 활동 1: 우리 주위의 플라스틱을 찾아라!

『미세미세한 맛 플라수프』의 표지는 독특한 방식으로 디자인되었다고 볼 수 있다. '플라수프'라는 글자를 주변에서 쉽게 볼 수 있는 플라스틱 사물로 만든 것이다. 그림책의 본문 첫 장면은 각종 플라스틱 제품이 우리 일상을 차지하고 있음을 보여 준다. 점퍼, 스웨터, 수영복, 팬티, 우리가 입고 걸치는 것뿐만 아니라 샴푸나 치약처럼 몸속으로 흡수되는 것에도 모두 플라스틱 성분이 있다. 이 부분에 착안해서 학생 개인의 소지품과 교실에 있는 물건 중 플라스틱으로 된 것을 찾아본다. 학생들은 손쉽게 계속해서 발견한다. 플라스틱에 대해 전혀 모르지는 않는 것이다.

그림책을 읽기 전 플라스틱을 주제로 내가 알고 있는 점들을 포스트잇에 적는다. 아이들은 '생활용품에 많이 쓰임, 가벼움, 사람이 만든 독, 쓰레기가 많이 나온다, 플라스틱을 함부로 버리면 환경 오염이 된다.' 등의 내용들을 적고 서로 교환해 보기도 하면서 플라스틱을 둘러싼 이야기들을 알아 갔다. 포스트잇은 전지에 붙여 교실에 게시한다. 아이들은 평소에도 포스트잇 내용을 수시로 들여다보고 플라스틱을 염두에 두며 생활할 수 있다. 전지를 사용하는 이유는 플라스틱에 관해 새로 알게 된 내용을 전지의 빈 부분에 점점 채워 갈 수 있도록 하기 위함이다. 그 과정에서 생각이 확장되고 변화해 가는 것을 느낄 수 있도록 한다.

➡️ 활동 2: 새롭게 알게 된 것 정리하기

『미세미세한 맛 플라수프』를 읽고 우리가 평소에 즐겨 먹는 생선, 꽃게, 가리비, 굴, 다시마, 멸치, 양파, 무에 미세플라스틱이 있었다는 사실을 알면 학생들은 매우 놀란다. '도대체 미세플라스틱이 뭐길래?' 하며 궁금해하기도 한다. 그림책 뒷부분에 제시된 정보를 통해 미세플라스틱이 무엇인지, 주로 어디에서 발생하는지, 우리가 얼마나 미세플라스틱을 먹고 있는지, 어떻게 해야 하는지 등을 알아본다. 새롭게 알게 된 것을 정리하여 게시해 놓거나 캠페인 활동에 활용한다.

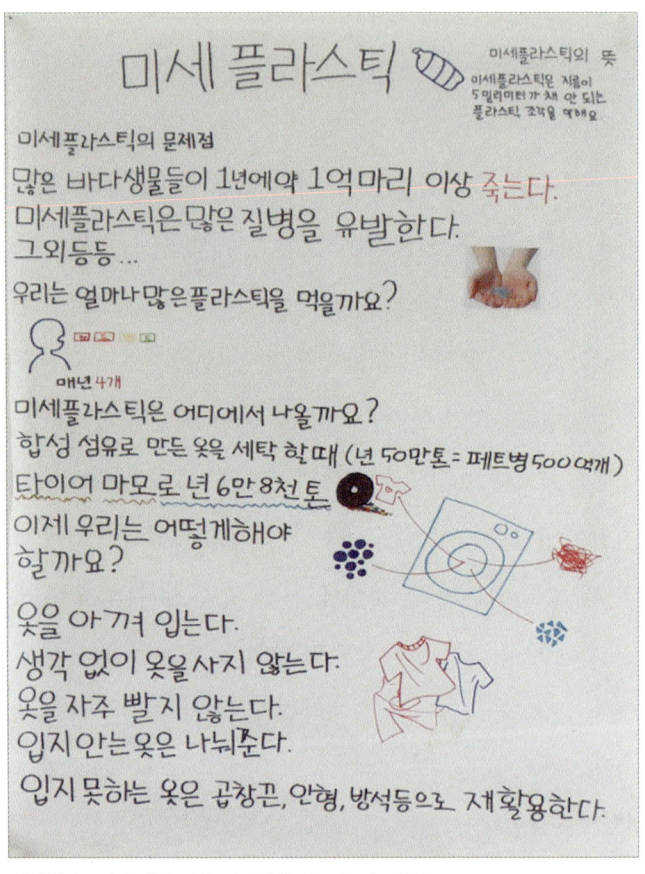

미세플라스틱에 대한 기초 정보를 한 장으로 정리했다.

미세플라스틱이 무엇인지 더 알아봐요

『플라스틱 지구』

조지아 암손-브래드쇼 글, 김선영 옮김, 푸른숲주니어, 2019

플라스틱의 장단점, 사용되는 플라스틱과 버려지는 플라스틱의 양, 플라스틱으로 피해를 입어 죽어 가는 생물들, 미세플라스틱의 유해성 등을 구체적인 수치와 사례로 알려 주고, 플라스틱 재활용 방법, 플라스틱 없는 주방과 욕실 만들기 등 우리가 할 수 있는 일들을 다채로운 이미지와 함께 안내한다.

활동: 정보 전달 질문 만들기

학생들은 미세플라스틱에 관해 자세한 정보를 알고 싶어 한다. 아는 것이 늘어나면 미세플라스틱을 줄이기 위한 실천 의지를 높이기도 쉽다.『플라스틱 지구』는 20가지 주제가 각각 한 장 분량으로 구성되어 있다. 학생 수만큼 책을 준비해서 20가지 주제 중 미세플라스틱이 발생되는 원인, 미세플라스틱이 불러온 문제, 환경을 위해 우리가 할 수 있는 일과 관련된 내용을 골라 학생들이 돌아가며 소리 내어 읽는다.

함께 낭독하며 알게 된 정보로 질문을 만든다. 내가 새롭게 안 정보와 다른 사람도 알고 있어야 한다고 생각하는 내용을 활용해 질문을 정리하고 포스트잇 앞면에 적는다. 뒷면에는 답을 적어 모두 함께 볼 수 있는 전지에 붙이고 함께 문제를 푼다. 맞힌 정답의 개수를 참고해서 생태 감수성 지수를 만든다. 이 전지는 다른 학년과 함께 하는 나눔 활동에서 홍보 자료로 사용할 수 있다.

◈ **질문 예시**

<정보 전달 질문 예>

- **질문:** 각종 바다 생물들은 자신도 모르는 사이에 미세플라스틱을 먹고 있어요. 질병을 일으키는 화학 물질이 작은 바다 생물의 몸으로 들어가요. 이들은 더 큰 바다 생물에게 잡아먹히면서 화학 물질이 고스란히 상위 포식자에게 옮겨 가게 되지요. 이런 과정을 뭐라고 할까요?

  답: 생물 농축

- **질문:** 전 세계적으로 비닐봉지가 매년 5조 장 넘게 사용되고 있어요. 부엌에서도 랩이나 위생 비닐팩 등 비닐 성분이 많이 사용되지요. 이를 줄이기 위해서는 비닐 랩 대신 폴리에틸렌 랩을 쓰거나 음식을 다회용 저장 용기에 보관하면 좋아요. 그릇을 덮을 때에도 랩 대신 접시 등을 사용하면 유용하지요. 부엌에서 쓰는 플라스틱을 줄일 수 있는 또 다른 방법에는 무엇이 있을까요?

  답: 천연 수세미와 면 행주 쓰기, 플라스틱 저장 용기 대신 유리나 스테인리스 스틸 용기 사용하기, 플라스틱 도마 대신 나무 도마 사용하기 등

- **질문:** 미세플라스틱은 지름이 5밀리미터가 채 안 되는 플라스틱 조각을 말해요. 빨래할 때 옷의 '이 재질'에서 수만 개의 미세플라스틱이 나오지요. 이 재질은 무엇일까요?

  답: 합성섬유(폴라플리스 재질)

<생태 감수성 지수 예시>

- 0~6개 정답: 생태 공부가 필요해요. 영화 〈앨버트로스〉(크리스 조던 감독)를 보거나 그림책 『플라스틱 지구』 읽기를 추천해요.
- 7~13개 정답: 조금 더 노력해요. 지금 포기하면 플라스틱 때문에 사람이 멸종해요.
- 14~20개 정답: 훌륭합니다. 하지만 자만하지 말고 이제는 실천해요!

미세플라스틱의 주범인 옷으로 인한 환경 오염이 심각해요

『미미의 스웨터』

정해영 글·그림, 논장, 2018

옷이 필요한 미미는 좋은 소재로 정성껏 만들어 오래 입을 수 있는 스웨터를 산다. 옷장 속 옷과 잘 어울려야 하고, 불편하거나 유행만 좇는 디자인은 안 된다. 할인이라고 무턱대고 사도 안 되고, 빨리 대충 만든 옷도 소비하면 안 된다. 미미는 날이면 날마다 그 스웨터를 입는다. 얼룩지면 천을 덧대고, 해지고 늘어진 곳은 매듭을 만들어 단다. 하지만 옷은 작아지고, 미미는 스웨터를 더 이상 입을 수 없게 된다. 옷은 이대로 버려지게 될까?

활동 1: 정보 전달 질문 만들기

『미미의 스웨터』는 옷을 쉽게 사고 버리는 우리의 소비 생활을 돌아보게 하는 그림책이다. 스웨터가 작아지자 미미는 안 입는 옷들과 함께 벼룩시장에 들고 나가고, 스웨터는 그곳에서 새 주인을 만나게 된다. 그림책의 본문 마지막 소컷을 통해 스웨터가 새로운 주인과 함께 또 새로운 이야기를 시작할 거라는 걸 어렵지 않게 예상할 수 있다. 그림책에서는 '헌 옷'으로 분류될 수 있었던 스웨터가 다시 유용하게 쓰이리라는 점을 암시하지만 실상은 그렇지 않다. 우리가 '헌 옷'으로 분류하는 것들이 어디로 가는지 알아보기 위해 유튜브에서 '헌옷 수거함에 버린 옷들이 향하는 곳'을 검색하고 관련 영상이나 다큐를 함께 시청한다. 아이들은 옷에서 미세플라스틱이 나온다는 사실뿐만 아니라 옷이 환경에 미치는 심각성을 알게 된다. 지구를 살리는 의생활을 위해 가족들과 함께 우리 집 옷장을 들여다보는 활동을 과제로 제시한다. 옷장을 정리하면서 올해 구입한 옷, 옷들의 성분, 가장 오래 입은 옷, 나를 설레게 하는 옷, 입지 않는 옷 처리 방법 등을 기록하도록 한다.

◆ '우리 집 옷장 들여다보기' 활동지

1. 최근 6개월 동안 구입한 옷 목록을 만듭니다.

가족	윗옷	바지	치마	원피스	외투	기타
아빠	5	1	0	0		
엄마	7	0	0	3	3	조끼3
누나	5	5	1	0	2	
나	4	4	0	0	2	

2. 옷의 성분을 알아봅니다.

가족	면	마	모(울)	견(실크)	아크릴	나일론	스판덱스	폴리에스터	기타
아빠	5					1		1	
엄마	8	1						7	
누나	5							6	
나	4							10	

3. 내가 가지고 있는 옷 중 가장 오래된 옷은 무엇인가요?
   얼마나 오래 입었나요?(가족별)

4. 내가 가지고 있는 옷 중 나를 설레게 하는 옷은 무엇인가요?
   이유는 무엇인가요?(가족별)

5. 우리 가족은 구입한 옷을 모두 입고 다니나요?
   입지 않는 옷은 어떻게 하나요?(공통)

6. 우리 집 옷장 들여다보기 활동을 한 소감을 적어 주세요.
   가족의 의견도 함께 적어 주면 좋아요.

우리 반 전체 학생 가족들 옷의 성분을 조사한 결과 천연섬유는 면, 합성섬유는 폴리에스터 성분이 많았고, 천연섬유로 만들어진 옷은 80벌, 합성섬유로 만들어진 옷은 65벌 정도로 천연섬유 성분의 옷이 조금 더 많았다. 오래 입는 옷은 관리가 쉽고 입기 편하기 때문이라는 이유를 알 수 있었다. 입지 않는 옷은 모아 둔다는 가정이 반절 정도 되고, 재활용되도록 버리기, 나눔하기 등의 답변도 있었다.

　각 가정에서 입지 않고 보관하고 있거나 버려지는 옷들을 모아 서로 교환하거나 옷을 재사용·재활용해 간단한 천 작품 만들기 활동을 해 보면 좋다. 입지 않는 옷을 교실로 모을 때는 가정의 협조가 필요하므로 시간적 여유를 두어야 한다.

활동 2: 생활용품 만들기

입을 수 없어 버리는 옷으로는 곱창 머리끈, 그림책 캐릭터 인형 키링, 방석 등 필요한 물품을 만든다. 바느질이 처음인 학생은 곱창 머리끈과 방석 만들기, 바느질이 익숙한 학생은 인형 키링 만들기를 추천한다.

◆ 곱창 머리끈 만들기

마스크 줄 두 개를 연결해서 세 가닥 머리 따기.

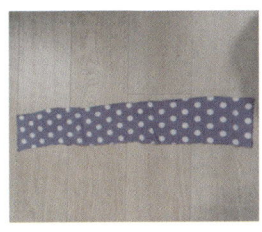
50cm*8cm로 자르기.

뒤집을 부분 남기고 홈질하기.

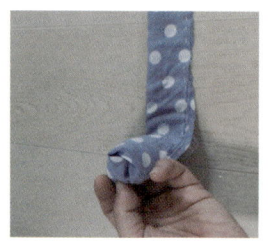
뒤집기.

양쪽 맞대고 홈질하기.

딴 마스크줄 끼우기.

터진 부분 공그르기.

곱창 머리끈 완성!

방석 완성 작품.

그림책 캐릭터 키링 완성 작품.

활동 3: '안 사야 산다' 나눔 캠페인

나는 입지 않지만 누군가는 입을 수 있는 옷으로 '안 사야 산다' 나눔 캠페인을 열어 옷이 환경에 미치는 영향을 알리고 옷 나눔을 한다. 『미미의 스웨터』 말미에는 똑똑한 소비를 위한 여러 조언이 부록으로 정리되어 있다. 이 내용과 인터넷 검색을 통해 알게 된 정보를 정리하여 홍보물을 만들고 '그림책 읽어 주기', '방석 퀴즈', '옷 나눔'으로 역할과 장소를 나누어 각 활동을 진행한다. 그림책 읽어 주기는 그동안 읽었던 그림책을 전시하여 자유롭게 읽을 수 있게 하거나 다른 친구들에게 읽어 주는 활동이다. '방석 퀴즈'는 학생들이 헌 옷으로 만든 방석과 『플라스틱 지구』 그림책을 읽고 만든 질문을 활용한다. 질문의 답을 맞힌 사람에게는 학생들이 만든 곱창 머리끈, 키링, 수세미 등을 선물로 준다. '옷 나눔'은 사이즈와 종류별로 옷을 정리해 두고 원하는 학생에게 나누어 주는 방식이다. 이때 가정에 모아 둔 종이 가방을 가져와 담아 준다.

활동이 끝나고 남은 옷들은 아름다운가게에 기부할 수도 있다. 몇몇 학생들은 인형도 만들고 베개도 만들겠다며 옷을 챙긴다. '안

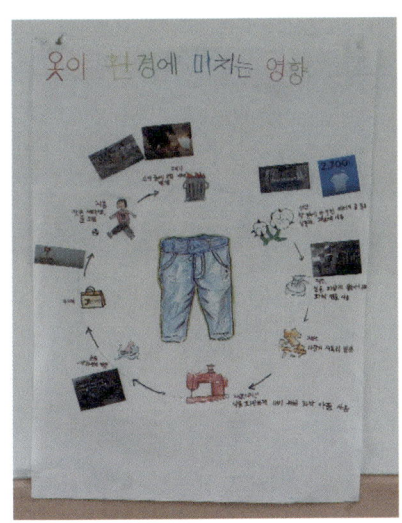 

학생들이 만든 홍보물(왼쪽)과 그림책 읽어 주기 활동 모습.

사야 산다' 나눔 활동에 참여한 다른 학년 학생들도 옷으로 인한 환경 오염에 대해 알게 되면서 옷 소비를 줄이고 옷들을 오래 입어야겠다는 이야기를 들려주었다. 교실과 학생, 나, 오늘의 작은 실천이 홀씨가 되어 학교 전체, 가정, 우리, 내일의 실천으로 곳곳에 뿌리내리길 바란다.

함께 읽으면 좋은 그림책

❶ 『플라스틱 섬』(이명애 글·그림, 상출판사, 2014)
❷ 『요셉의 작고 낡은 오버코트가…?』(심스 태백 글·그림, 김정희 옮김, 베틀북, 2000)
❸ 『엄마, 난 이 옷이 좋아요』(권윤덕 글·그림, 길벗어린이, 2010)

쓰레기일까, 자원일까?

자원 순환

코로나19 장기화로 비대면 생활이 일상화되면서 택배와 배달 음식의 산물인 생활 쓰레기가 쏟아져 나오고 있다. 환경부에 따르면 점점 늘어나는 플라스틱 사용량에 비해 2019년 기준 국내 플라스틱 재활용률은 22.7%로 미미하다. 전 세계적인 플라스틱 재활용률도 9%에 불과하다.[1] 12%는 소각되고, 나머지 79%는 매립되는 실정이다.

우리 학생들은 어떨까? 가정과 학교에서의 분리배출 실태를 조사해 보니 재활용 쓰레기를 일반 쓰레기와 구분 없이 섞어 버리는 문제, 플라스틱 용기를 세척하지 않고 버리는 문제, 라벨을 제거하지 않은 채 버리는 문제가 있었다. 학생들에게 분리배출하지 않는 이유를 묻자, '귀찮아서', '분리배출하는 방법을 몰라서'라는 답변이 가장 많았다. 분리배출이 왜 중요한지 이야기 나누고 올바른 분리배출 방법을

---

[1] <생산부터 폐기까지 '온실가스 배출 주범' 플라스틱…재활용률은 9%에 그쳐>(손지민, <서울신문>, 2021. 10. 25.).

함께 생각해 보는 과정이 필요한 이유다.

플라스틱이 재활용되면 파이프, 정화조, 화분, 쓰레기통 같은 제품을 만드는 데에 쓰이기도 하고 단열재, 골재, 건축재 등 건물을 짓는 데에도 들어간다. 또한 투명 페트병을 분리배출하여 새활용하게 되면 옷, 신발, 가방, 쿠션 등 새로운 제품으로 재탄생하게 된다. 이처럼 플라스틱 제품은 그냥 버리면 쓰레기이지만 잘 활용하면 좋은 자원이 되므로 개개인이 분리배출을 철저히 해야 한다. 그러나 올바른 분리배출로 재활용률을 높이는 것도 중요하지만 분리배출 자체가 쓰레기 문제의 근본적인 해결책이 되기는 어렵다. 지속 가능한 지구 환경을 위해 우리는 소비를 줄여 근본적으로 쓰레기 자체를 줄이고, 부득이하게 발생한 쓰레기는 재활용하는 순환경제 사회로 전환해 가야 한다. 이를 위해 환경 그림책 수업이, 쓰레기 문제가 기후 및 지구 환경에 미치는 영향을 이해하고 쓰레기 문제를 어떻게 해결해야 기후변화에 보다 효과적으로 대응할 수 있는지 고민해 보는 기회가 되길 바란다.

➡ 읽기 전 활동: 플라스틱 쓰레기가 지구에 미치는 영향 이해하기

학생들에게 분리배출 실천을 강조하기 이전에 물건이 나에게 오기까지의 전 과정(생산-유통-소비-처리)을 먼저 이해하는 시간을 마련해야 한다. 자신의 실천 행동이 어떤 과정을 거쳐 기후 및 지구 환경에 영향을 미치는지 이해하면 실천은 자연스레 따라오게 되기 때문이다. 다음 표에 적힌 영상들을 시청한 후 다음 표를 참고하여 쓰레기의 문제점을 알아보고 충분히 이야기 나눈다. 플라스틱이 각 과정에서 환경을 어떻게 오염시키는지 파악하고 이해하게 되면 해결 방법도 자연스레 생각해 볼 수 있다.

과정	쓰레기가 기후 및 지구 환경에 미치는 영향
생산	• 화석 연료로 만들어지는 플라스틱은 석유 및 가스 추출·정제, 분해, 소각 등 모든 단계에서 온실가스를 배출한다. • 그린피스 보고서에 따르면 국제환경법센터(CIEL)는 2019년 기준 연간 전 세계에서 플라스틱을 생산해 폐기하는 전 과정에 걸쳐 배출되는 탄소량이 500MW 용량의 석탄 화력 발전소 189개를 1년간 가동하는 탄소 배출량과 맞먹는다고 밝혔다. • 플라스틱 1t당 평균적으로 약 5t의 온실가스가 배출되는 것으로 추산된다.
유통	• 생산된 제품 이동 시 자동차에서 온실가스가 배출된다. • 이동 거리가 짧은 로컬 푸드의 이로운 점 알아보기
소비	• 국내 플라스틱 생산량과 사용량, 국내 포장재 쓰레기 배출량 알아보기 • 쓰레기를 줄이기 위해 내가 할 수 있는 일 찾아보기

처리	• 쓰레기 처리 방법 - 퇴비화, 매립(묻기), 소각(태우기), 부유(흘려 보내기), 재활용
	  - 매립: 온실가스 배출, 토양 오염 유발, 매립지는 포화 직전 상태임
	  - 소각: 온실가스 배출, 대기 오염 유발(독성 유해 물질 배출)
	  - 부유: 미세플라스틱이 생태계에 악영향을 미침, 인간의 체내에도 침투하여 문제 발생
	  - 재활용: 국내 플라스틱 재활용률이 22.7%로 낮음, 플라스틱은 재활용 가능 횟수가 1~2회로 제한적임

출처 영상	• 영상 <우리가 쓰는 플라스틱이 기후위기를 악화시킨다고?>(환경운동연합 유튜브 채널) • 영상 <내가 쓰고 버린 플라스틱 어떻게 될까? 재활용이 답이 될 수 없는 이유>(세이브 제주바다 유튜브 채널) • 영상 <플라스틱의 역습 - 인포그래픽스 Counterattack of plastic> (인포스커InfOskerR 유튜브 채널) • 영상 <[다큐 시선] 플라스틱 없이 살아보기 part 1> (EBS STORY 유튜브 채널)

일상에서 쓰레기를 줄이기 위한 방법은 뭘까?

『쓰레기 귀신이 나타났다!』
백지영 글·그림, 미세기, 2021

현이가 아무렇게나 버린 쓰레기가 귀신이 되어 돌아왔다. 쓰레기 귀신들은 "너 아니면 새로새로 나라에 갔을 거야!"라며 현이를 끈질기게 따라다닌다. 귀신들에게 '쓰레기 잘 버리는 방법'을 배우면서 쓰레기 배출 문제 및 해결 방안을 쉽고 재미있게 익힐 수 있는 그림책이다. 올바른 분리배출 방법뿐 아니라 환경을 위해 우리가 실천할 수 있는 일을 구체적으로 알려 준다.

➔ 활동 1: 분리배출 방법 익히고 나만의 그림책 만들기

『쓰레기 귀신이 나타났다!』 본문에는 캔, 샴푸 통, 야구르트 병, 통조림, 일회용 컵, 페트병, 택배 상자, 유리병, 종이 쓰레기, 우유갑 등 각 쓰레기들이 분리배출 방법을 알려 주는 부분이 있다. 종이, 플라스틱, 유리병으로 큰 갈래를 나눠 미션을 주고 해결하도록 하는 형식이다. 이 형식을 차용해 본문 내용을 참고해서 분리배출 요령을 더 촘촘한 '미션'으로 분류한다. 앱 '내 손안의 분리배출'(한국포장재재활용사업공제조합)을 함께 활용하면 품목을 검색할 수 있고 구분 항목을 터치해 각 재질별 배출 방법을 알 수 있다.

미션별로 항목에 따른 해결법을 찾았다면 다시 그림책 이야기로 돌아간다. 『쓰레기 귀신이 나타났다!』는 꼬불꼬불 색깔 미로, 각진 미로, '예/아니요' 화살표 따라가기 등으로 펼침 면을 다양하게 구성해

◆ 분리배출 요령 미션 예시

단계	활동 내용	『쓰레기 귀신이 나타났다!』 그림책 활동
미션 1	분리배출 4원칙, 페트병, 캔 분리배출 방법	• 분리배출 핵심 4원칙 찾기: 비우기 - 헹구기 - 분리하기 - 섞지 않기 • 페트병, 캔의 분리배출 방법을 찾아 기록하기
미션 2	종이류, 일회용품 분리배출 방법	• 종이류, 일회용품의 분리배출 방법 찾아 기록하기
미션 3	플라스틱 분리배출 방법	• 플라스틱 7종류 중 재활용이 안 되는 표시 찾기: PVC, OTHER
미션 4	유리병 분리배출 방법	• 유리병 분리배출 방법 찾기 • 재사용과 재활용의 의미 설명하기
미션 5	재활용이 안 되는 쓰레기	• 재활용이 불가능한 쓰레기를 책에서 찾아 퀴즈 만들기
미션 6	재활용되는 사례	• 재활용되는 사례를 책에서 찾아 설명하기

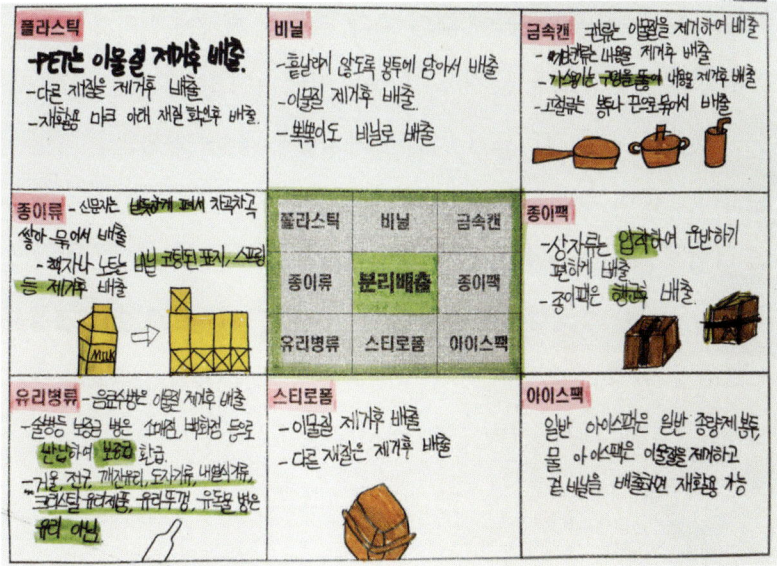

학생들이 만든 분리배출 방법 표.

'나만의 그림책 만들기' 결과물.

정보를 전달한다. 앞에서 정리한 내용을 바탕으로 학생들과 펼침 면을 다양하게 구성하여 '나만의 그림책 만들기' 활동을 해 본다. 분리배출과 자원 순환의 필요성 및 나의 마음가짐, 분리배출 요령 및 재활용 효과 등을 다양하게 녹여 내면 좋다. 그림책 제작에 부담을 느끼는 학생이 있을 경우 모둠을 지어 한 명은 아이디어를, 한 명은 글을, 다른 두 명은 그림을 그리도록 역할을 분담해도 좋다. 학생들은 그림을 잘 그리지 못하더라도 자신만의 그림책이 완성되면 굉장히 뿌듯해한다. 그림책 제작 후 환경판에 게시하여 계속 넘겨 볼 수 있도록 나무 모양의 드로잉 스크랩북을 활용한다. 사계절 나무 드로잉 스크랩북은 펼침 면 다섯 장으로 구성되어 있으며 총 10면(앞표지, 뒤표지, 내지 8면)의 단면에 그림을 그릴 수 있게 구성되어 있다.

➡️ **활동 2: 일상에서 쓰레기를 줄이기 위해 노력할 점 찾아보기**

소비를 줄여 꼭 필요한 물건만 구입하고, 어쩔 수 없이 만들어진 쓰레기는 분리배출하여 재활용하는 것이 바로 자원 순환이라는 점을 지도한다. 그림책의 부록에서 알려 주는 6R 운동을 실천하는 것만으로도 쓰레기를 줄일 수 있다. 6R 운동이란 쓰레기를 줄이는 여섯 가지 방법이란 뜻이다. 일상에서 이를 실천하기 위해 그동안 시도했던 일이나 앞으로 실천할 일을 정리해 본다.

6R 운동	일상에서 쓰레기를 줄이기 위한 나의 다짐
Reduce (포장재, 플라스틱 소비 줄이기)	• 떡볶이를 살 때 그릇을 가져가서 담아 온다. • 플라스틱 접시가 없는 과자를 산다. • 그릇을 직접 가져가는 곳의 배달 음식을 주문한다.
Refuse (환경을 해치는 일회용품 거절하기)	• 배달 음식을 주문할 때, 일회용품을 빼 달라고 부탁한다. • 물티슈, 종이컵, 나무젓가락, 비닐봉지를 쓰지 않는다.
Recycle (분리배출로 재활용하기)	• 일주일에 한 번이라도 내가 직접 분리배출을 한다. • 플라스틱에 있는 라벨을 떼어 버린다.
Reform (고쳐 쓰기)	• 고장 난 우산은 고쳐서 사용한다. • 지퍼가 고장 난 옷은 수선해서 입는다.
Rethink (사기 전에 생각하기)	• 안 사는 것이 제일 좋다. • 생수를 사 먹지 않고 텀블러를 사용한다. • 샤프를 한 번 사면 오래 쓴다. • 옷을 덜 사고 꼭 필요한 물건만 산다.
Reuse (다시 쓰기, 재사용)	• 이면지를 사용해서 새 종이 사용을 줄인다. • 플라스틱으로 화분이나 연필꽂이를 만들어 쓴다.

▶ **활동 3: 일상에서 쓰레기를 줄이기 위해 노력할 점 찾아보기**

분리배출 방법을 학습한 후 전자 기기를 활용한 조사 활동을 거쳐 투명 페트병 및 재활용 쓰레기 분리배출 4대 원칙(비우기 - 헹구기 - 분리하기 - 섞지 않기) 포스터를 모둠별로 제작한다. 학생들과 협의하여 교내 분리수거장, 엘리베이터, 게시판, 편의점, 카페, 학생들이 거주하는 아파트의 분리수거장에 붙이기로 결정한다. 학교 및 마을 13곳에 분리배출 포스터를 부착하고 홍보를 진행했다. 힘들었지만 지나가던 어르신들이 뜻깊은 일을 한다며 칭찬해 주자 학생들은 보람을 느끼기도 했다.

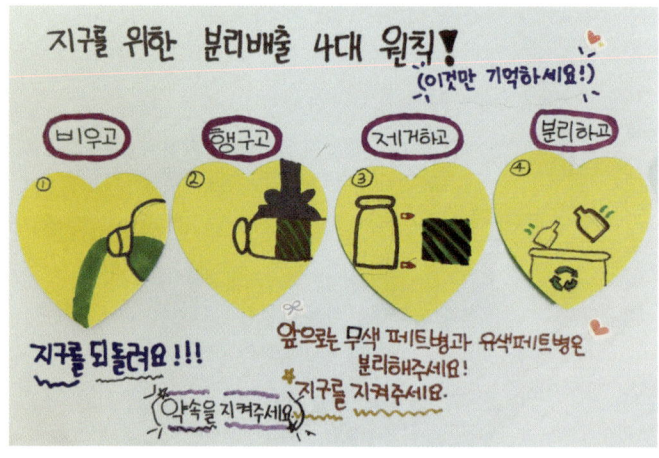

지구를 위한 분리배출 4대 원칙 포스터.

▶ **활동 4: 쓰레기를 줄이기 위한 두 가지 실천**

1) 네프론을 통해 투명 페트병 재활용하기

그림책을 읽고 쓰레기 분리배출법을 배웠다면 직접적인 활동을 통해 지구를 위한 한 걸음을 실천할 때다. 투명 페트병은 재활용률이 높은 고품질 자원이기 때문에 따로 분리배출해야 하는 플라스틱이지만 현재 우리 지역의 학교에서는 투명 페트병 회수가 별도로 이루어지지 않는 실정이다. 그래서 전교생을 대상으로 자율적으로 투명 페트병을 수거하여 네프론(순환 자원 회수 로봇)에 직접 넣어 보자는 의견이 나왔다. 방과 후에 이동하여 재활용 도움 카페에 있는 네프론에 투명 페트병을 넣는다. 이번 활동에서 학생들이 배출한 페트병은 400여 개. 네프론은 페트병을 투입구에 넣으면 인공지능 센서가 인식한 후, 자동으로 분류·압착되는 과정을 거친다. 품목당 10원이 적립되고, 누적 포인트가 2,000점 이상이면 슈퍼빈 누리집(superbin.co.kr)이나 슈퍼빈 앱을 통해 현금으로 바꿀 수 있어 자연스럽게 재활용률을 높일 수 있도록 고안되었다. 학생들은 병이 압착되는 소리를 들으며 신기해하기도 하고 서로 자신이 넣겠다며 흥미를 보이기도 한다.

페트병 재활용을 위해 순환 자원 회수 로봇이 설치된 곳을 찾았다.

2) 기업에 손편지 보내기(플라스틱 어택 활동)

그다음으로 진행한 활동은 개개인뿐만 아니라 큰 규모의 단체 차원에서도 변화가 일어날 수 있도록 목소리를 보태는 데에 의미를 두었다. 플라스틱 폐기물 문제를 해결하는 일에는 소비자의 책임도 있지만 기업이 생산 단계에서 플라스틱을 줄여 판매하는 것이 더욱 효과적이다. 학생들은 마트에서 플라스틱 접시나 용기에 담긴 과자를 구입하여 불필요한 플라스틱 포장재가 있는지 찾아보고 어떻게 개선할 수 있을지 머리를 맞댔다. 그 후 플라스틱 포장재를 줄일 수 있는 방법을 제안해 손편지를 작성한 후 해당 기업에 보냈다. 환경을 생각하는 소비자로 우리가 무엇을 염두에 둬야 하는지, 기업에 무엇을 요구할 수 있는지 생각하며 직접 실천해 본 의미 있는 활동이라 할 수 있다.

'쓰레기의 재발견' 새활용 사례 살펴보기

『아다의 바이올린』
수전 후드 글, 샐리 원 컴포트 그림, 이유림 옮김, 논장, 2021

쓰레기 매립지라는 열악한 환경에서 피어난 음악이라는 기회를 놓치지 않고 꾸준히 노력하여 꿈을 이룬 아다의 이야기이다. 페인트통, 파이프 등 다양한 쓰레기를 활용해서 만든 악기로 전 세계를 돌며 공연하는 파라과이 새활용 오케스트라의 실화를 바탕으로 제작되었다.

➡️ 활동 1: 그림책 내용 살펴보며 새활용의 가치 파악하기

파라과이 아순시온의 쓰레기 매립장 카테우라, 매일 아침 쓰레기차가 1,500t의 쓰레기들을 떨어뜨리고 가는 그곳에도 마을 공동체가 있고, 우리 아이들처럼 미래를 꿈꾸는 아이들이 살아간다. 환경공학자 차베오 선생님은 마을 아이들도 음악을 즐겨야 한다는 생각으로 음악 교실을 열고자 한다. 하지만 카테우라 마을에서 바이올린 한 대를 사기란 하늘의 별 따기와도 같은 일이었다. 모둠별로 이러한 전개 과정을 핵심 문구로 표현한 다음, 각 과정에서 느낀 점(나의 생각)과 배울 점(미덕)을 다음 표의 양식에 맞춰 작성한다.

과정	그림책의 전개 과정을 핵심 문구로 표현하기		나의 생각	미덕
	A조	B조		
주제	• 쓰레기 새활용 오케스트라	• 새활용으로 꿈을 이룬 기적	• 대단한 새활용의 힘	도전
발단	• 쓰레기차를 '놀라움이 가득 들어찬 상자'라고 상상한 아다	• 쓰레기 매립장에서 꿈을 품은 아다	• 불행한 현실에서 긍정적인 모습이 보기 좋다.	긍정
전개	• 악기 교실에 신청했으나 악기가 부족한 현실	• 악기 교실에 신청하여 악기를 연주할 수 있게 된 아다	• 학생 수에 비해 악기가 부족하다니 안타깝다.	도전
절정	• 바이올린과 함께라면 다른 삶을 상상할 수 있게 된 아다	• 기름통을 첼로로, 파이프를 플루트로 바꾸신 능력자	• 쓰레기 새활용으로 악기를 만드시다니 대단하다.	창의성 목적의식
결말	• 쓰레기 속에 묻힌 음악을 발견한 아이들	• 쓰레기 새활용으로 기적을 이뤄 낸 아이들	• 포기하지 않고 노력한 학생들을 본받아야겠다.	희망 확신

➔ 활동 2: 새활용 아이디어 작품을 제작하며 쓰레기에 가치 부여하기

재활용(리사이클링)은 기존 제품의 형태를 변화시키지 않고 다시 활용하거나, 가공하더라도 사용 시간을 더 연장시키는 정도의 목적을 가지고 다듬어 쓴 것이다. 반면 새활용(업사이클링)은 새로운 목적을 위해, 새로운 디자인 과정을 거쳐 그 가치를 높인 제품으로 재탄생시키는 것이다. 『아다의 바이올린』 이야기는 '재활용'이 아니라 '새활용' 사례다. 쓰레기가 기존의 목적과는 다르게 '악기'라는 새로운 목적을 위해 다시 탄생되었기 때문이다. 실생활에 활용 가능한 새활용 아이디어 작품을 직접 구상하여 제작하면서 새활용의 가치를 깨닫고 쓰레기 저감 효과 또한 체험한다. 아이들은 옷걸이를 구부려 휴지걸이를 만들기도 하고 박스와 종이컵을 활용해 스포츠 게임장을 만들기도 했다.

박스로 만든 축구 게임장.

지속 가능한 지구 환경을 위해 우리는 소비를 줄여 근본적으로 쓰레기 자체를 줄이고, 부득이하게 발생한 쓰레기는 최대한 재활용하는 순환 경제 사회로 전환해 가야 한다. 환경 그림책 수업을 통해 쓰레기 문제가 기후 및 지구 환경에 어떤 영향을 미치는지 전반적으로 이해하고 쓰레기 문제를 어떻게 해결해야 기후 변화에 보다 효과적으로 대응할 수 있는지 고민해 보게 하는 수업을 전개하였다. 이 과정을 통해 학생들이 예전과는 다른, 환경적인 관점에서 세상의 모든 문제를 바라보고 고민하며 기후 위기 대응에 동참하는 주체적인 생태 시민으로 자라나게 되기를 바란다.

함께 읽으면 좋은 그림책

1. 『지구는 네가 필요해』(필립 번팅 글·그림, 황유진 옮김, 북극곰, 2021)
2. 『검정 토끼』(오세나 글·그림, 달그림, 2020)
3. 『소원』(박혜선 글, 이수연 그림, 키즈엠, 2020)
4. 『플라스틱 병의 모험』(앨리슨 인치스 글, 피트 화이트헤드 그림, 마술연필 옮김, 보물창고, 2018)
5. 『알루미늄 캔의 모험』(앨리슨 인치스 글, 마크 체임버스 그림, 마술연필 옮김, 보물창고, 2020)

③ 생태계를 지켜야 하는 이유

—
생물 다양성
—
생태계 평형
—
동물권과 동물원
—
멸종 위기 바다 생물
—
멸종 위기 육상 동물

달콤하고 말랑말랑한 바나나를 좋아하나요?

생물 다양성

'생물 다양성'이란 지구상에 존재하는 생물이 얼마나 다양한지를 의미하는 말이다. 인구 증가와 야생 동식물의 남획, 각종 개발 및 환경 오염 등으로 자연 서식지가 파괴되며 매년 25,000~50,000종의 생물이 멸종되고 있다. 한번 사라진 종은 다시 재생되지 않는다. 미래에 우리가 음식물이나 의약품을 개발하려고 이미 멸종된 생물을 필요로 하게 될 때에도 마찬가지이다. 생물 다양성의 경제적 가치를 인식하고 이를 보전하려 노력하는 일은 지속 가능한 발전을 위해 매우 중요하다.

생물 다양성은 생태계의 종류가 다양할수록 지구 전체를 구성하는 생물종이 다양해진다는 의미의 생태계 다양성, 특정 지역에 살고 있는 생물종의 종류가 얼마나 되는지를 의미하는 종 다양성, 한 종 안에 얼마나 다양한 유전적인 특징을 가진 개체들이 존재하는지를 의미하는 유전적 다양성을 포함하는 개념이다.[1] 학생들이 단순히 성취

---

1 경우에 따라 분자 다양성을 넣기도 하나, 중등 교육과정에서는 넣지 않는다.

기준에 의거해 생물 다양성이 무엇인지 아는 데에서 더 나아가 생물 다양성을 깊이 있게 이해하며 중요성과 그 보전 방안을 충분히 고민하고 실천할 수 있는 기회가 주어져야 한다. '달콤하고 말랑말랑한 바나나'만을 좋아하는 학생들이 생물 다양성의 가치를 새로 깨달으며 서로 다른 개성과 특성을 존중하는 마음으로 자연과 환경을 바라볼 수 있으면 좋겠다.

노랗고 달콤하고 말랑말랑한 열매, 바나나 - 유전적 다양성과 종 다양성

『열매 하나』
전현정 글, 이유정 그림, 파란자전거, 2018

바나나가 멸종될 위기에 처해 있다는 뉴스를 접하고 전현정 작가는 이 그림책을 쓰게 되었다고 한다. 시금털털 나무 열매는 시금털털한 대로, 까끌따끔 나무 열매는 까끌따끔한 대로 하나하나 모두 쓸모가 있다고 이야기하는 책 속 '카말' 할아버지의 말처럼, 다양한 생물종이 모두 중요하다는 메시지를 준다.

➔ 활동 1: 마지막 장면 예상하기

이 책에는 표지와 연결되는 반전이 숨어 있다. 마지막 장면을 예상하고 그려 보는 활동을 위해 책 표지에 대해 길게 언급하지 않고 바로 책을 함께 읽는다. 주인공 '싱'은 숲속에서 길을 잃었다가 빨간 열매를 발견하고, 그 맛에 반해 텃밭에 빨간 열매 나무를 심는다. 마을 사람들도 빨간 열매의 맛을 보고 따라 심는다. 마을은 온통 빨간 열매 나무로 뒤덮인다. 카말 할아버지 텃밭만 빼고 말이다. 어느 날 빨간 열매 나무에 병이 들고 순식간에 온 마을의 빨간 열매는 사라진다. 그 열매를 좋아하던 다람쥐도 죽게 된다. 싱은 다시 산으로 올라가 이번에는 파란 열매 나무를 가져온다. 하지만 곧 파란 열매 나무에 곰팡이가 피고, 그 열매를 좋아하던 토끼도 죽게 된다. 그다음엔 갈색 열매를 심었지만 같은 비극이 반복된다. 싱은 숲에서 노란 열매 나무를 가지고 내려오다가 마을의 풍경을 보고 생각에 잠긴다. 그리고 노란 열매 나무를 원래 자리에 되돌려 놓고 비밀로 하기로 한다. 시간이 지나고 싱의 텃밭은 바람을 타고 새로이 날아온 다양한 열매 나무들로 알록달록해진다.

그림책을 함께 읽은 후 마지막 장면을 앞두고 읽기를 멈춘 다음 학

마을 사람들은 싱처럼 깨달음을 얻기 시작했고 마을은 수채화 물감처럼 다채로운 색으로 물들기 시작했다.

아이들이 예상한 마지막 장면.

생들에게 어떤 장면이 이어질지 예상해 먼저 그려 보도록 한다. 그림 옆에는 장면에 대한 설명도 쓰도록 한다.

학생들과 대화를 마치면 교사는 반전이 담긴 결말을 보여 준다. 희망적인 방향으로 이야기가 끝맺어질 거라고 생각했던 아이들은 놀라 잠시 말을 잃는다. 교사는 학생들이 생각하는 시간 동안 잠시 기다려 준다. 그리고 마지막 장면이 표지와 연결되어 있다는 점을 이야기하며, 학생들에게 어떤 생각이 들었는지 묻는다. 아이들은 '사람은 쉽게 변하지 않나 보다.', '인간의 욕심은 끝이 없고 같은 실수를 반복한다.' 등 결말이 안타깝다는 반응을 보였다.

➔ 활동 2: 생물 다양성의 세 가지 요소를 인포그래픽으로 표현하기

전현정 작가는 바나나가 멸종 위기에 처했다는 뉴스를 보고 이 책을 쓰게 되었다. 책이 쓰인 배경을 잘 알기 위해 관련 영상을 함께 본다. 유튜브에서 '바나나 멸종'을 검색하면 관련 동영상을 쉽게 찾을 수 있다. 이번 수업에서 선택한 영상은 '은근한 잡다한 지식' 채널의 <우리가 먹는 바나나가 곧 사라진다? 바나나 멸종에 대해>이다. 이 영상을 시청하고 나서 학생들은 현실을 알게 되어 씁쓸하다며 인간이 실수를 하고 있다고 이야기하기도 한다.

파나마병으로 인해 바나나가 멸종될 위기에 처한 현상은 생물 다양성의 세 가지 요소 중 유전적 다양성이 줄어들어 생긴 사례이다. 그림책『열매 하나』는 바나나의 사례를 바탕으로 그려진 책이지만 유전적 다양성보다는 종 다양성에 더 부합하는 내용이다. 학생들의 혼란을 막기 위해 이 점을 설명해 주어야 한다.

교사는 생물 다양성의 세 가지 요소를 칠판에 적어 주고 모둠별로 자료 조사를 해서 인포그래픽을 그리도록 안내한다. 인포그래픽이란 정보를 뜻하는 인포메이션(information)과 그래픽(graphic)의 합성어로 정보를 빠르고 쉽게 이해할 수 있도록 시각적으로 표현한 것이다. 그래프나 표지판 등도 인포그래픽에 포함되는데, 이를 통해 알 수 있듯이 형식에는 큰 제약이 없다. 학생들에게 인포그래픽은 '정보'가 충분히 담겨 있어야 한다는 점, 한눈에 들어오도록 '그림'과 함께 표현해야 한다는 점을 활동 중간중간 강조해 주면 도움이 된다.

교육 과정상 지식을 전달해야 하는 부분이자 생물 다양성이 의미하는 세 가지 요소의 차이와 관계성을 학습해야 하는 부분이기 때문

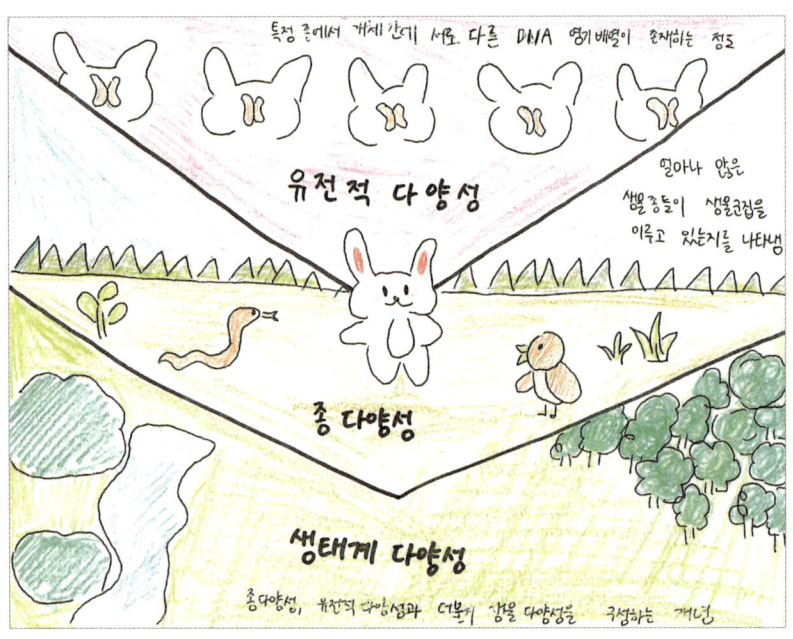

'생물 다양성'이 포함하는 세 가지를 인포그래픽으로 표현한 학생 결과물.

에 인터넷을 활용하여 학생들이 직접 자료를 찾아보고 인포그래픽으로 표현하는 과정에서 배움이 일어날 수 있도록 한다. 활동이 끝난 후 바나나의 멸종은 생물 다양성의 세 가지 요소 중 어느 것에 해당되는 사례인지, 『열매 하나』 책 속의 마을은 어느 쪽에 해당되는 사례인지 교사가 질문하고 학생들이 답을 찾을 수 있도록 하여 두 개념이 차이가 있음을 알게 한다.

다양한 생태계, 다양한 생물 - 생태계 다양성

『illuminature(일루미네이처) - 자연을 비춰 봐요』
레이철 윌리엄스 글, 카르노브스키 그림, 이현숙 옮김, 보림, 2017

그림책보다는 아트북이라는 표현이 더 어울리는 책이다. 책의 면지에 셀로판지를 연상할 수 있는 세 가지 색 렌즈가 있고, 각각 눈에 대고 책을 보면 렌즈마다 낮에 활동하는 동물, 밤에 활동하는 동물, 그 서식지에 사는 식물을 볼 수 있다. 콩고 열대 우림, 심프슨 사막 등 생태계 열 곳에 살고 있는 생물을 보여 주고 동물의 이름도 뒷장에 함께 설명되어 있다.

➔ 활동 1: 생태계별로 살고 있는 생물 조사하기

학생들과 함께 보면서 이야기를 나누어야 하는 책인데 렌즈까지 활용해야 하기 때문에 책을 함께 읽기가 쉽지 않다. 휴대 전화, 실물 화상기, 노트북 등 카메라가 있는 기기를 TV에 연결하여 학생들의 눈이 되도록 하면 이 문제를 해결할 수 있다. 휴대 전화의 미러링 기능과 카메라 또는 실물 화상기 앱을 이용하면 연결 선 없이 실감 나고 간편하게 함께 책을 볼 수 있어 추천한다. 책에 포함된 렌즈를 휴대 전화 카메라에 대고 책을 보면 간편하다. 책은 총 서식지 10곳으로 구성되어 있다. 콩고 열대 우림, 안데스산맥, 세렝게티 평원, 갠지스강 유역 등 우리가 한 번쯤 들어 봤을 만한 곳부터 심프슨 사막, 로몬드호, 웨들해와 로스해, 레드우드 숲, 동시베리아 타이가, 아포 리프 등 학생들에게 덜 익숙한 곳들도 등장한다.

한 서식지에 세 가지 구성의 그림이 모두 그려져 있는 셈인데, 붉은 렌즈로는 해당 서식지에서 낮에 활동하는 동물을, 초록 렌즈로는 해당 장소에 서식하는 식물을, 파란 렌즈로는 그곳에서 어스름 즈음

◆ **아이들 활동지**

생물 분류		우리 모둠이 정한 생태계 - 독도
생태계에 살고 있는 생물	식물	민들레, 괭이밥, 검장대, 강아지풀, 바랭이, 쑥, 쇠비름, 명아주, 질경이, 봄슬, 섬괴불나무, 줄사철 등
	포유류	없음
	조류	바다제비, 슴새, 괭이갈매기, 황조롱이, 물수리, 흰갈매기, 노랑지빠귀, 흑비둘기, 딱새, 까마귀 등
	파충류	없음
	양서류	없음
	어류	꽁치, 방어, 복어, 전어, 붕장어, 가자미, 도루묵, 임연수어, 조피볼락, 오징어 등
	곤충류	된장잠자리, 민집게벌레, 메뚜기, 딱정벌레, 파리, 작은멋쟁이나비 등
	(기타)	도화새우, 꽃새우, 닭새우, 전복, 소라, 미역, 다시마 등

이나 밤에 활동하는 동물을 볼 수 있다. 학생들과 세 지역 정도를 함께 살펴보면서 각각의 생태계에 따라 사는 생물이 달라짐을 배운다.

『illuminature(일루미네이쳐) – 자연을 비춰 봐요』처럼 아이들과 책에 등장하지 않는 특정 서식지를 정해 어떤 생물종이 살고 있는지 살펴보기로 한다. 자료를 쉽게 찾을 수 있도록 국내 서식지 혹은 남극, 북극, 사막 정도의 분류를 두고 진행하기로 했다. 교사는 수업 시간 전에 미리 검색을 거쳐 학생들이 자료를 쉽게 찾을 수 있는 생태계를 조사해 두고 그중에서 모둠별로 생태계를 선택할 수 있도록 한다. 수업에 활용한 생태계는 한라산, 우포늪, 독도, 신안 갯벌, 남극, 북극, 사막 등이다. 생물 분류 중 생태계에 따라서 해당되는 동물이 없을 수도 있다. 그럴 경우 기타란에 적도록 설명한 뒤 활동을 시작한다.

조사한 결과를 촬영해 교실 TV에 미러링하여 학생들이 결과를 발표할 수 있도록 한다. 그리고 모둠별로 결과를 비교하여 생태계마다 살고 있는 생물종이 다름을 이해한다.

➔ 활동 2: 생물 다양성 보전 방법 알아보기

생물 다양성의 세 가지 요소를 한 번 더 학생들에게 주지시키며 유전자 다양성, 종 다양성, 생태계 다양성을 보전하는 방법을 모둠별로 조사할 수 있도록 한다. 생태계별로 살고 있는 생물들을 조사하는 활동보다 자료 조사가 쉽지 않다. 각각의 요소가 의미하는 것이 무엇인지 되새기면서 모둠별로 어떤 키워드로 검색을 해야 할지 함께 고민하고 자료 조사에 임해야 한다. 특히 유전적 다양성의 보전 방법을 조사하는 것이 가장 어려운데, 바나나의 사례와 근친 교배를 통해 유전병이

◆ 생물 다양성 보전 방법

생물 다양성의 요소	생물 다양성 보전 방법(학생 조사 결과 예시)
유전적 다양성	**호랑이의 근친 교배 막기** - 유전적 고립으로 인한 집단끼리의 단절을 막기 위해서이다. **자연 상태로 식물 재배하기** - 인간이 원하는 품종만을 대량 생산함으로써 유전자가 단순화되는 것을 막기 위해서이다. **유전적 다양성 추적하기** - 유전적 다양성을 추적하고 기록하고 관리하면 유전적 다양성을 보전하는 데 도움이 된다. **종간 유전자 이입** - 간혹 고립된 집단은 유전적으로 분화된 다른 집단 또는 다른 종과 교배를 통해 새로운 변이들을 자손에게 물려주곤 한다. 의외로 많은 종들이 과거 종간 교배의 산물이다. **멸종 위기 생물의 족보 쓰기** - 바이러스, 환경 변화로 인한 멸종을 막기 위해 유전적 다양성과 순수성을 지킬 수 있다.
종 다양성	**멸종 위기종 지정** - 생물종의 멸종을 막기 위해 국가에서 멸종 위기종으로 지정하여 보호한다. **국제 씨앗 종자 은행 설립하기** - 다양한 식물의 씨앗을 종자 은행에 보관하여 식물종이 멸종되는 상황에 대비한다. **자연에 인위적으로 외부종을 풀어놓지 않기** - 먹이 사슬이 파괴되어 토종 생물들이 멸종될 수 있기 때문이다. **불법적인 포획과 남획 금지** - 인간의 무분별한 포획과 남획으로 생물종이 멸종할 수 있기 때문이다.
생태계 다양성	**자연 훼손하지 않기** - 생태계가 파괴되면 생태계 다양성이 줄어들 수 있다. **지뢰 제거** - 생태계에 위협이 되는 지뢰를 제거한다. **습지 보존하기** - 습지에는 다양한 생물들이 살고 있기 때문에 습지를 보존해야 한다. **해양 보호 구역 지정하기** - 훼손된 생태계 다양성을 복원하기 위해 해양 보호 구역을 지정한다.

생긴 품종견과 품종묘의 사례를 들어 다시 한번 설명하면서 그 의미를 고민해 볼 수 있도록 지도한다. 이 활동은 148쪽 활동지를 활용해 진행했다.

➔ 활동 3: 생물 다양성 보전을 위한 실천 리스트

앞의 활동과 비교하며 이번에는 '우리'가 직접 실천할 수 있는 리스트를 작성해 보도록 한다. 활동 2와 달리 생태계 다양성의 보전 방법을 조사해 본다는 데에 의미를 둔다. 생태계 다양성의 보전 방법에는 평소 '환경 보호'라고 하면 떠오르는 다양한 방법들이 모두 포함된다. 사라지고 있는 습지, 숲 등 다양한 생태계를 두루 보전하는 것이 중요한데, 『illuminature(일루미네이쳐) - 자연을 비춰 봐요』에서 알 수 있듯이 비슷한 생물이라도 서식지가 다르면 생김새와 종이 달라지기 때문이다.

아이들은 텀블러를 사용해 플라스틱 쓰레기 줄이기, 매일 오가는 길에서 플로깅 활동을 하며 작은 생물들이 살아가는 생태계 지키기 등을 리스트에 적었다. 리스트를 만들고 난 후에는 가정에서 직접 실천해 보고 인증샷을 찍어 패들렛이나 밴드 등의 플랫폼에 올려 공유할 수 있도록 한다.

우리는 환경 오염의 피해 사례나 환경을 보호하기 위해 어떻게 행동해야 하는지 이미 익숙하게 들어 왔다. 과학 수업 시간에는 단편적인 지식 형태에서 벗어나 생물 다양성의 개념을 유전적 다양성, 종 다양성, 생태계 다양성으로 나누어 알아보는 시간이 필요하다. 구체적이고 구조화된 과학적 지식이 바탕에 있으면 우리가 실천할 수 있는 행동 또한 세분화하여 고민해 볼 수 있기 때문이다. 매체를 통해 접하는 특정 생물종들 이외에도 생태계 파괴로 조용히 사라져 가는 다양한 생물종을 위해 우리가 직접 실천할 수 있는 일들을 행동으로 옮겨야 할 때이다.

함께 읽으면 좋은 그림책

1. 『밖에 나가 놀자!』(로랑 모로 글·그림, 이세진 옮김, 김신연 감수, 미디어창비, 2019)
2. 『생명과 손잡기』(마틸드 파리 글, 마리옹 티그레아 그림, 정주연 옮김, 주니어RHK, 2022)
3. 『채소밭 잔치』(다시마 세이조 글·그림, 고향옥 옮김, 우리교육, 2006)
4. 『세상에 잡초는 없대!』(세바스티앵 페레즈 글, 안로르 파로 그림, 이세진 옮김, 이소영 감수, 미디어창비, 2022)
5. 『지구에는 생물이 가득가득』(닐 레이튼 글·그림, 유윤한 옮김, 재능교육, 2021)
6. 『생물의 다양성』(위베르 리브스, 넬리 부티노 글, 다니엘 카자나브 그림, 문박엘리 옮김, 생각비행, 2020)

생태계가 평형을 이루고, 유지되고, 복원되려면?

생태계 평형

생태계의 모든 요소는 서로 유기적으로 연결되어 있다. 한 지역의 생물적·비생물적 요인들이 모여 하나의 마을을 이루고 있는 것을 생태계라고 생각하면 조금 이해가 쉽다. 마을에는 사람도 있고, 다른 동식물도 있으며 흙도 있고, 바람도 있다. 그리고 이들은 끊임없이 상호작용하며 서로 영향을 준다.

'생태계 평형'은 웬만한 환경의 변화가 있더라도 환경이 급격하게 변화하지 않는 한 생태계 내의 연쇄적인 반응으로 인해 각 개체군의 종류나 수가 일정하게 유지되는 것을 말한다. 과거에는 대체로 화산이나 지진, 홍수나 산사태 같은 대규모 환경 변화에 따라 특정 종이 사라져 생태계 평형이 깨지는 경우가 대부분이었다. 하지만 최근에는 인간 활동 때문에 생태계 평형이 깨지는 경우가 종종 일어나곤 한다. 대규모 사냥이나 외래종의 도입 같은 직접적인 이유도 있고 홍수나 산사태 같은 환경 변화 역시 인간이 자행한 삼림 벌채 등의 결과라고 할 수 있다. 게다가 인간이 초래한 지구 온난화 등으로 생태계 평형을 깨는 기후 변화 현상이 더 자주, 더 큰 규모로 일어나고 있는 상황이다.

생태계 평형은 한번 깨지면 다시 회복하기까지 매우 오랜 시간이 필요하며 이를 인위적으로 복원하기 위해서는 많은 비용이 필요하다. 생태계 평형을 깨뜨리지 않기 위해서 인간은 어떤 노력을 기울여야 하는지, 평형이 깨진 생태계를 복원하기 위해서 무엇을 해야 하는지 알아보며 생태계라는 마을에서 우리가 '민폐 진상 이웃'이 되지 않는 방법을 고민해 보자.

먹이 사슬과 생태계 순환

『누가 누구를 먹나』
알렉산드라 미지엘린스카, 다니엘 미지엘린스키 글·그림,
이지원 옮김, 보림, 2012

꽃이 자라나고, 진딧물들이 그 꽃에서 먹이를 얻는다. 무당벌레는 진딧물들을 잡아먹고, 할미새는 무당벌레를 잡아먹는다. 할미새는 어떻게 될까……? 이야기는 단순한 글과 선으로 이루어진 커다란 그림으로 이어진다. 삶과 죽음 그리고 먹이 사슬, 생태계 순환을 가볍고 담담하게 표현하고 있다.

➔ 활동 1: 먹이 사슬, 먹이 그물 그리기

뱀이 자기 꼬리를 물고 있는, 기묘한 느낌을 주기도 하는 책 표지를 함께 보며 어떤 내용인지 학생들과 예상해 본다. 책 제목을 함께 읽고 본문으로 들어간다. 끊임없이 누가 누구를 먹는 내용에 처음에는 일부 학생들이 징그럽다, 불쌍하다는 반응을 하지만 점점 담담하게 집중한다. 다음 페이지의 내용을 예상하기도 한다. 내용이 진행됨에 따라 칠판에 책에 등장한 동식물과 비생물적 요인들을 적은 자석 보드를 붙인다. 예를 들면, 이야기가 '꽃이 자라났습니다.'로 시작하기 때문에 맨 앞은 '꽃'을 써넣은 자석 보드를 붙인다. 그 옆에는 꽃을 먹은 '진딧물' 자석 보드를 붙이고 그다음은 진딧물을 먹은 '무당벌레' 자석 보드가 오는 식이다. 책에 등장하는 요소가 많기 때문에 중간중간 줄을 바꿔 주어야 하는데, 생물이 자연사하는 시점에서 줄바꿈을 하면 자연스럽다.

자석 보드로 내용을 모두 정리했으면 해당 내용으로 먹이 사슬과 먹이 그물이 무엇인지 배운다. 그다음 학생들에게 모둠별로 상의하여 책 속 요소들로 먹이 그물을 작성하도록 한다. 먹이 그물이 완성되면 교실 TV 화면에 미러링하여 발표하고 의견을 주고받는다. 이 활동은 '생태계 평형'이 먹이 사슬과 관련 있는 개념임을 이해하는 데에 의미가 있다.

▶ 활동 2: 먹이 피라미드 그리기

먹이 피라미드를 그리기 위해서는 먼저 그림책에 나온 생물적 요인들을 생산자, 소비자, 분해자로 나누어야 한다. 세 요소가 나뉘는 기준은 '양분을 얻는 방법'이다. 각각 광합성으로 양분을 얻는지, 다른 생물을 섭취해서 양분을 얻는지, 다른 생물의 사체나 배설물을 분해해서 양분을 얻는지에 따라 분류된다. 이 점을 설명한 후 책에 나온 동식물들을 적은 칠판의 자석 보드를 옮겨 생산자, 소비자, 분해자로 나눈다.

이때 개구리알, 물총새알은 따로 양분을 얻지 않고, 토끼똥은 생물이 아니므로 제외한다. 학생들은 활동지의 표에 각 성격에 맞는 생물종을 적는다. 생산자나 분해자가 너무 적다고 판단될 경우 학생들이 추가하도록 할 수 있다. 비생물적 요인에는 다양한 것들이 있지만 다음 활동을 위해 빛, 온도, 물, 토양을 적어 두도록 한다.

생물적 요인	생산자	▶ 광합성으로 양분을 합성하는 생물
		예) 꽃, 풀
	소비자	▶ 다른 생물을 섭취하여 양분을 얻는 생물
		예) 진딧물, 무당벌레, 할미새, 여우, 늑대, 개구리, 물고기, 물총새, 고슴도치, 수리부엉이, 쥐, 스라소니, 토끼, 뒤쥐, 족제비, 살쾡이
	분해자	▶ 다른 생물의 사체나 배설물을 분해하여 양분을 얻는 생물
		예) 파리, 딱정벌레, 쇠똥구리
비생물적 요인		빛, 온도, 물, 토양 등

이를 먹이 피라미드의 형태로 바꾸면 다음과 같은 형태가 된다. 책의 내용은 피식자와 포식자에 초점이 맞추어져 있어 2차 소비자가 많은 것처럼 피라미드가 그려지지만 실제로는 생산자가 가장 많고 1차 소비자, 2차 소비자의 순으로 개체 수가 줄어들기 때문에 이를 먹이 피라미드라 부른다. 먹이 피라미드에는 일반적으로 분해자, 비생물적 요인은 포함되지 않으므로 따로 배치한다.

비생물적 요인			
빛, 온도, 물, 토양 등			

	2차 소비자	무당벌레, 할미새, 여우, 늑대, 개구리, 물고기, 물총새, 고슴도치, 수리부엉이, 쥐, 스라소니, 뒤쥐, 족제비, 살쾡이
분해자	1차 소비자	진딧물, 토끼
파리, 딱정벌레, 쇠똥구리	생산자	꽃, 풀

➔ 활동 3: 비생물적 요인이 생물적 요인에 영향을 주는 사례 조사하기

앞 활동을 통해 생태계를 구성하는 요소에 비생물적 요인도 존재함을 알아보았다. 이번 활동에서는 비생물적 요인이 생물적 요인에 영향을 미치는 사례를 조사한다. 4명을 한 모둠으로 구성하고 모둠원에게 각각 빛, 온도, 물, 토양에 관해 조사하여 모둠원끼리 결과를 공유하도록 한다. 활동이 끝나면 각각의 비생물적 요인으로부터 직접 영향을 받은 사례를 함께 소개해 보는 것도 좋다. 목이 말라 물을 마셨다든가, 에어컨 바람이 추워서 외투를 입었다는 등 다양한 내용이 포함될 수 있다.

비생물적 요인	생물적 요인에 영향을 미치는 사례
빛	• 광합성을 통해 식물이 양분을 합성한다. • 동물의 번식 시기에 영향을 주기도 한다. • 빛의 세기가 식물의 생장 속도에 영향을 준다.
온도	• 생물이 살아갈 수 있는 환경을 만들어 준다. • 생물의 체내에서 작용하는 효소에 영향을 준다. • 생물의 체온에 영향을 준다.

물	• 생물체 내에서 생체 물질의 이동을 담당한다. • 식물이 형태를 유지하는 물리적인 지지력을 준다. • 사막에 사는 식물은 물이 부족한 환경에 적응하여 뿌리와 잎이 변화하였다.
토양	• 비옥한 토양에서 식물이 잘 자란다. • 생물이 살아갈 수 있는 터전을 제공한다. • 토양이 산성화되면 식물이 제대로 자라지 못하며 낙엽이나 동물 사체의 분해가 잘 이루어지지 않는다.

　동식물을 포함한 생물적 요인뿐만 아니라 비생물적 요인 또한 생태계를 구성하는 중요한 구성 요인이다. 활동을 통해 비생물적 요인이 동식물에게, 인간에게 미치는 영향을 알아보면서 이 사실을 되새길 수 있는 시간이었다.

사라진 늑대, 무너진 생태계 평형 - 생태계 복원

『열네 마리 늑대』
캐서린 바르 글, 제니 데스몬드 그림, 김미선 옮김, 상수리, 2022

1930년대 옐로스톤 국립공원에서 늑대들은 완전히 사라졌다. 사냥꾼들이 늑대를 닥치는 대로 잡았기 때문이다. 늑대들이 사라지자 천적이 없어진 엘크는 거대한 무리를 이루게 된다. 엘크 때문에 나무는 더 이상 자랄 수 없었고, 둥지를 틀 곳을 잃은 새들은 공원을 떠났다. 곰은 굶주렸고, 비버, 토끼, 여우 등 작은 포유류의 수는 갈수록 줄어들었다. 1995년, 치열한 다툼 끝에 늑대를 공원에 다시 들이겠다는 결정이 이루어졌다. 캐나다에서 이주시킨 늑대 열네 마리는 옐로스톤 국립공원에 자리 잡게 되고 옐로스톤은 천천히 옛날의 모습을 되찾게 된다.

활동 1: 옐로스톤 국립공원에 세울 표지판 그리기

표지를 보며 평소에 늑대를 어떻게 생각하는지 학생들과 이야기 나눈 후 함께 책을 읽는다. '늑대'는 옐로스톤 국립공원의 먹이 사슬을 이루는 중요한 생물적 요소라고 할 수 있다. 인간 때문에 생태계의 한 부분에 공백이 생기게 되고, 자연의 흐름대로 순환해야 할 생태계가 무너지자 옐로스톤의 생태계 평형이 깨지고 만 것이다. 인간에 의해 옐로스톤의 늑대는 사라졌고, 생태계에는 급격한 변화가 생겼다. 하지만 인간의 노력으로 옐로스톤의 자연환경은 다시 제자리를 찾았다.

책이 어떤 내용이었는지 학생들과 가볍게 이야기를 나눈 뒤 생태계 평형의 정의를 알아본다. 생태계 평형은 급격한 환경 변화가 일어나지 않는 이상 유지된다. 옐로스톤에 일어난 '급격한' 변화는 인간의 무분별한 늑대 사냥이었다. 다시 같은 실수를 반복하지 않기 위해서는 어떤 조치가 필요할까? 옐로스톤을 방문하는 사람들에게 경각심을 줄 수 있도록 표지판을 그려 본다.

표지판을 하나만 그리게 하면 학생들은 당연하게도 늑대를 죽이

▲ 자연을 훼손해 생태계 피라미드를 망가뜨리지 마세요.

▲ 어떤 동물이라도 없어지게 되면 인류의 미래를 장담할 수 없으니 모든 동물을 아끼고 사랑해야 한다.

지 말라는 내용만을 그린다. 조금 더 생각할 기회를 주기 위해 표지판은 두세 개를 그리도록 한다.

➔ 활동 2: 생태계 복원과 관련된 최근 기사 찾기

『열네 마리 늑대』는 실제로 미국 옐로스톤 국립공원에서 늑대를 '복원'한 사례를 바탕으로 한 이야기이다. 옐로스톤 국립공원은 약 9,000 km^2 면적에 호수, 계곡, 초원, 폭포 등을 품고 있는 광활한 공간이다. 엘크, 무스, 프롱혼, 그리즐리베어, 늑대 등 다양한 동물의 서식지이기도 했다. 하지만 미국인들이 가축을 잡아먹는 늑대를 해롭게 여기고 사냥하기 시작하면서 1926년, 옐로스톤 지역에 서식하는 모든 늑대가 사라졌다. 이후 늑대의 먹이가 되는 초식 동물 수가 급격히 늘어나기 시작했다. 초식 동물들은 나무가 자라기도 전에 먹어 치웠고, 나무가 자라지 못하는 옐로스톤은 결국 생태계 평형이 깨지게 된 것이다. 1995년, 캐나다에서 늑대 14마리, 이듬해까지 총 30마리가 넘는 늑대들이 옐로스톤으로 이주했다. 먹이 사슬은 차츰 회복되기 시작했고, 현재 옐로스톤에 서식하는 늑대는 100마리에 가까운 규모로 알려져 있다. 이 사례처럼 깨진 생태계 평형을 복원했거나 복원하려는 사례를 최근 뉴스 기사로 찾아 정리해 본다. 복원 작업이 마무리되지 않았다면 실제 결과 대신 복원 이후 기대되는 점을 적는다. 우려되는 점은 해당 기사에 나와 있지 않더라도 검색을 통해 찾아보도록 한다. 경우에 따라 없을 수도 있는데, 그럴 때에는 빈칸으로 남겨 둘 수 있도록 안내하면 좋다.

기사 제목	낙동강 하구 기수 생태계 복원을 위한 낙동강 하굿둑 상시 개방
기사 게시일	2022. 2. 18.
복원한 생태계	낙동강 하구 기수 생태계
복원 방법	1. 안정적인 기수역(민물과 바닷물이 서로 섞이는 곳)을 조성하고 체계적인 생태 복원 사업 추진 2. 바닷물 유입으로 인한 염분 피해 방지, 서낙동강 유역의 환경 개선 추진 3. 기수 생태계 복원 성과를 활용·확산하는 방안을 함께 고민 4. 관계 기관과 협력을 강화하고 법·제도적 기반을 정비
복원 결과	낙동강문화관의 마스코트이기도 한 고니의 친구들이 더 다양하고 많아질 것으로 예상
우려되는 점	바닷물이 역류하여 수돗물 염분 피해를 염려하는 시민들이 있다.

기사 제목	수산자원공단, 바다 숲 조성 사업으로 해양 생태계 회복 확인
기사 게시일	2022. 6. 17.
복원한 생태계	인천 굴업도 해역에 조성된 잘피숲
복원 방법	블루카본으로 인정받는 잘피숲을 지속적으로 조성하고 있다. 잘피숲은 블루카본의 역할뿐만 아니라 다양한 해양 생물의 먹이원이자 산란, 서식 및 은신처로 해양 생태계에서 중요한 역할을 하고 있다.
복원 결과	인근 해역에 비해 잘피숲 조성 해역에서 생물 종수가 평균 1.5배 이상, 개체 수는 약 2.5배로 증가한 것으로 나타났다. 종 다양성지수도 조성 전 대비 약 20% 증가한 것으로 확인돼 잘피숲 복원은 해양 생태계 회복에 긍정적인 영향을 주는 것으로 확인됐다.
우려되는 점	잘피의 특성상 이식 성공률이 낮다.

생태계를 이루는 요인에 어떤 것들이 있고 이들 사이에서 어떠한 상호작용이 일어나고 있는지를 파악하는 일은 매우 중요하다. 생태계를 이해하는 과정은 지구상의 모든 요소들이 서로 유기적으로 연

결되어 있다는 것을 알려 주기 때문에 주변의 동식물들을 소중히 하는 계기가 될 것이다. 생태계 평형이 깨지는 것을 방지하고, 생태계를 복원하는 방법을 고민해 보며 우리는 비로소 생태계의 일원으로 살 자격을 갖추게 되는 것 아닐까.

함께 읽으면 좋은 그림책

❶ 『파란 파리를 먹었어』(마티아스 프리망 글·그림, 박나리 옮김, 풀빛, 2020)
❷ 『생태계 공생의 법칙』(클레르 르쾨브르 글, 시몽 바이 그림, 김보희 옮김, 풀과바람, 2021)
❸ 『웅덩이 관찰 일기』(황보연 글, 윤봉선 그림, 웅진주니어, 2007)
❹ 『숲의 생태계』(위베르 리브스, 넬리 부티노 글, 다니엘 카자나브 그림, 문박엘리 옮김, 생각비행, 2022)
❺ 『유리병 속의 생태계』(레이철 이그노토프스키 글·그림, 조은영 옮김, 책읽는곰, 2022)

동물도 지구 생태계의 주체입니다

동물권과 동물원

동물원 사진을 보여 주자 학생들의 눈빛은 반짝이고 입꼬리가 올라간다. 시키지도 않았는데 벌써 여기저기서 동물원 다녀온 이야기꽃이 한창이다. 한때 가족 나들이로 동물원이 각광받았지만 코로나19 등으로 사람들의 발걸음은 멀어졌고 그 여파는 고스란히 동물들이 받았다. 갈비뼈가 앙상하게 드러난 채로 쉬고 있는 한 사설 동물원 암사자, 청소 안 된 사육장에서 생활하는 원숭이 모습이 공개되어 충격을 주기도 했다. 동물원을 설립하고 운영하고 견학하는 과정이 철저히 인간 만족에 바탕을 두고 있었음을 단적으로 보여 준 사례라 할 수 있다. 그러나 동물은 인간의 즐거움을 위해 사는 존재가 아니다. 동물들과 인간을 같은 사회적 구성원으로 바라보는 데에서 동물권 보호가 시작된다 할 수 있다. 동물권을 실현한다는 것은 동물들을 호화로운 곳에서 키우자는 의미가 아니다. 그들이 '살던 대로' 살 권리, 그것이 동물권이다.

동물원 폐지 여부를 놓고 토론한 이후 학생들은 "선생님, 우리가 동물원 안 간다고 모든 사람이 안 가는 것은 아니니까 동물원은 계속 있을 것 같아요.", "동물원을 없앤다고 동물권이 보장되나요?"라는 반응을 보이기도 한다. 그럴 때는, 관점에 따라 보이지 않았던 것들이 보이기도 하고 생각하지 못했던 것들이 떠오르기도 하므로, '동물원을 없애느냐 마느냐' 생각하는 시간도 동물을 바라보는 우리의 관점을 돌아보는 의미가 있음을 알려 준다. 인간이 다른 종을 지배하는 삶이 아니라, 지구 공동체의 일부분으로서 다양한 생명과 더불어 살아가는 자세를 가질 때 지구 생태계가 유지되는 지속 가능한 삶의 출발점이 된다. 이 수업을 통해 모든 생명들이 자유롭고 건강하게 행복을 누리며 살 수 있는 삶의 방향을 만나길 바라는 마음이다.

▶ 읽기 전 활동: 동물원 존재에 대한 의견 세우기

그림책을 읽기 전에 '동물 입장에서 바라보는 동물원'으로 해당 공간을 다시 보는 과정이 필요하다. 동물원에 갔을 때 좋았거나 유익했던 긍정적인 경험과 실망하거나 마음이 불편했던 부정적인 경험을 두고 어느 한쪽으로 치우치지 않게 이야기를 나눈다. 부정적인 경험 이야기가 많이 나오지 않을 때는 교사가 야생 동물에 비해 동물원 동물들은 활기찬 움직임이 적다는 점을 알려 주고 그 까닭과 그런 동물들을 보면서 어떤 생각이 드는지 살펴보도록 안내한다. 수업 전에 동물원의 존재를 둘러싼 각자의 의견을 정리하고 가치 수직선에 반 학생들 모두 입장을 나타내는 활동을 해 본다. 가치 수직선은 개개인의 의사를 수직선 위에 표시함으로써, 전체 학생의 의견을 한눈에 보여 주는 효과가 있다. 교사가 이름을 쓸 색깔 카드를 미리 준비해 칠판에 붙여

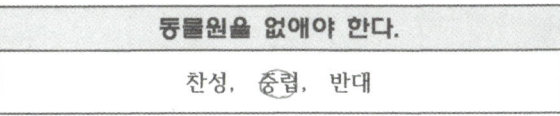

동물원 존립 이유를 놓고 학생들이 자기 의견을 정리한 가치 수직선.
화살표 아래에는 학생들 이름을 써넣는다. 수직선 노란색 영역은 중립 쪽이거나
어느 한쪽을 확실히 정하기 어려운 학생들을 위한 공간이다.

놓으면 학생들이 기다리는 시간을 줄일 수 있어 좋다. 여기에서 정리한 가치 수직선은 그림책을 읽은 후 토론하는 과정에서 다시 되짚어 보게 된다.

동물원 동물들의 아픔

『우리 여기 있어요, 동물원』

허정윤 글, 고정순 그림, 킨더랜드, 2019

동물의 입장에서 동물원이 어떤 곳인지를 그림으로써, 동물원의 존재 의미와 동물이 행복할 권리를 생각해 보게 하는 그림책이다. 동물들은 벗어날 수 없는 굴레를 숙명으로 받아들이고 살아남기 위해, 그리고 고통이 더해지지 않기 위해 얻은 가슴 아픈 삶의 지혜를 이야기한다. 투박한 붓 터치와 체념한 듯 허공을 맴도는 동물의 눈빛이 그들의 권리를 간절하게 대변하는 듯하다.

➔ **활동 1: 동물원 동물들의 어려움을 정지 장면으로 만들기**

『우리 여기 있어요, 동물원』의 글은 모두 동물원 동물들이 화자가 되어 발화한 것이다. 사방이 꽉 막힌 곳에서 어떻게 지내야 하는지 덤덤하게 들려주는 이야기와 묵직한 필치의 그림은 그들의 고통을 낱낱이 전해 주고 있다. 동물원 동물이 어떤 어려움을 겪고 있는지 머릿속으로만 짐작해 보는 데서 그치지 않고 몸으로 느낌으로써, 동물원의 존재를 더 깊이 생각해 볼 수 있는 활동을 마련했다. '정지 장면'은 영화의 한 장면이나 일상의 어떤 모습을 사진으로 포착하듯 정지 동작으로 표현하는 기법이다. 동물원 풍경을 역할극으로 표현하도록 하면 쑥스러움에 웃고 떠들어 자칫 동물들의 아픔이 장난스럽게 표현될 수 있으므로 이 주제로 활동을 하기에는 정지 장면 만들기가 좋다.

표현할 내용은 그림책에 나온 동물이나 그 외에 우리가 알고 있는 동물원 동물 중 아이들이 자유롭게 정하도록 한다. 그러나 모둠별로 겹치지 않도록 '시설, 관람객, 사육사, 기타 동물원 운영' 등 동물들이 어려움을 겪는 원인들을 각각 쪽지에 써서 모둠별로 한 사람이 나와 무작위로 뽑도록 한다. 그 내용은 다른 학생들이 보지 못한다. 모둠별로 뽑은 주제에 맞는 내용으로 토의한 후 역할을 정하고, 간단한 소품을 사용하여 정지 장면을 발표하도록 한다. 교실에 보자기나 동물 모양 모자 등을 구비해 놓으면 교육 연극 수업에 다양하게 활용할 수 있다. 발표하는 모둠은 표현하고자 하는 내용에 맞게 서로 적당한 거리로 서 있다가, 관객 학생들이 눈을 가렸던 두 손을 떼며 '찰칵'을

콘크리트 벽에 갇혀 자유로운 이동이 어려움.

쇼를 위한 훈련과 관람객으로 인한 스트레스.

외치는 순간 사진처럼 정지 장면을 표현한다. 동물이 어떤 상황에 놓여 있는지 2명 정도의 관객 학생에게 듣는다. 발표하는 학생들이 일정 동작을 한 채로 멈춰 있어야 하므로 길게 이야기 나누지 않는 것이 좋다. 그 후 교사가 발표한 학생 중 한 명의 어깨를 살짝 건드리며 '땡' 하면 그 학생은 얼음 상태가 풀리면서 짧은 동작과 대사를 한다. 이때 동물을 맡은 학생이라도 울음소리가 아니라 표현 내용을 알려 줄 수 있는 말을 하도록 미리 안내한다. 교사는 또 다른 발표 학생들의 어깨도 살짝 터치하여 관객 학생들이 상황을 파악할 수 있도록 한다.

➔ 활동 2: 동물원 존폐에 대한 가치 수직선 토론

생태 전환 교육은 앎에서 삶까지 이어져야 의미가 있다. 따라서 교사가 옳다고 생각하는 환경 철학을 주입하려 하기보다는 학생이 환경과 생태에 대한 가치관을 스스로 형성해 갈 수 있도록 질문을 던져 주어 내면의 변화를 이끌어 내고 자발적으로 실천 의지를 높이도록 해야 한다.

그동안 당연하게 여겼던 동물원의 존재에 대해 서로 다른 관점에서 질문을 주고받으며 고민해 볼 수 있는 가치 수직선 토론은 매우 유의미하다. 찬반 토론과 달리 승패를 가리지 않으므로 토론에 대한 학생들의 부담도 적고 가치에 대한 의사 표시를 개인별로 손쉽게 하고 또 손쉽게 확인할 수 있다. 그 과정에서 가치 판단이 사람마다 다를 수 있음을 인정하고 수용하는 태도를 기르며, 자신의 판단도 좀 더 숙고할 수 있도록 도와준다.

그림책을 읽기 전, '동물원을 없애야 한다.'라는 논제에 찬성과 반대, 중립 혹은 '모름'을 표했던 자신의 의견을 다시 확인한다. 본격적으로 가치 수직선 토론을 하기 전에 소극적인 학생들도 토론에 쉽게 참여하도록 유도하고, 같은 의견을 가진 친구들과 먼저 논의하는 시간을 마련한다. 좀 더 다양한 관점에서 생각해 보도록 의견이 서로 다른 친구와 만나 이야기하는 시간도 추가하면 좋다. 또한 의견 표시 도구를 활용하면 다른 사람에게 자신의 의견을 한눈에 보여 줄 수 있어서 좋고, 학급 전체 토의 진행에도 도움이 된다. 우선 찬성 학생에게는 초록, 반대 학생에게는 빨강, 중립 학생에게는 노란색 동그라미 모양 신호등을 나누어 준다. 학생들은 이 의견 표시 신호등을 보고 찬

의견 표시 도구.

1차 만남 기록(같은 팀끼리 만남, 의견에 대한 근거 모으기).

2차 만남 기록(상대팀 의견에 대한 해결책).

성, 반대, 중립팀으로 모여 의견에 대한 근거를 모은다. 중립팀은 찬반 의견의 근거를 다 나누도록 한다. 이후 돌아다니며 서로 의견이 다른 친구를 만나 그 근거를 알아보고 자기 생각에 대한 문제점과 질문을 듣는다. 중립 의견인 학생은 찬반 어느 친구를 만나도 좋다. 다시 같은 의견을 가진 학생들끼리 만나 상대 팀이 제시한 문제점을 두고 대안이나 해결책을 논의한다. 이때 중립이었던 학생은 찬성이나 반대 중 조금이라도 생각이 기울어진 어느 한쪽을 선택하도록 한다.

　기록이가 각 팀에서 나온 의견의 근거를 발표하면 서로 상대팀이 제시한 근거에 대해 질문하거나 문제점을 제기하고 해결을 위한 대안을 제시하며 학급 전체 토의를 한다. 이때 자신에게 의미 있다고 생각하는 내용을 메모하여 최종 판단에 참고하거나 질문에 활용한다.

　충분한 토론이 이루어지면 활동지에 자신의 최종 의견과 근거를 쓰고, 의견이 바뀐 사람만 나와서 가치 수직선 위쪽으로 이름 카드를 옮긴다. 이렇게 하면 의견 변화의 양상을 한눈에 볼 수 있다. 의견이 그대로인 학생들에게 그 이유를 듣고 바뀐 학생에게는 누가 제시한 어떤 근거로 생각이 바뀌었는지 발표하도록 하여 수업에서 학생들이 서로 연결되도록 한다. 또한 의견 변화를 격려하여 토론의 목적은 상대팀을 꺾고 내 의견을 관철시키는 것이 아니라, 다른 사람의 의견을 들으며 내 생각을 다시 검증하여 좀 더 바른 판단을 내리는 것에 있음을 느끼도록 한다. 마무리로 토론을 통해 알게 된 것, 느낀 것 등을 활동지에 기록하고 발표한다. 학생들은 '처음에는 당연히 내 생각이 옳다고 생각했는데 다른 생각을 들으니 그것도 맞는 점이 있는 것 같다.', '달라도 틀린 것은 아니니 존중해야겠다.', '가만히 앉아서만 토론하지 않고 돌아다니며 친구를 만나 이야기하니 더 재미있었다.'라는 반응이다.

★ 메모하며 듣기 ★

찬성 측		
이름	근거	질문
박세호	사람의 시선으로 인해 스트레스	정확히 어떤 스트레스를 받나요?
김하은	동물이 갇혀있어서 스트레스	풀어서 키울수 있지 않나요?
황은솔	동물들이 우리에 갇혀 자유롭지않음.	우리가 넓어서 괜찮지 않나요?

반대 측		
이름	근거	질문
이진후	밀렵꾼으로 부터 보호	오히려 사육사에게 학대 받을수 있지않나요?
김상우	멸종위기 동물을 볼수 가능.	
김효빈	평상시 볼수 없는 동물을 볼수있음	

토론 중 메모하기.

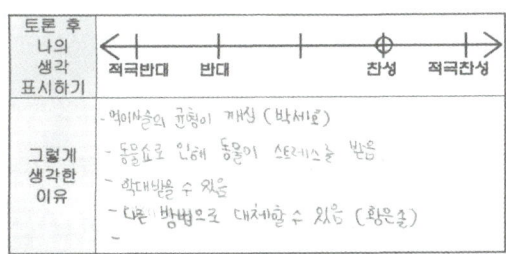

최종 의견 정리하기.

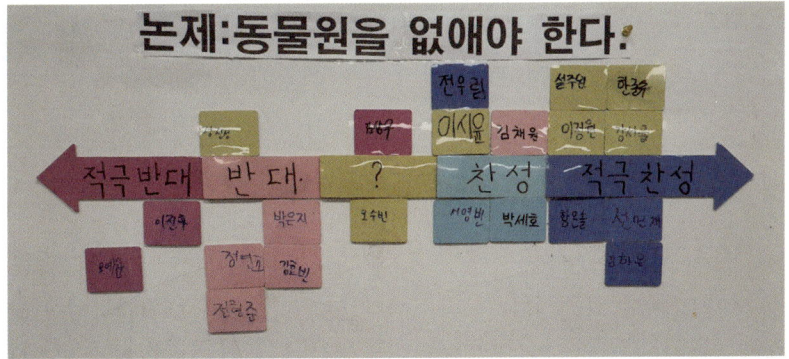

토론 후 의견이 바뀌었음을 알 수 있는 가치 수직선.

동물과 사람이 공존하며 함께 행복한 동물원

『내일의 동물원』
에릭 바튀 글·그림, 박철화 옮김, 봄볕, 2019

수의사 잭은 자신의 의학 지식으로 동물원 동물들의 심각한 질병과 슬픔을 치료할 수 없다는 사실을 깨닫고 동물들을 고향으로 데려가지만 서식지는 이미 파괴되어 있다. 하지만 실망하지 않고 작은 섬에 머물며 완전히 새로운 내일의 동물원을 꿈꾼다. 현재 존재하는 동물원의 문제점을 생각한 학생들에게 미래의 동물원이 어떠해야 하는지 질문을 던져 준다.

➔ **활동 1: 동물과 사람 모두를 위한 동물원이 있을까?**

동물원의 문제점은 많으나 현실적으로 당장 모든 동물원을 닫을 수는 없다. 그렇다면 동물권을 보장하면서 사람들의 욕구도 충족할 수 있는 동물원의 모습을 생각해 보아야 한다. 이 과정에서 학생들은 동물원을 이용할 때의 바람직한 태도를 성찰해 볼 수 있다. 그림책을 함께 읽기 전, 교사가 '동물원의 주인은 누구인가?'라는 질문을 제기하면 좋다. 그림책을 읽을 때 표지의 나무 색깔과 여러 가지 색깔이 모여 있는 구름, 본문에서 동물들의 말주머니, 동물들 고향의 색깔, 동물 발자국의 색깔을 비교하면 그림책 읽는 재미가 더해진다.

앞서 가치 수직선을 활용해 토론했던 현재 동물원의 문제점과 동물원이 있어야 하는 이유를 다시 살펴본다. 그다음 동물원의 순기능을 다하면서도 동물권을 보장할 수 있는 곳은 어떤 모습이어야 할지 짝과 이야기 나눈다.

　나온 의견을 정리해 허니컴 보드 하나당 한 의견만 적어서 칠판에 붙이도록 한다. 건축 재료나 시설, 동물원 운영, 기타로 분류하며 붙이고 이미 다른 사람이 쓴 내용이면 붙이지 않도록 한다. 건축 재료나 시설과 관련하여 동물이 원래 살던 곳의 재료로 우리 만들기, 동물이 자유롭고 충분히 활동할 수 있도록 공간은 크게 만들기, 사람들 눈을 피해 쉴 곳 만들기, 아픈 동물 치료하는 곳 만들기, 적응 훈련 하는 곳 만들기 등의 의견이 나왔다. 운영에 관해서는 동물 쇼 하지 않기, 동물을 진짜 좋아하는 사육사 뽑기, 먹이 주기 행사 없애기, 동물들에게 쉬는 시간 주기, 물건을 던지거나 동물을 괴롭히는 관람객 즉시 내보내기, 관람객 수 제한하기, 조용히 관람하기 등 여러 대안을 내놓았다. 기타로는 동물원 동물들은 야생으로 돌려보내고 일하고 있던 사람들을 서서히 다른 곳에 취직시켜 점차 동물원 없애기, 한꺼번에 많은 사람들이 가면 동물이 스트레스 받으니 학교 현장 학습으로 동물원 안 가기가 나왔다.

⊙ 활동 2: 동물원 시설 및 운영 개선 제안서 만들기

『내일의 동물원』에서 동물원 관리인은 동물들이 빠져나간 자리를 보고 화가 나 뒤를 쫓는다. 관리인이 도착한 곳에는 동물들이 서로서로 붙어 평화롭게 잠들어 있고, 수의사는 그 모습을 지켜보고 있었다. 관리인은 동물들 곁에서 어떻게 하면 동물원을 좋은 곳으로 바꿔 나갈 수 있을까 곰곰 생각한다. 수의사 잭도 세상을 동물들이 살기 좋은, 새로운 곳으로 만들면 어떨까 생각한다. '관리인과 잭이라면 동물원을 위해 어떤 제안서를 만들까?'라고 교사가 이야기한 뒤 동물원 환경이나 운영 영역 중 원하는 것을 선택하고 같은 주제별로 모둠을 편성하여 교사가 미리 준비한 자료를 나누어 준다. 태블릿PC를 주고 검색하여 자료를 찾게 해도 되지만 시간이 많이 소요될 수 있다. 인쇄한 자료를 주면 중요한 내용에 줄을 치거나 메모를 함으로써 자신이 읽은 내용을 모둠원들과 공유하기에 용이하므로 미리 자료를 출력해 제공하면 좋다. 각자 나누어 읽은 내용을 돌아가며 모둠원에게 이야기해 준 후, 취할 내용을 선택하고 생각을 더해 제안할 내용을 정한다. 제안서 제작에 무임 승차 하는 학생이 없도록 모둠은 3명씩 배정하고 8절 도화지 1장은 표지, 2장은 본문으로 하여 동시다발적으로 만들어 연결하도록 한다. 학생들이 만든 제안서는 다음과 같다.

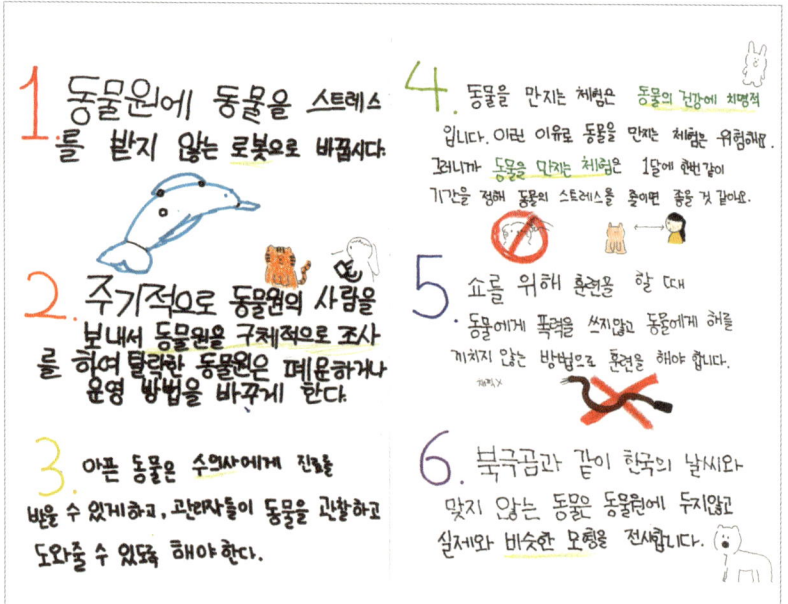

➔ 활동 3: 동물원 동물권 선언문 채택하고 선포하기

동물권에 대한 명확한 인식과 이를 보장하기 위한 실천 다짐으로 동물원 동물권 선언문을 채택하는 활동을 한다. 2명씩 짝을 지어 동물원 동물들에게 어떤 권리가 보장되면 좋은지 이야기 나눈 뒤 동물권 선언 조항을 써서 칠판에 붙인다. 많은 내용이 떠오르면 꼭 필요한 내용만 골라서 쓰도록 안내하고, 특히 다른 팀이 생각하지 못할 내용을 쓰도록 하면 겹치는 것을 줄일 수 있다. 전체 토의로 내용을 수정, 보충하여 문구를 정리하고 더 들어갈 내용을 추가하여 선언문을 채택한다. 채택된 선언문은 각자 활동지에 쓰며 마음에 새기고, 모두 일어서서 선서하듯 오른손을 들고 한목소리로 낭독한다. 마무리 활동으로 '동물원' 3행시를 쓰고 다른 사람이 운을 띄워 주면 낭독하고 칠판에 게시한다.

'반려동물'이라는 말이 사람들 사이에 자리를 잡아 가며 '애완동물'이라는 말은 점점 사라지는 듯 보이지만 아직 동물권에 대한 인식

◈ 아이들이 작성한 동물권 내용

1. 동물원 동물은 안전하게 보호받으며 건강하게 살 권리가 있어요.
2. 모든 동물원 동물은 자신들이 원래 살던 곳과 비슷한 환경에서 쾌적하게 살 권리가 있어요.
3. 모든 동물은 사람들이 볼 수 없는 장소에서 쉴 수 있는 권리가 있어요.
4. 어떤 동물원 동물도 강제로 쇼를 하게 할 수 없어요.
5. 어떤 동물원 동물도 해치거나 괴롭힐 수 없어요.

은 갈 길이 멀어 보인다. 동물을 학대하는 사례들은 여전히 빈번하게 알려지고 있으며 동물보호법이 더 강화되어야 한다는 목소리도 높다. 그러나 학생들은 아직 동물권이 피부에 와닿지 않을 수 있다. 생태교육은 자신과 결부시켜 사고하도록 교육하는 것이 중요하므로 동물권 교육도 학생들이 많이 경험한 동물원에서 출발하는 것이 좋다. 동물원 동물을 새로운 시각에서 보게 됨으로써 다른 동물들도 이용하거나 인간의 목적을 이루기 위한 대상이 아니라 인간과 공존하는 생명체로 인식하게 될 것이다. 이를 통해 학생들이 모든 생명과 지구 환경을 함께 살아갈 생태계 공동체로 아끼고 보호하는 태도를 지니게 되길 바란다.

함께 읽으면 좋은 그림책

① 『동물원』(이수지 글·그림, 비룡소, 2004)
② 『서로를 보다』(윤여림 글, 이유정 그림, 낮은산, 2012)
③ 『이상한 동물원』(이예숙 글·그림, 국민서관, 2019)
④ 『동물원에 갇힌 슈퍼스타』(신현경 글, 김고은 그림, 해와나무, 2019)
⑤ 『우리, 집』(진주 글, 진경 그림, 고래뱃속, 2022)

바다 생물은 지구 지킴이

멸종 위기 바다 생물

에어컨을 켰음에도 덥다며 부채질하는 학생들과 이야기를 나누었다. 인도에서는 최고 기온이 50℃에 육박하면서 하늘을 날던 새도 떨어졌고 중국 단양시에서는 아스팔트 도로 지표가 60~65℃에 달하면서 바닥에 올라온 개미가 불과 3초 만에 불에 탄 듯 몸이 쪼그라들었다는 소식이 들려왔다. 육지 기온이 이 정도라도 유지되고 있는 이유는 바다의 탄소 순환 기능 덕분이라고 하니 학생들은 놀라고 의심스러워하는 눈빛이다. 학생들 대부분은 육지 식물만 온실가스인 이산화탄소를 흡수하는 역할을 한다고 생각하기 때문이다. 이 단계에서 바다의 탄소 순환 기능을 바로 설명해 주지 않고 수업을 통해 차츰 알게 될 것이라고 하며 더욱 학생들의 호기심을 자극하였다.

해양 생태계가 흡수하는 탄소를 블루카본(Blue Carbon)이라고 하는데 이는 육지 생태계가 탄소를 흡수하는 속도보다 최대 50배 이상 빠르다고 한다. 대기 중 이산화탄소는 농도가 해양보다 높으므로 바다로 용해되며, 얕은 바다에 살고 있는 플랑크톤은 광합성 작용을 해

이를 유기물로 변화시킨다. 유기물은 먹이 사슬을 거쳐 심해로 이동하고 수천 년간 저장된다.

바다의 탄소 순환 작용이 없었다면 대기 중 이산화탄소가 지금보다 50% 더 존재했을 것이라고 한다.

그런데 이 작용을 해 오던 바다 식물들과 동물들이 인간의 무분별한 어획과 자원 채굴, 화학 물질로 인한 오염, 지구 온난화로 사라지고 있다. 그동안 바다 생물을 먹거리나 유희의 대상, '자원'으로만 생각했기에 그들 또한 기후 위기 해결사이며 우리와 공동 운명체임을 전혀 알지도 느끼지도 못했기 때문이다. 이런 태도가 계속된다면 바다 생물 다음으로 인간이 사라지게 될 것이다. 지구에 사는 모든 생명은 동등하게 지구에서 살아갈 권리가 있다. 이 권리를 존중하는 마음을 가질 때 우리는 바다 생물과 공존할 수 있을 것이다.

바다 생물과 만나다

『안녕, 나의 고래』
장은혜 글·그림, 크레용하우스, 2021

막 태어난 새끼가 스스로 숨을 쉴 수 있도록 온 힘을 다해 물 위로 밀어 올려 주고 지느러미로 감싸 젖을 먹이는 엄마 고래의 아름다운 사랑과 그 사랑을 위협하는 사람들의 참혹함이 대조적으로 표현된 그림책이다. 사람을 닮은 바다 포유류, 엄마 고래와 아기 고래의 슬프고도 감동적인 이야기를 통해 바다의 소중함을 일깨워 주고 바다를 대하는 우리의 태도를 생각해 보게 한다.

이 수업은 프로젝트 수업으로, '왜 그 과제를 해결해야 하는지' 아이들에게 동기를 부여하는 맥락이 중요하다. 육상 동물보다 덜 친숙한 해상 생물이 우리와 운명 공동체라고 할 정도로 아주 밀접하다는 점을 느끼게 하기 위해, 일부러 교육 연극 기법을 활용했다.『안녕, 나의 고래』를 읽고 연극적 기법을 활용하여 교사가 아이들과 이야기 나누는 활동은 프로젝트의 초대장 역할을 하는 아주 중요한 부분이라고 할 수 있다.

먼저 그림책을 읽은 후, 책 속의 아기 고래가 보냈다며 편지를 읽어 준다. 편지는 이 프로젝트 수업에서 후에 등장하는 중심 그림책, 『우리 곧 사라져요』의 주요 등장인물인 민팔물고기와 학생들이 만날 수 있는 맥락을 만들어 준다.

◆ **고래가 보낸 편지**

안녕, ( )학년 ( )반 친구들!
나에게 관심을 가지고 진지하게 그림책을 읽어 줘서 고마워.
나는 지금 하늘나라에서 엄마와 함께 잘 지내고 있어. 다만 너희의 얼굴을 보지 못하고 바다 친구들과 만나지 못해 안타까워.
그런데 요즈음 바다 친구들이 여기 하늘나라에 많이 오고 있어. 어제는 민팔물고기가 왔는데 무슨 일이 있었는지 울기만 하고 물어도 대답이 없어.
( )학년 ( )반 친구들아, 내가 민팔물고기를 너희들에게 보낼 테니 바다에 어떤 일이 생기고 있는지 듣고, 그 친구의 어려움을 해결해 주면 좋겠어.
너무나 가여운 친구이니 꼭 도와주길 바랄게!

- 아기 고래가

이 편지를 읽어 주는 이유는 아이들의 수업 참여 동기를 강화하기 위해 민팔물고기가 학생들에게 해결 과제를 직접 부탁하는 형식이 효과적이기 때문이다. 교사는 잠시 복도에 나가 미리 준비해 둔 물고기 모자를 쓰고 들어와서 민팔물고기가 되어 아이들과 이야기를 나눈다.

교사(민팔물고기, 이하 교사): (조심스럽게 들어오며) 얘들아, 안녕! 나는 아기 고래가 보낸 민팔물고기이야. (가운데 자리에 앉으며) 나한테 궁금한 것 있으면 질문해도 좋아.

학생1: 너는 어떻게 해서 하늘나라에 가게 되었어?

교사: 나는 다른 물고기와 달리 물에 뜨는 부력을 제어할 부레가 없어서 멀리 헤엄치지 못하고 가슴지느러미를 팔처럼 뻗어 기어갈 뿐이야. 그런데 사람들이 조개를 잡느라 그물로 바다 밑을 긁어내는 통에

민팔물고기 역할을 하는 교사와 아이들이 대화하는 모습.

나와 많은 친구들이 잡혀서 살아남지 못하게 되었어.

학생2: 그럼 너 같은 민팔물고기는 이제 한 마리도 없이 다 멸종된 거야?

교사: 우리는 헤엄을 잘 치지도 못해서 사람들이 쉽게 발견할 수 있었거든. 최근 200년 동안 사람들은 우리를 바다에서 발견하지 못했어. 그래서 국제자연보전연맹은 2020년 3월에 바닷물고기로는 처음으로 우리 민팔물고기를 멸종 동물로 인정했어. 친구들이 다 죽었는지는 확실하게 모르지만 너무나 많은 민팔물고기들이 나와 같이 하늘나라에 있어. 그래서 너희들의 도움이 필요해.

학생3: 어떤 건데?

교사: 우리처럼 바다에서 사라지는 생물들이 많아. 그 생물들의 일부는 위험을 피해 숨어 있어. 우선 그 친구들을 찾아 줘. 그리고 그들을 살 수 없게 만드는 원인을 찾고, 문제 해결을 위해 뭔가를 실천해 줬으면 좋겠어. 내 부탁을 들어줄 수 있겠니?

학생들: 응!

교사: 고마워. 그럼 너희들을 믿고 이제 갈게. 안녕!

교사는 다시 복도에 나가 물고기 모자를 벗고 들어와서 민팔물고기가 부탁한 세 가지 미션을 확인하고 학생들과 과제를 정한다.

◆ **민팔물고기가 부탁한 미션 세 가지**

1. 내 친구를 찾아라! - 멸종 위기에 처한 바다 생물 찾기
2. 내 친구가 위험해! - 바다 생물이 위험에 처한 원인과 해결 방안 찾기
3. 내 친구는 내가 지킨다! - 바다 생물이 잘 살 수 있도록 행동으로 실천하기

첫 번째 미션, 내 친구를 찾아라!

『사라지는 동물 친구들』
이자벨라 버넬 글·그림, 김명남 옮김, 이정모 감수,
그림책공작소, 2017

숨은그림찾기와 멸종 위기 동물들의 공통점은 무엇일까? 바로 '쉽게 찾을 수 없다.'는 점일 것이다. 각 펼친 페이지마다 산속, 산호초, 땅속, 바닷속, 사막, 민물, 초원 등 다양한 서식지가 그려져 있다. 서식지마다 멸종 위기 동물 다섯 마리가 등장하는데, 채도가 높고 복잡하게 표현된 수채화 한 폭에 숨은 그림으로 그려져 찾는 재미가 쏠쏠하다. 책 뒷부분에 50마리 동물의 생태 정보와 멸종 이유 등이 설명되어 있어 인간의 이기심에 경각심을 갖게 한다.

    그림책 『사라지는 동물 친구들』 중에서 바다 생물에 관한 두 페이지만 컬러로 출력하여 2인 1조로 배부한 후 함께 숨은그림찾기 놀이를 한다. 산호초와 물고기가 가득한 아름다운 바닷속에서 동물 친구들 찾기를 하다 보면 동물의 생김새를 자세히 들여다보게 되어 친근감도 생기고 자연스럽게 멸종 위기 바다 생물의 종류도 알게 된다.

    학생들은 숨은 바다 생물 찾기를 어려워하기도 한다. 그 이유를 물으니 '산호초 뒤에 숨어 있어서'라는 답이 많았다. 산호초 또한 해양 생태계에서 중요한 역할을 하므로 산호초가 바다 생물에 어떤 도움을 주는지 토의하고 이 산호초도 사라지고 있음을 언급한다.

    그림책 뒷부분에는 멸종 위기 동물에 대한 정보와 멸종 이유 등이 설명되어 있는데 이는 이후 활동인 '위험에 처한 내 친구 소개'에서 자료로 활용할 수도 있다.

두 번째 미션, 내 친구가 위험해!

『우리 곧 사라져요』
이예숙 글·그림, 노란상상, 2021

넓은 바닷속, 민팔물고기는 자신과 닮은 물고기를 찾아 헤맨다. 이 그림책은 독특하게 '책속의 책' 형태로 구성되어 있는데, 민팔물고기 이야기를 어떤 어린이가 책으로 보고 있고, 그다음에는 사람이 그려진 책을 외계인이 보고 있는 장면도 등장한다. '우리 곧 사라져요.'라는 말을 다음으로 하게 될 주인공은 바로 우리가 될 수 있다는 경고가 담긴 그림책이다.

➡ 읽기 전 활동: 온몸으로 먼저 그림책 읽기

학생들은 바닷속 동물을 자주 접하지 않기에 그들이 처한 어려움을 직접적으로 공감하기 힘들어한다. 그래서 그림책을 눈으로 읽기 전에 교육 연극 기법의 하나인 전체 역할 놀이로 그림책 속에 들어가 보는 활동을 한다. 전체 역할 놀이는 발표자와 관람 학생의 구분 없이 학생 전체와 교사까지 모두가 역할을 맡아 즉흥적으로 하는 연극 놀이다.

『우리 곧 사라져요』는 멸종 위기종인 민팔물고기가 바닷속에서 '자신과 닮은 물고기'를 찾는 이야기이다. "나랑 비슷하게 생긴 물고기 못 봤니?"라는 말은 민팔물고기가 멸종 위기에 처했음을 상징한다.

민팔물고기는 가시해마, 푸른바다거북 등을 만나 계속 물어보지만, 그들도 자신의 친척들을 어느 순간 모두 잃은 상황이었다. 가시해마와 푸른바다거북 또한 멸종 위기에 놓인 바다 생물인 것이다.

교사는 그림책을 이끌어 가는 주인공인 민팔물고기를 맡고, 학생들은 그 외에 다른 바다 생물을 맡는다. 고래, 가시해마, 푸른바다거북 등 다양한 생물을 선택지로 두는데 교사는 아이들이 그림책에 나온 생물들을 맡을 수 있도록 슬그머니 권해도 좋다.

어떤 역할을 할지 정해졌다면 바닷속 공간 어딘가에 물고기들이 숨어 있는 상황을 연출하기로 약속한다. 교사는 민팔물고기가 되어 다양한 바다 생물에게 질문을 건네고, 아이들은 각 역할에 어울리게 자유로운 대답을 할 수 있다. '왜 여기에 있는 거야?'라는 질문을 받은 아이들은 '사람들이 나를 잡아서 수족관에 넣으려고 해.' 등으로 배경지식을 이용해 다양한 대답을 한다. 교사는 멸종 위기 바다 생물에게 가족을 같이 찾아보자고 이야기하며 그림책의 도입 부분을 힌트로 제시하기도 한다.

그림책 장면을 확대한 후 글씨를 지워 스크린에 띄우면 효과적인 배경이 되므로 참고하면 좋다.

교사(민팔물고기, 이하 교사): (이리저리 왔다 갔다 하며 숨어 있는 학생들 사이에서 뭔가 찾는다.) 이상하다. 다들 어디로 갔을까? (해마에게 다가가서) 해마야, 안녕. 난 민팔물고기야. 혹시 나랑 비슷하게 생긴 물고기 못 봤니?

학생1(해마): 아니, 못 봤어.

교사: 너도 가족을 찾고 있구나. 나랑 같이 찾아보자. (해마의 손을 잡고 푸른바다거북에게 간다.) 안녕, 푸른바다거북아. 나는 해마랑 같이 가족들을 찾고 있어. 혹시 우리들의 가족을 보았니?

학생2(푸른바다거북): 아니, 못 봤어. 나도 친구들을 찾고 있어.

교사: 그렇구나. 다들 어디로 간 걸까? 이리로 나와 봐. (해마와 푸른바다거북을 가운데로 이끌어 놓고 아무에게나 곁으로 다가간다.) 넌 누구야? 그리고 왜 여기에 있어?

학생3(고래, 이하 학생3): 난 고래야. 사람들이 나를 잡아다가 수족관에 넣으려고 해서 숨어 있는 거야.

교사: 지금 마음이 어때?

학생3: 너무나 무서워. 가족들이랑 함께 있으면 덜 무서울 텐데.

교사: 다들 어려움이 있구나. 다들 이리 나와 둘씩 만나서 자신이 누구인지 먼저 소개하고 어떤 이유로 숨어 있는지 그리고 지금 마음이 어떤지 이야기를 나누어 보자.

교사는 사전에 쓰레기가 쏟아지는 장면과 천둥 소리를 삽입한 PPT 배경을 준비하고, 학생들이 이야기를 나눌 때 컴퓨터 옆으로 나와 잠시 지켜보다가 해당 화면을 띄우고 배경음을 튼다. 그리고 큰 소리로 "애들아, 어서 숨어. 굉장한 것들이 우리를 해치려고 쏟아지고 있어."라고 하면 학생들은 자연스럽게 놀이의 시작 때처럼 모두 구석진 곳으로 숨는다. 교사는 조금 기다렸다가 '셋, 둘, 하나'로 연극 놀이 종료 신호를 한다. 소감을 나누어 보니 '쓰레기가 쏟아지는 장면에서 깜짝 놀랐다. 물고기들은 위기감을 느꼈을 것 같다.', '물고기가 되어 다른 물고기와 이야기를 나누어 보니 얼마나 힘들었을지 공감된다.'라는 이야기들이 나왔다.

연극 놀이를 할 때 교사의 질문에 학생들의 대답이 위와 똑같지 않아도 괜찮다. 학생들이 하는 말에 자연스럽게 답하며 이끌어 가면 된

교육 연극 모습.

다. 혹시 장난스럽게 행동하며 분위기를 깨는 학생이 있다면 교사는 '내가 가족을 잃어서 너무나 슬퍼. 나를 조금만 좀 도와줄래?' 등의 말을 하며 민팔물고기 역할에서 벗어나지 않은 채 지도한다.

➜ 활동 1: 우리와 바다 생물은 운명 공동체

그림책 『우리 곧 사라져요』를 같이 읽는다. 학생들은 전체 역할 놀이 할 때 배경으로 나왔던 그림이 나오니 반가워하며 그림책에 더 몰입한다. 책을 읽기 전 '책 제목은 누가 누구에게 하는 말인가?'라는 질문에 '바다 동물들이 사람들에게 하는 말'이라고 답한 학생들이 많았는데 읽고 나서 다시 물으니 '바다 동물이 사람들에게 하는 말도 되고 사람들이 사람들에게 하는 말도 된다.'라는 답도 나왔다.

이어 교사는 바다 생물에게 미치는 위험이 사람들에게 어떤 영향을 주는지도 질문한다. 아이들은 우리가 버린 플라스틱이 바다로 흘러가 미세플라스틱이 되고 이를 플랑크톤이 먹고 먹이 사슬을 거쳐 다시 우리가 먹게 된다고 이야기한다. 그림책에서 '우리 곧 사라져요.'라는 말의 주체, 즉 환경 오염으로 피해를 입는 주체가 인간이 될 수도 있음을 이야기한 부분과 맞닿아 있는 것이다.

또한 이 수업 도입부에서 학생들이 의아해했던 '블루카본'을 설명해 준다. 블루카본은 바다 생물이 탄소를 줄여 육지의 기온 상승을 막는 데에 큰 역할을 한다. 블루카본과 밀접하게 연결되어 있는 생물이 '고래'인데, 해양 쓰레기의 절반이 그물이고, 그물에 걸려 목숨을 잃는 중요한 생물 또한 고래이다. 고래의 배변은 식물성 플랑크톤 형성에 큰 도움을 주는데 식물성 플랑트톤은 대기 중 산소의 50% 이상을 생산하고, 1조 7천억 그루의 나무와 맞먹는 수준의 이산화탄소를 포집한다. 또한 고래는 죽으면 바다 밑으로 가라앉는데 이때 가지고 가는 이산화탄소가 평균 33t이다. 나무 한 그루가 매년 흡수하는 이산화탄소의 양이 약 22kg 정도인 것을 생각하면 고래 한 마리를 지키는 것이 나무 수천 그루를 심는 것만큼 중요하다는 의미가 된다. 그림책 감상과 블루카본 이야기로 학생들은 우리가 살기 위해서는 바다 생물도 인간과 공존해야 하는 운명 공동체임을 느끼게 된다.

➔ 활동 2: 위험에 처한 내 친구 소개

우리와 운명 공동체인 멸종 위기 바다 생물 중 하나와 친구를 맺어 소개하는 활동을 한다. 두 명이 짝이 되어 다른 팀과 겹치지 않게 생물을 선택하고 그 특징과 멸종 위기에 처한 까닭을 조사한다. 교사가 사전에 자료를 준비해 원하는 학생들에게 제공해 주고 발표하는 학생이 선택한 바다 생물 사진이나 그림을 배경 슬라이드로 띄워 주면 좋다. 발표 내용을 토대로 멸종 위기 원인을 정리하니 바다 오염, 수온 상승, 사냥과 남획, 무분별한 개발, 무단 채취 등이 나왔다. 사람들이 왜 이런 문제를 일으킬까 이야기를 나누며 바다 생물을 우리처럼 소중한 한 생명으로 존중하기보다는 이용할 '자원'으로만 생각하는 시각을 되돌아보게 한다.

세 번째 미션, 내 친구는 내가 지킨다!

▶ 마무리 활동 1: 이젠 내 차례다

바다 생물을 멸종 위기에서 구할 방법 중 학생들이 일상 속에서 당장 할 수 있는 일은 무엇일지 의논해 보니 일회용품 사용을 줄이고 쓰레기를 줍자는 의견이 나왔다. 그래서 일회용품과 플라스틱을 줄이기 위해 펼치는 SNS 캠페인 '고고 릴레이 챌린지'를 오프라인으로 진행하기로 했다.

먼저 6명씩 모여, 쓰레기를 줄이기 위해 하지 말아야 할 행동과 할 수 있는 행동이 무엇인지 브레인스토밍을 한다. 그 과정에서 나왔던 내용을 참고로 문장을 만들고, 해당 문장이 '고'로 끝나도록 정리한다. 1명씩 돌아가며 공개적으로 다짐하고 활동지에 쓰는 것이 바로 고고 릴레이 챌린지이다. 아이들은 '일회용컵을 거절하고, 텀블러를 사용하고', '엘리베이터를 거절하고, 내 다리로 걷고', '에코백을 쓰고, 비닐봉투를 거절하고' 같은 실천 방안을 발표했다. 친구가 큰 목소리로 다짐을 하니 박수하거나 '와아~ 그거 좋은 생각이다.'라며 격려하는 모습도 보였다.

또한 고고 챌린지와 함께 '줍등하교' 활동도 진행한다. 등하굣길에 플로깅을 하는 활동으로, 최소 주 1회 이상 쓰레기를 줍고 사진을 소감과 함께 패들렛에 올렸다. 학생들은 아주 작은 아이스크림 뚜껑을 주우며 자신도 작다고 무심코 버렸던 것을 반성하거나 평소에는 몰랐는데 관심을 갖고 길을 둘러보니 구석구석 쓰레기가 많음을 알 수 있었다고 한다.

마무리 활동 2: 온몸 포스터로 멸종 위기 바다 생물을 알리자

우리나라는 3면이 바다임에도 멸종 위기 바다 생물에 대해서는 잘 모르는 학생이 많으므로 이를 알리는 것도 중요하다. 그런데 포스터를 그려 붙이는 활동은 관심 끌기가 부족하고 캠페인을 하려니 쑥스러워하는 학생들이 있다. 그래서 이 두 가지를 결합하여 퍼포먼스 모습을

아이들이 만든 온몸 포스터.

아이들이 바다 생물에게 전하는 마음을 써서 붙인 팝업북.

사진으로 촬영한 '온몸 포스터'를 제작한다. 6~7명씩 모둠을 형성하여 다른 모둠과 겹치지 않게 알리고자 하는 바다 생물을 선택한다. 그리고 보자기 등 교실에 있는 여러 가지 물건을 사용하여 꾸미고 폐박스를 활용하여 피켓이나 필요한 물품을 만든다. 바다 생물이 멸종되는 이유와 이를 막아 내자는 퍼포먼스를 펼치면 모둠원 중 1명이 사진을 촬영하여 패들렛에 올려 공유한다. 사진은 플로터로 크게 출력하여 전교생이 드나드는 중앙 현관에 전시한다. 많은 학생들이 포스터에 관심을 보이자 제작한 학생들은 흐뭇해하며 관람하는 학생들에게 멸종 위기 생물에 대해 이것저것 설명해 주기도 했다. 끝으로『우리 곧 사라져요』의 팝업북 재료를 구입하여 팝업북을 만들고 바다 생물에게 전하는 마음을 말주머니 포스트잇에 써서 붙이며 활동을 마무리했다.

대부분의 사람들은 '타인을 위한 행동'을 꾸준히 실천하기 어려워한다. 더구나 다른 생물종을 위하여 지속적으로 불편함을 감수하는 것은 더욱 어려울 것이다. 바다 생물과 학생 자신이 운명 공동체임을 알고 느낄 때, 자신의 생활 모습을 돌아보고 바꾸려는 시작점이 될 것이다. 또한 환경 교육이 지속적으로 이루어질 때 이러한 지점이 아이들의 삶에 중요한 변화를 만들어 낼 수 있을 것이다.

함께 읽으면 좋은 그림책

❶ 『할머니의 용궁 여행』(권민조 글·그림, 천개의바람, 2020)
❷ 『쓰레기 괴물』(에밀리 S. 스미스 글, 하이디 쿠퍼 스미스 그림, 명혜권 옮김, 맛있는책, 2021)
❸ 『바다로 간 빨대』(김영미 글, 조히 그림, 아이앤북, 2020)
❹ 『아기 거북이 클로버』(조아름 글·그림, 빨간콩, 2020)
❺ 『알바는 100살』(라라 호손 글·그림, 박여진 옮김, 애플트리태일즈, 2020)

멸종 위기 동물을 지켜요

멸종 위기 육상 동물

지구에는 다섯 번의 대멸종이 있었다. 약 4억 5천만 년 전 첫 번째 대멸종이 시작되었고, 6천 6백만 년 전 다섯 번째 대멸종에서는 공룡이 사라졌다. 그리고 지금 여섯 번째 대멸종이 진행 중이다. 과거의 대멸종이 행성 충돌, 화산 폭발, 빙하기 등 자연 변화가 원인이라면, 이번 대멸종은 서식지 파괴와 지구 온난화 등 인간이 초래한 결과다. 미국 국립과학원회보에 발표된 연구 결과에 따르면 지난 100년 동안 543종의 육지 척추동물이 사라졌으며, 향후 20년 내에 비슷한 규모로 동물이 또 한 번 멸종할 것이라고 경고했다. 그럼에도 많은 사람들이 편리함과 재미를 위해 동물의 생명을 뺏는 일에 '문제의식'을 느끼지 못한다. 학생들 역시 밀렵꾼이 나쁘다고 말하면서도 사슴 머리 장식품을 멋있다고 느끼고, 동물 학대에 분개하면서도 동물 체험을 좋아한다. 동물의 멸종 위기 상황을 제대로 들여다보지 않아서 생기는 이중성이다. 한 종이 멸종하면 연쇄적으로 다른 종도 멸종한다. 도도새가 멸종하자, 이 새를 통해 씨를 퍼뜨렸던 카바리아나무가 멸종 위기에 처한 바 있다. 모든 생명은 유기적으로 연결되어 있다. 동물의 멸종을 방관하면 결국 그 대가는 인간에게 되돌아올 것이다. 이제는 멸종 위기에 처한 동물이 불쌍하다는 감정적 차원을 넘어서, 멸종 원인과 현황을 파악하고 공존을 위해 행동하는 실천적인 교육이 필요하다. 인간이 그 자체로 존엄하듯 동물 역시 그렇다. 모든 생명이 함께 살아가는 지구를 꿈꾸며 수업을 시작한다.

➔ 읽기 전 활동: 물건과 동물 멸종의 상관관계 알아보기

인간이 만들어 내는 물건과 소비 생활이 동물의 멸종과 관련 있음을 알기 위해 '물건 고르기' 활동을 한다. 모둠에 '양가죽 가방, 코끼리가 등장하는 공연 티켓, 사슴 뿔 벽 장식, 피로 회복제, 가죽 지갑, 호랑이 가죽 카펫, 관절 약, 패딩, 여우 목도리, 뿔 장식품' 등 동물의 일부가 사용된 물건이 그려진 카드 10종을 준다. 제일 가지고 싶은 물건을 하나만 고르되, 아무것도 고르지 않아도 됨을 안내한다. 물건 카드는 동물의 멸종 위기와 관련 있으며, 이어지는 조사 활동에서 활용된다. 학생이 물건 카드를 다 고르면, 왜 그 카드를 골랐는지 이야기 나눈다. 다수의 학생이 양가죽 가방, 코끼리 공연 티켓, 벽 장식을 고른다. '비싸고 좋은 거라서, 멋있어서, 재미있어서'가 그 이유다. 내가 대수롭지 않게 고른 물건이 동물의 멸종과 어떤 관련이 있는지 호기심과 궁금증을 안고 그림책을 펼친다.

육상 동물이 멸종하는 이유는 뭘까?

『이빨 사냥꾼』

조원희 글·그림, 이야기꽃, 2014

총과 칼을 든 사냥꾼이 인간의 이를 뽑아 간다. 시장에는 수백 개의 이가 널려 있고, 누군가의 신체였던 것이 조각상, 지팡이, 담뱃대로 탈바꿈한다. 코끼리들은 유유자적 가게를 구경하며 다른 생명을 앗아 만들어진 상품을 아무렇지 않게 소비한다. 우리가 사용하는 물건 중에도 동물의 희생을 대가로 만들어진 것들이 많다. 중요한 것은 내가 사용하는 물건이 동물의 멸종을 부추기고 있음을 '모른다'는 점이다. 무관심과 무지함으로 책임을 지울 수는 없다. 그 주제를 나누기 위해 사냥당하는 입장을 생각해 볼 수 있는 그림책, 『이빨 사냥꾼』을 선정하였다.

➡ 활동 1: 그림책을 읽으며 동물의 멸종 위기에 책임감 가지기

그림책 『이빨 사냥꾼』의 첫 장면은 총을 멘 코끼리가 아이를 잡으러 가는 모습이다. 톱과 망치로 아이의 이를 뽑고, 그 이로 물건을 만들어 파는 내용에 학생들은 충격에 빠진다. 마지막 장면, 아이는 꿈에서 깨어나 안도하지만, 그 옆으로 상아를 옮기는 사람들이 지나간다. 현실에서 코끼리는 여전히 멸종 위기다. 그림책을 다 읽고 코끼리의 위기 상황을 자세히 알아보기 위해 <휴머니멀-코끼리 죽이기 영상>(유튜브 MBC_MSG 채널)을 본다. 밀렵꾼은 큰 상아를 얻기 위해 코끼리의 얼굴을 자르고, 밀렵을 들키지 않고자 칼로 척추를 자른다. '사냥' 하면 단번에 총을 쏴 죽이는 것을 떠올렸던 학생들은 참담한 현실에 입을 다물지 못한다. 인간의 행사와 체험에 사용하기 위해 코끼리에게 '파잔'을 행하기도 한다. 파잔은 10일 동안 새끼 코끼리를 찌르고 때리며 야생성을 말살시키는 과정이다. 영상을 본 학생들은 '저 사람들 정말 나쁘다. 대체 왜 저러는지 모르겠다!'며 아우성친다. 과연 코끼리 멸종의 책임이 일부 사람들에게만 있을까? 학생 스스로 답을 찾을 수 있도록 질문한다.

> **교사:** 저 사람들이 코끼리를 저렇게 대하는 이유는 뭘까요?
> **학생1:** 돈을 벌려고요. 공연이랑 체험 행사에 필요하니까요.
> **교사:** 돈을 내고 동물 공연을 보는 사람, 동물 체험을 하는 사람은 누구일까요?

학생들은 골똘히 생각에 빠진다. 동물을 멸종으로 이끈 것은 소수의 나쁜 사람이라고 생각했지만, 그 멸종에 우리도 일조하고 방관했음을 깨달으며 책임감을 느낀다.

➔ 활동 2: 해시태그 검색으로 멸종 위기 상황 조사하기

동물이 불쌍하다는 감상에 그치지 않고 멸종 위기 상황을 정확히 이해하고 대처할 수 있도록 '컴퓨터실 조사 활동'을 한다. 이때, 학생의 지식 정보 처리 역량을 키우기 위해 '해시태그 검색법'을 활용한다. 해시태그는 SNS에서 #을 사용하여 정보를 공유하는 것으로, 글에서 핵심 단어를 검색어로 활용하는 것이다. 학생은 자신이 고른 물건 카드에서 핵심 단어를 뽑아 유튜브로 검색한다. 만약 관련 내용을 찾지 못하면, 사전에 교사가 준비한 해시태그를 단계별로 제시하여 단서를 제공한다. 조사하면서 새롭게 알게 된 정보는 공책에 기록한다. 다음은 교사가 제시할 수 있는 핵심 단어들이다.

◆ **해시태그 검색 키워드**

- **가방:** #명품가방, #동물학대
- **패딩, 목도리:** #패딩, #모피, #라쿤
- **벽 장식:** #동물, #박제, #트로피헌팅
- **관절 약:** #코뿔소, #멸종, #탐욕
- **피로 회복제:** #반달곰, #쓸개즙, #웅담, #채취
- **지갑, 카펫:** #호랑이, #사라진이유, #멸종

조사가 끝나면 <쓰레기장서 먹이 찾던 코끼리들 …… 플라스틱 삼키고 폐사>(유튜브 SBS 뉴스 채널) 영상을 본다. 서식지를 잃은 코끼리는 매립지에서 쓰레기를 먹다 죽는 경우가 많다. 이를 통해 동물의 삶의 터전을 지키는 것, 즉 기후 변화를 최소화하는 것 또한 중요함을 알 수 있다. 학생은 자신이 별 생각 없이 물건을 소비하고 편리함을 추구해 온 행동이 동물의 서식지를 파괴하고, 멸종의 방아쇠를 당겼음을 깨닫게 된다.

영상을 본 후 그림책의 면지를 다시 살핀다. 『이빨 사냥꾼』 앞면지는 텅 빈 평야지만, 뒷면지에는 코끼리가 한 마리 등장하고, 책 뒤표지에는 어미와 새끼 코끼리가 나란히 걷고 있다. 책장을 넘길수록 코끼리가 늘어난다. 멸종 위기 상황을 직시하고 노력하면 나아질 거라는 희망이 담겨 있다. 앞에서 조사한 내용을 바탕으로 '공존을 위해 내

가 실천할 것 한 가지'를 포스트잇에 쓰고 생각 모둠판에 붙인다. 물건을 살 때 무엇으로 만들었는지 알아보기, 동물 털 대신 가짜 털로 만들어진 패딩 구입하기, 동물 쇼 불매하기 등이 등장한다. 각자가 다짐한 약속은 책갈피에 작성하여 생활 속에서 언제든지 떠올리고 실천할 수 있도록 한다.

활동 3: '물건의 비밀' 전시회로 동물이 멸종 위기에 처한 이유 알리기

'물건의 비밀' 전시회를 열어 동물의 멸종 위기 상황을 널리 알리고, 공존을 위한 실천을 촉구한다. 앞서 컴퓨터실에서 같은 동물을 조사한 학생들끼리 모둠이 되어, 크라프트 8절지에 'OO의 비밀' 포스터를 만들고, 복도 쉼터에 게시한다. 한 학기 동안 전시하되, 집중적으로 전

코끼리 공연의 실태를 알리는 포스터.

시회를 여는 기간은 일주일로 정한다. 이 기간 동안 학생은 '큐레이터' 역할을 맡아 전시회를 감독하고 관람객의 질문에 대답한다. '물건의 비밀' 전시회를 관람한 친구들과 소통하면서 멸종 위기에 처한 동물을 널리 알리고, 동물과 공존하기 위해 우리가 어떻게 할 수 있는지 공유한다.

카드 뉴스로 팜유 알리기!

『코끼리와 숲과 감자 칩』
요코쓰카 마코토 지음, 고향옥 옮김, 도토리나무, 2014

말레이시아 보르네오섬에는 코끼리와 오랑우탄, 코뿔새 등 다양한 야생 동물이 살고 있다. 그런데 인간이 숲에 불을 지르고 그 자리를 팜나무가 대신하면서, 동물들은 먹이와 집을 잃는다. 사람들은 일상적으로 라면과 감자 칩을 먹으면서도 그것이 동물의 서식지를 파괴한다고는 생각하지 못한다. 인간이 먹고 쓰는 것들이 동물의 삶에 영향을 끼친다는 것을 살피기 위해 이 그림책을 선정하였다.

➡ 활동 1: 팜유 알아보기

숲에는 코끼리를 비롯하여 작은발톱수달, 회색긴팔원숭이 등 다양한 동물이 99종이나 살아간다. 하지만 인간은 팜나무를 심느라 동물의 서식지인 숲을 파괴하고 있다. '팜유가 대체 어디에 쓰이는데?' 궁금증을 안고 장면을 넘기자, 감자 칩, 도넛, 아이스크림, 샴푸가 등장한다. 우리가 일상에서 매일 먹고 쓰는 것들에 팜유가 들었다는 사실을 알고 학생들은 할 말을 잃는다. 집에서 뜯는 감자 칩 한 봉지가 동물의 삶을 파괴해 온 것이다. 팜유와 코끼리가 연결되어 있음을 알게 되자 더 많은 내용이 궁금해진다. 각자 조사하고 싶은 질문을 벌집맵에 써서 칠판에 모은다. 팜유는 어디에 쓰일까? 팜유가 들어 있지 않은 과자는 뭘까? 팜유로 어떤 동물이 피해를 봤을까? 동물을 지키면서 팜유를 만들 방법은 뭘까? 학생들은 컴퓨터실에서 팜유가 무엇인지, 어디에 쓰이는지 조사하고, 새롭게 알게 된 내용을 바로 인쇄한다. 교실로 돌아온 뒤에는 모둠에서 각자 조사한 자료를 돌려 보면서 팜유에 대해 알아 간다.

➡️ 활동 2: 생활 속 팜유 찾아보기

일상에서 팜유가 그렇게 많이 사용되고 있을까? 그림책으로 알게 된 것을 직접 눈으로 확인하기 위해 마트에 간다. 자주 먹는 과자와 라면을 찾아 원재료 표시를 살핀다. 놀랍게도 과자와 라면 대부분에 팜유가 들어 있다. 팜유가 함유되지 않은 제품은 찾기 힘들다. 우유에 타먹는 초코 가루, 빵가루, 각종 소스에도 팜유가 있다. 학생들은 자신이 발 딛고 있는 현실 곳곳에서 팜유를 발견하자, '감자 칩을 먹으면 코끼리가 사라진다.'라는 말을 피부로 느끼기 시작한다.

특히, 팜유는 다양한 이름을 가지고 있다. 이를 확인하기 위해 각자 집에서 많이 먹는 과자와 라면을 하나씩 학교로 가져온다. 모둠별로 자신이 가져온 식품을 꺼내 놓고, 돌아가며 원재료를 살핀다. 27개의 물건 중 24개에 '팜유' 혹은 '팜올레인유', '팜핵유'가 들어 있다. 팜유가 들어 있지 않은 물건에는 콩기름과 해바라기유, 식물성 기름이 표기되어 있었다. 이렇게 원재료를 확인하자 한 가지 중요한 결론에 이른다. 소비자인 우리가 팜유를 쓰지 않은 제품을 사고자 해도, 실상 선택권이 없다는 사실이다. 또한 팜유를 조사할 때, 동물과 공생을 추구하며 재배한 '인증 팜유'의 존재를 확인했지만 표시된 제품은 단 하나도 찾지 못했다. 결국 멸종 위기 동물과 팜유 문제를 해결하기 위해서는 식품을 만드는 기업이 함께 움직여야 한다. 이를 위해서는 한 명의 소비자부터 '팜유에 대해 알고, 목소리를 내는 일'을 시작해야 할 것이다.

활동 3: 팜유를 알리는 카드 뉴스 만들기

멸종 위기 동물을 지키기 위해 학생이 할 수 있는 것은 무엇일까? 바로 '알고, 알리는 것'이다. 일상에서의 작은 실천부터 기업, 국가, 비정부기구 단위의 큰 움직임도 그 시작은 '아는 것'이다. 사진과 글이 어우러진 『코끼리와 숲과 감자 칩』 그림책으로 팜유에 대해 알게 된 것처럼, 사진과 글을 이용한 콘텐츠를 만들어 본다. 이때 '카드 뉴스' 형식이 좋은 가이드가 된다. 비교적 형식이 간단하고 다른 그래픽 이미지를 적절하게 활용하여 제작할 수 있기 때문이다. 카드 뉴스는 이미지와 짧은 글로 내용을 전달하는 새로운 뉴스 포맷으로, 이미지를 넘겨 가며 볼 수 있어 모바일 메신저나 SNS에서 인기가 있고 가독성과 전파력이 높다. 카드 뉴스는 팜유와 멸종 위기 동물에 대한 정보를 친구, 가족, 학교, 사회에 알리기 용이한 형식이라고 할 수 있다.

　카드 뉴스를 만드는 과정은 다음과 같다. 첫째, '미리캔버스'에 회원 가입을 한다. 미리캔버스는 네이버 아이디로 금방 연동해서 가입할 수 있다. 해당 사이트에서 다양한 카드 뉴스 템플릿을 제공한다. 별표가 표시된 템플릿은 유료지만, 별표가 없는 것은 자유롭게 이용할 수 있다. 예시 템플릿에 그림은 물론 글씨 형식까지 설정되어 있어, 내용만 바꾸면 손쉽게 카드 뉴스를 제작할 수 있고 바로 다운로드도 가능하다. 만약 학생의 회원 가입이 어렵다면, 차선책으로 선생님의 아이디를 함께 사용할 수도 있다. 하나의 아이디로 로그인하여 각자 작업하고, 작업물에 제목을 붙여 저장해 두면 언제든 학생의 작품

아이들이 만든 카드 뉴스.

을 확인할 수 있어 유용하다. 단, 개인 정보가 노출된다는 우려가 있으므로 현명하게 선택할 필요가 있다. 둘째, 카드 뉴스를 만들기 전에 어떤 내용을 담을지 미리 표로 계획한다. 2×2로 구성된 표를 주고 어떤 내용을 담을지 작성하게 한다. 그러면 꼭 들어가야 할 내용을 빠뜨리지 않고 담을 수 있다. 이때 학생의 희망 여부에 따라 카드 뉴스를 한 장, 혹은 네 장 이상으로 바꿔도 좋다. 셋째, 선생님이 카드 뉴스를 만드는 과정을 예시로 보여 준다. 무료 템플릿을 선택하는 것부터 글씨를 지우고 내용을 쓰는 법, 마우스로 글자와 그림의 크기를 바꾸는 법을 알려 주면 초등학교 4학년만 되어도 금세 만들어 낸다. 혹은 유튜브에서 '미리캔버스 카드 뉴스'라고 검색하면 다양한 설명 영상이 등장하므로, 미리 영상을 보고 활동에 임해도 좋다. 넷째, 완성된 카드 뉴스는 교실에서 함께 감상하고 메신저와 온라인을 통해 공유한다. 해당 교실에서는 학급 카페와 학교 홈페이지에 결과물들을 올렸다. 일부 학생은 자신이 만든 카드 뉴스를 메신저 프로필 사진으로 설정하기도 했다.

함께 읽으면 좋은 그림책

❶ 『마지막 코뿔소』(니콜라 데이비스 글·그림, 이종원 옮김, 행복한 그림책, 2021)
❷ 『다 파헤쳐 도도새의 탐정 일기』(닉 크럼턴 글, 롭 호지슨 그림, 이순영 옮김, 북극곰, 2021)
❸ 『곰들은 어디로 갔을까?』(김지은 글·그림, 노란상상, 2021)
❹ 『우리가 지켜야 할 동물들』(마틴 젠킨스 글, 톰 프로스트 그림, 이순영 옮김, 북극곰, 2020)
❺ 『멸종 위기 동물들』(제스 프렌치 글, 제임스 길러드 그림, 명혜권 옮김, 우리동네책공장, 2020)

④ 우리는 무엇을 사고, 무엇을 먹나?

-
소비 축소
-
소비와 책임
-
공정 무역과 공정 여행
-
퍼머컬처
-
먹거리와 환경

오래 쓰고 적게 구매해요

소비 축소

우리는 개발이라는 이름으로 만들어지는 대량 생산 체제와, 구매를 부추기는 수많은 광고 속에서 대량 소비가 이뤄지는 환경을 살아가고 있다. 현대 사회의 소비 행동과 소비 문화는 자원을 심하게 낭비하고 빈부 격차를 크게 만들 뿐 아니라 다양한 문제들을 초래한다. 한국통합물류협회 통계 자료에 의하면, 2021년 총 택배 물량이 36억 2천만 개로 조사되었는데 2020년 대비 7.59% 성장세를 나타냈으며, 국내 택배 시장 물동량은 지속적으로 증가하고 있다. 사고 버리는 것을 반복하는 방식은 많은 쓰레기를 만들어 내며 다양한 환경 문제를 불러왔다. 생산과 소비 체제에서 모두 지속 가능한 방향으로 변화가 요구되고 있다고 봐야 한다. 많이, 자주 사고 빨리 버리는 소비 환경에 대처할 수 있도록 비판적 시각을 키우고, 나와 가족, 이웃과 환경을 생각하는 소비 생활을 하는 것이 매우 중요하다. 지속 가능한 사회를 위해 불필요한 소비를 자제할 수 있는 태도와 실천적 문제 해결 능력을 길러야 하는 시점이다.

소비가 우리를 행복하게 해 줄까?

『최고의 차』

다비드 칼리 글, 세바스티앙 무랭 그림, 바람숲아이 옮김,
봄개울, 2019

최고의 차를 구매하려고 자신의 생활을 모두 포기하는 자크 아저씨를 통해 현대인의 소비 욕구를 그리고 있는 그림책이다. 소비 욕구를 충족하며 물질적인 풍요를 채우는 데에만 몰두하는 우리네 자화상을 보는 듯하다. 삶의 기쁨은 물질적인 데에 있지 않고 궁극적으로 사람과 사람 사이의 관계를 추구하는 데에 있으며 행복한 소비자가 되기 위해 무엇을 어떻게 실천해야 하는지를 알려 준다.

활동 1: 행복과 소비의 관계 알아보기

그림책을 읽고 책 내용을 있는 그대로 받아들이기보다 더 적극적으로 이해하는 방법은 없을까? 등장인물의 행동을 놓고 친구들과 생각을 나눠 보면 도움이 될 것이다. '질문이 있는 서울형토론'은 상대방의 생각을 알고 자기 생각을 확장해 나가기에 좋은 방식이다. 학생 질문을 통해 토론 논제를 생성하고, 짝 토론과 모둠 토론을 거치는 형태이며, 통합적 사고와 상호 협력을 유도하는 비경쟁 토론이다. 책을 읽고 내용을 파악하는 문제 인식 단계를 거쳐, 친구와 토론할 수 있는 질문을 만든 후 짝, 모둠, 학급 전체 순으로 확장하면서 토론한다. 학생 수준과 발달 단계에 맞게 형식을 조정하여 진행할 수 있다. 학급 전체 토론으로 '자크 아저씨가 새로운 자동차에 집착하는 이유는 무엇이며 원하는 것을 갖는 일은 행복을 위해 꼭 필요할까?'를 논제로 생각과 의견을 공유한다. 토론을 한 후 개인별로 자신의 생각을 정리하여 글을 쓴다.

책의 내용을 파악하는 문제 인식	개인 질문과 모둠 대표 질문 정하기	질문과 답변을 주고받으며 모둠 토론하기	토론 후 정리하기
책을 읽고 떠오르는 낱말과 내용 이해를 위한 질문 두 가지 써 보기.	개인 토론 질문과 이유를 적고 모둠 친구들의 질문과 모둠의 대표 질문도 써 보기.	모둠 토론 질문에 대한 자기 생각 적기. 모둠원들의 의견도 정리하고 의견에 대한 질문과 답변도 정리하기.	

➔ **활동 2: 자크 아저씨에게 보내는 제안**

소비에 관한 주제를 다루기 전에 학생들이 소비에 대한 개념을 어느 정도나 파악하고 있는지 알아본다. 토론 활동이 끝나고 자크 아저씨의 소비는 어떤 양상을 보이는지 이야기를 나누었다. 아이들은 '새 차

자크 아저씨를 위해 아이들이 생각한 제안들.

만 나오면 사려고 하는 이유가 무엇인지 궁금하다.', '차가 고장 난 것도 아닌데 비너스와 아프로디테를 사려고 미니카를 조립하는 아저씨가 이해되지 않는다.', '새 차를 사기 위해 힘들게 스트레스 받으며 일하는 아저씨를 보면서 참 안타까웠다.', '모은 돈을 가치 있게 쓰면 좋겠다.', '새 차를 사기 위해 만든 조립 미니어처가 환경을 오염시킬 것 같다.'라는 의견을 냈다. 서로의 생각을 공유해 본 다음 아저씨의 행복한 삶을 위한 제안을 글과 그림으로 표현했다. 아이들은 자크 아저씨에게 다른 취미를 찾아보라거나 환경을 생각해서 불필요한 소비를 줄이자, 돈보다는 정서적인 만족감을 찾자는 이야기를 전했다.

나는 슬기로운 소비 생활을 하고 있을까?

『어머, 이건 꼭 사야 해!』
이현진 글·그림, 노란돼지, 2020

평소 얼마나 많은 물건을 사고 있는지, 그 물건은 나에게 꼭 필요했는지 되돌아보게 하는 그림책. 올바른 소비와 소유에 대해 생각해 볼 수 있다. 그림책 안에 다양하게 표현된 물건들을 보면서 우리가 얼마나 많은 물건에 둘러싸여 살고 있는지를 돌아보게 한다. 나의 소비 습관을 파악하고 무엇을 어떻게 소비해야 하는지, 나의 소비가 환경에 어떤 영향을 미치는지 알아보는 활동을 할 수 있다.

➡ 활동 1: 나의 소비 생활 알아보기

상품을 사는 일이 행복을 위해 꼭 필요한 것처럼 보이게 하는 마케팅과 광고가 범람하는 환경은 사람들의 소비 욕구를 자극하고 구매를 부추기고 있다. 인터넷 접근성이 높아지며 연령과 세대에 관계없이 이 추세는 계속될 것으로 보인다. 『어머, 이건 꼭 사야 해!』에서 사자와 악어와 고양이는 시장에 갔다가, '왜 시장에 왔는지' 잊어버린 채 물건을 계속 사게 된다. 책을 읽고 난 후 우리의 소비를 부추기는 요인은 무엇인지 생각해 보는 활동을 한다. 그리고 자신이 가지고 있는 물건이 정말 필요해서 산 것인지, 단순히 소유하기 위해 산 것인지, 자신의 일상 속 소비 양상을 알아보기 위해 수업 전 과제로 활동지를 제시한다. 활동지에는 내가 산 것, 선물받은 것 등 가지고 있는 물건들을

나의 소비 생활은 어떠한가요?

학년 반 번 이름

① 내 방에 있는 물건들을 꼼꼼히 살펴보고 적어 보세요.

② 내가 가지고 있는 물건 중에서 꼭 필요한 것, 없어도 되는 것을 적어 봅시다.

분류	물건 이름	이유
나에게 의미가 있는 것		
꼭 필요한 것		
없어도 되는 것		

모두 적는다. 그중에서 의미가 있는 것, 꼭 필요한 것과 없어도 되는 것을 분류하고 그 이유도 함께 적는다. 무심코 행해지는 소비 생활을 성찰해 보는 활동이다. 모둠 친구들과 함께 각자의 활동지를 보고 느낀 점을 쓴다. 분류하는 과정에서 학생들은 필요 없는 물건들이 생각보다 많아 놀랐다고 한다. 자신이 소비를 잘하고 있는 줄 알았는데 그렇지 않다는 것을 알게 되었고, 가지고 있는 물건이 정말 필요한 것인지 고민할 수 있어서 좋았으며, 앞으로 물건을 구입할 때 정말로 유용하게 쓰일 것인지, 지금 가지고 있는 것들을 재사용할 수는 없는지 등을 생각해 보아야겠다는 반응을 보였다.

➡ 활동 2: 나의 작은 소비 실천 다짐하기

아이들은 생각보다 훨씬 무궁무진한 잠재력이 있다. 자신이 마음먹은 일을 생활 속 다양한 경험과 실천으로 연결해 주는 것이 바로 '다짐 활동'이다. 실천을 다짐하는 기회를 주어 환경을 생각하는 가치 있는 소비 습관을 기를 수 있도록 한다. 우리의 무분별한 소비 행동이 환경에

◆ 아이들이 뽑은 '나의 작은 소비 실천 약속'

1. 충동적으로 물건을 사지 않기
2. 과대 포장된 물건 사지 않기
3. 물건을 사기 전에 쇼핑 목록 쓰기
4. 환경 마크가 있는 친환경 제품 이용하기
5. 꼭 필요한 물건만 사기
6. 구입한 물건은 오래 쓰기

커다란 영향을 미친다는 것은 이미 알고 있으므로 올바른 소비를 위한 실천 약속을 모둠별로 제시한다. 칠판에 제시된 의견들을 보며 느낀 점과 앞으로 어떤 소비를 지향할지 다짐하는 글을 쓰고 친구들 앞에서 발표한다.

활동 3: '아무것도 사지 않는 날' 홍보 포스터 만들기

『어머, 이건 꼭 사야 해!』에서 세 주인공은 구매한 물건으로 집 안이 붐비자, 물건들을 피해 텐트 속으로 들어간다. 하지만 곧 작은 텐트도 부풀어 터지고, 물건들도 모두 날아가게 된다. 세 친구는 어떤 마음이었을까? 주인공들은 텅 빈 집에서 편안함을 느끼게 된다. 우리도 물건에 둘러싸여 있지 않다면 세 주인공과 같은 마음이 될까? 이 대목과 연결 지어 생각할 수 있는 것이 '아무것도 사지 않는 날'이다. 아무것도 사지 않는 날은 현대인의 생활 습관과 소비 양상을 반성하고 불필요한 소비를 멈추자는 캠페인이다. 1992년, 캐나다의 테드 데이브라는 광고인에 의해 처음 시

포스터 결과물.

작되었으며 해마다 11월 마지막 주 금요일이었던 해당 기념일을 한 환경 단체가 11월 26일로 날짜를 고정해 알려지기 시작했다. 과도한 소비가 불러온 환경 파괴와 과도한 노동문제, 불공정한 거래 등 여러 문제를 되돌아보고 유행과 쇼핑에 중독된 현대인의 생활 습관과 소비 행태를 생각해 보자는 취지이다. 한국에서는 99년부터 녹색연합이 이 캠페인을 벌이고 있다. 먼저, 아이들과 '아무것도 사지 않는 날'의 의미를 자료를 통해 알아본다. 모둠별 토의를 통해 우리 주변의 부모님, 가족, 친구의 소비 행동을 떠올려 보고 문제점과 이를 해결하기 위한 방법을 알아본다. 지구 환경을 위한 올바른 소비 방법을 포스터로 작성하고 복도에 게시하여 홍보한다.

함께 실천해요. 지구를 살리는 소비

『태어납니다 사라집니다』

유미희 글, 장선환 그림, 초록개구리, 2020

'지구는 바빠요.'라고 시작되는 이 그림책은 인간의 욕구를 충족하기 위한 제품이 만들어질 때마다 우리 곁에 있는 동식물들이 사라져 간다는 내용을 담고 있다. 1초, 1분, 한 시간, 하루, 한 달, 1년…… 지구에서 태어나는 것과 사라지는 것을 대비하여 보여 준다. 지금도 계속되는 우리의 소비 욕구 때문에 함께 살아가야 할 동물과 식물들을 언젠가는 액자 속 사진이나 자료로만 볼 수 있다는 메시지를 주고 있다.

➡ 활동 1: 『태어납니다 사라집니다』 원인과 결과 알아보기

그림책을 읽기 전 교사의 설명이나 덧붙임 없이 처음부터 천천히 그림만 보여 준다. 페이지를 넘길 때마다 '안 돼!'라는 탄식이 학생들 사이에서 터져 나온다. 1초, 1분, 한 시간, 하루, 한 달, 1년 단위로 우리가 무심코 소비하고 사용하는 물건들이 동물과 식물을 사라지게 한다는 것에 강한 인상을 받는다.

동식물이 사라지지 않게 하려면 어떻게 해야 할까? 내 소비가 지구에 미치는 영향은 무엇일까? 멀티 플로우맵 활동을 통해서 우리의 불필요하고 지나친 소비가 어떤 결과를 가져오는지 알아본다. 활동지 왼쪽에 지구상의 동식물이 사라지는 원인을 소비와 연관 지어 적는다. 가운데에는 왼쪽 행동에 따른 결과를 적고 오른쪽에 그 문제 상황을 해결할 수 있는 구체적 방안을 적는다.

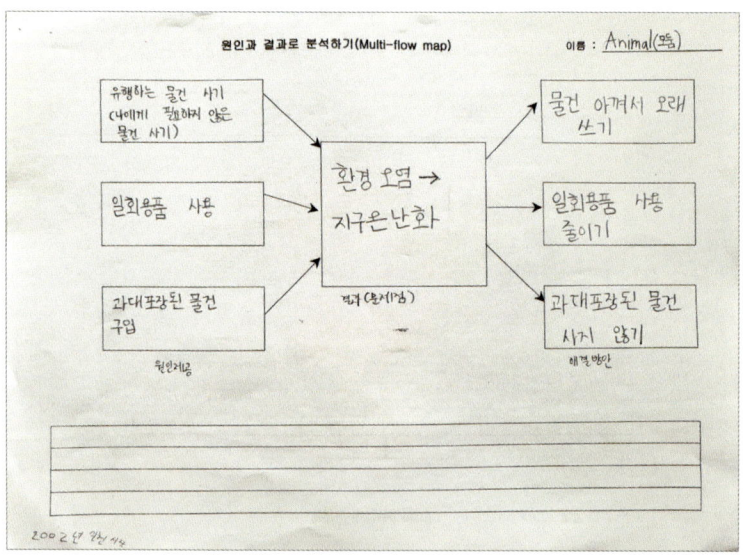

멀티 플로우맵 활동지.

➡️ 활동 2: 환경 소비 다짐하기

사람들은 물건을 소유하는 일을 통해 즐거움을 찾고, 자신의 가치를 높이며 인지도를 높이기 위해 노력한다. 소비의 가치관은 개인마다 다르지만, 인간의 기본적인 욕구와 맞물려 있어 정도의 차이만 있을 뿐이다. 그러므로 소비 관련 교육을 할 때 앞뒤 맥락 없이 무조건 줄여야 한다고 지도하는 방향은 바람직하지 않다. 물건을 구입할 때와 버릴 때, 사용할 때에 소비와 환경의 관계를 생각하게 하는 교육 활동이 매우 중요하다. 환경을 생각하는 소비를 위한 다짐을 스크래치 종이에 작성하고 친구들 앞에서 낭독한다.

독일의 환경·경제 전문 저널리스트 베른하르트 푀터는 전 세계의 환경 문제 가운데 60%를 개인 소비가 만들어 내기 때문에 가장 큰 책

스크래치 작품.

임은 소비자에게 있다고 주장한다. '구매하려는 사람'이 있기 때문에 만들고 파는 사람도 있으며, 구매 수요가 없다면 생산량도 줄어들 수 있다는 의미이다. 물건을 소비할 때마다 내가 버린 쓰레기가 부메랑이 되어 환경 문제와 기후 변화를 가져온다는 사실은 이미 현실이 되었다. 이에 더 건강하고 더 가치 있는 소비 태도가 지구 온난화를 막고 지구의 건강을 지키는 일임을 지속적으로 교육하고 함께 실천해야 하겠다.

함께 읽으면 좋은 그림책

① 『또 마트에 간 게 실수야』(엘리즈 그라벨 글·그림, 정미애 옮김, 토토북, 2013)
② 『냉장고 먹는 괴물』(이현욱 글, 양수홍 그림, 밝은 미래, 2020)
③ 『나 이거 사 줘!』(스테파니 블레이크 글·그림, 김영신 옮김, 한울림어린이, 2020)
④ 『쇼핑은 선택이야』(후지와라 히로노부 글, 호우 그림, 강방화 옮김, 웅진주니어, 2020)

가치 있는 생산, 의미 있는 소비

소비와 책임

언젠가 무심코 뉴스를 보다가 패스트 패션에 대한 심각한 내용을 알게 되었다. 무려 연간 7억 벌의 옷이 버려진다는 사실이다. 이렇게 버려진 옷이 자연적으로 분해되는 데에 수십에서 수백 년이 소요되고, 옷이 썩으면서 유독 물질이 나온다. 이것은 지구 온난화의 원인이 된다. 더불어 옷의 생산과 유통 과정에서도 에너지, 산업용수, 화학 물질, 섬유 염색을 위한 염료, 면화 생산에 사용되는 살충제 등이 환경에 큰 영향을 미친다. 게다가 여러 유명 의류 제조 업체에서는 판매하지 못한 옷을 평판 때문에 소각하여 악순환을 거듭하는 결과를 가져오기도 한다. 특히 코로나19의 여파로 온라인 소비가 늘면서 쓰레기 배출량은 증가했고, 이 같은 상황은 심각한 문제로 이어져 결국 환경에도 부정적인 영향을 주고 있다. 우리는 지금까지 소비 욕구를 충족하며 풍요로운 생활을 누려 왔지만 그 편리함 뒤에 외면하고 있었던 것을 살펴보아야 한다. 생산자와 소비자가 함께 문제를 해결하려는 노력이 필요하고 일상에서도 직접적으로 실천하는 과정이 필요하다.

나로부터 시작된 책임 있는 소비 생활이 지속적으로 이어지도록 해야 한다.

우리의 소비 생활, 무엇이 문제인가?

『멋진 하루』
안신애 글·그림, 고래뱃속, 2021

평범한 가족의 일상을 따라가다 보면 알게 되는 소비의 불편한 진실을 표현한 그림책. 표지에 컬러로 표현된 사진만 보면 가족의 행복한 하루를 떠올리게 하지만, 사진 아래쪽에 보이는 침팬지 오른쪽 다리의 쇠사슬 족쇄가 이야기의 복선이다. 우리가 사용하는 물건이나 서비스의 이면을 보여 주며 윤리적이고 가치 있는 소비 실천에 한 걸음 다가서게 하는 책이다.

활동 1: 그림책 깊이 읽기

그림책을 읽기 전 학생들은 활동지에 두 가지 질문을 작성한다. 첫 번째는 가족과 쇼핑몰에 갔을 때 '무엇을 사고 싶은가?'이다. 두 번째 질문은 '장바구니에 담은 물건을 사고 싶은 이유와 선택 기준은 무엇인가?'로, 이 물음을 통해 평소의 소비 기준을 살펴볼 수 있다.

쇼핑몰에서 사고 싶은 장바구니 물건	사고 싶은 이유와 선택 기준
- 옷, 액세서리(바지, 아우터, 반지, 귀걸이 등) - 맛있는 음식(빵, 피자, 음료수 등)	- 나를 꾸미고 싶어서 - 친구들이 많이 입어서 - 맛있는 음식을 먹고 싶어서

어떤 기준으로 소비를 하는지 알아본 후에 그림책을 본다. 먼저, 내용을 알 수 없게 침팬지 다리의 족쇄가 없는 표제지부터 본다. 내용 순서를 바꿔 화려한 쇼핑몰에서 가족이 일상을 보내는 장면만 보여준다. 그리고 학생들에게 그림책에서 본 것이 어떻게 우리에게 오는지 질문한다. 어부가 잡은 것, 동물원에서 볼 수 있는 것 등 다양한 대답이 오가면, 그림책을 펼쳐 앞표지와 뒤표지를 연결해 침팬지 다리에 묶인 쇠사슬을 본다. 교사는 왜 침팬지를 묶어 두었는지 아이들에게 질문한다.

이야기가 진행되면서 가방을 만들려고 악어를 잔인하게 잡는 것이 연상되는 장면을 보는 순간 학생들은 놀라고, 화장품의 안전성 실험으로 고통받는 토끼를 보는 순간 '우리가 소비하는 것이 이렇게 만들어지는 거였어?'라는 말도 나온다. 몰랐던 사실을 마주하며 학생들은 당연하게 소비하던 것들의 이면에 있는 문제점 속으로 들어가기 시작한다.

➔ 활동 2: 그림책 내용과 연결해 질문 만들기

학생들과 가장 인상 깊었던 장면, 자신의 소비 생활과 연관된 장면 등

인상 깊은 장면	학생 질문
- 사람은 안전 장비를 착용하는데, 토끼는 마스카라를 눈에 닿게 발라 실험하는 장면	- 동물 실험을 통해 만든 물건과 동물 실험을 하지 않고 만든 물건(크루얼티 프리)을 구분할 방법이 있을까?
- 우리가 쓰는 것, 입는 것, 사는 것들을 동물 그림으로 나타낸 장면	- 정말 좋은 소비는 어떤 소비일까? - 이 그림책에서 무엇을 말하고 있나?

을 표시하고 질문을 만든다. 개인별로 4~5개를 만들고 프레젠테이션에 옮겨 쓴다. 모둠원과 20개 남짓 되는 질문을 보면서, 생각을 나누고 싶은 것으로 3~4개를 선정하여 모둠 질문을 정한다.

    모둠별로 모둠 질문이 정해지면 각 질문에 대한 자신의 생각을 작성한 후에 모둠원과 생각을 나누고 정리하여 모둠별로 발표한다. 이 활동에서 학생들은 해결 방법을 스스로 제시해 보거나, 이미 실천했던 친구의 경험을 듣는 시간이 된다.

모둠 질문	질문에 대한 나의 생각
1. 동물 실험을 통해 만든 물건과 동물 실험을 하지 않고 만든 물건을 구분할 방법이 있을까?	- 크루얼티 프리를 지향하는 기업들은 토끼 모양의 상표를 표시하기 때문에 해당 상표가 있는 제품을 찾아본다.
2. 이 그림책에서 무엇을 말하고 있나?	- 우리가 소비하는 상품을 어떻게 만드는지, 살아가는 환경에는 어떤 영향을 주는지 보여 줌으로써 앞으로 더 바른 소비 습관을 가져야 한다고 말하는 것 같다.

➔ 활동 3: 바람직한 소비 방법 찾기

그림책에서 인물들이 소비한 것의 대체품을 찾고 바람직한 소비 방법

소비 내역	대체할 수 있는 물품 혹은 다른 방향의 소비 방법
악어 가죽 가방	소방관이 입는 옷, 폐소방 호스 등으로 가방을 만들어서 재활용하면 동물도 보호하고 환경도 생각할 수 있다.
계란	저스트에그(녹두&강황 기반 식물성 계란)를 사용한다. 닭을 풀어놓고 키우고 좋은 먹이를 먹여서 생산한 계란을 소비한다.

을 쓴 뒤 공유하는 활동을 한다. 각자가 알고 있는 방법을 활동지에 정리한 후 모둠별로 구글 프레젠테이션에 정리하여 발표한다. 이 활동으로 학생들은 일상의 소비 활동을 돌아보고 개선 방법을 조금씩 알게 된다.

이어서 학생들은 모둠별로 환경과 동물을 해치지 않는 방법으로 소비 물품을 생산하는 기업 찾기 활동을 한다. UN-SDGs(지속 가능 발전 목표)[1]의 12번 목표인 지속 가능한 소비와 생산을 실천하는 기업을 찾으면 된다. 재사용을 권장하며 장애인 일자리를 창출하고, 친환경 제품, 공정 무역 제품, 지역에서 생산하는 식품, 동물 실험을 하지 않는 화장품을 만들고 판매하는 기업이다. 지역 고유의 문화와 특산품을 알리며 지역과 연계된 관광 상품을 판매하는 기업도 여기에 해당한다. 선한 영향력을 주는 '사회적 기업'이다. 학생들은 기업 명칭과 판매 제품, 기업의 로고, 평소 사용하는 제품과 다른 점, 기업이 추구하는 가치, 사회를 위해 노력하거나 기여하는 부분을 조사한다.

모둠에서 자신이 조사한 부분을 돌아가며 설명하고 끝이 나면, 발표자가 다른 모둠에 가서 설명한다. 모둠에 남아 있는 학생들은 다른 모둠 발표자의 설명을 들으며 활동지에 정리한다. 활동지에는 조사한 내용을 정리하되 두 가지를 추가한다. 우리 모둠에서 조사한 기업과 공통점을 찾으면서 자연스레 사회적 기업의 개념과 역할을 이해하고, 차이점을 찾으며 해당 기업의 다양한 제품들을 알게 되는 것이다. 활동지에는 오늘의 배움 주제에 빈칸을 만들어 두는데, 조사와 발

---

1 지속가능발전포털(ncsd.go.kr).

표가 끝나면 '사회적'이라는 용어가 빈칸에 적히도록 안내한다.

모둠 발표자	1) 기업 명칭: 보나쥬르 2) 판매 제품: 친환경 화장품, 동물 실험을 하지 않음. 3) 기업의 비전(철학): 환경 보호를 위한 노력, 정직 4) 우리 모둠 조사 기업과 공통점: 지속 가능한 미래를 위해 노력한다는 점이 같다. 5) 우리 모둠 조사 기업과 차이점: 컨티뉴는 환경에 초점, 보나쥬르는 정직이라는 가치에 초점을 맞추는 것 같다.

➡ 활동 4: 책임 있는 소비 개념 이해 활동

발표가 끝나면 활동지의 질문을 생각해 본다. 첫 번째 질문은 학생들이 직접 '사회적'이라는 단어를 찾고 의미를 떠올리게 하는 내용이다. 이어서 가치 소비나 윤리적 소비의 개념도 알고 있는지, 그 경험을 했다면 무엇을 느꼈는지 생각해 보는 질문도 던진다.

(사회적) 기업이란?	
환경을 생각하여 친환경적인 것을 추구하고 질 좋은 제품을 통해 소비자들에게 이로움을 알리며 생산 과정과 물건을 사고파는 체계가 정당한 기업을 말한다.	
(가치) 소비란?	**(윤리적) 소비란?**
의미 있는 곳에 소비하여 좋은 가치를 추구하는 기업에 이윤이 돌아가도록 한다는 의미	소비자가 상품을 구입할 때 원료의 공급, 생산, 유통, 판매의 모든 과정이 소비와 연결되어 있다는 것을 알고 윤리적으로 판단하여 소비하는 것

그다음 질문은 사회적 기업의 제품이나 서비스를 소비하는 것이 우리 삶에 어떤 영향을 미치는지에 관한 것이다. 이는 가치 소비와 윤리적 소비를 실천해야 하는 당위성을 강조하는 이야기이기도 하다.

| 사회적 기업의 제품이나 서비스를 소비하는 것이 우리 삶에 어떤 영향을 미칠까? |

우리에게 직접적인 영향을 미치는 것은 아니나 지구 환경을 지킬 수 있고, 다른 이에게 도움을 주게 된다. 그리고 우리도 선한 영향력의 대상자가 될 수도 있다.

네 번째 질문으로 좋은 기업은 무엇인지를 물었다. 학생들은 윤리적이며 가치 있는 소비를 실천할 수 있는 제품을 생산하고, 판매하는 회사를 찾아서 그 의미를 함께 생각해 보았다.

| 내가 생각하는 좋은 기업은? |

취약 계층에 서비스 또는 일자리를 제공해서 지역 주민의 삶의 질을 높이는 등 사회적 목적을 추구하며 제품을 판매하는 기업

➔ 활동 5: 바람직한 소비 실천하기

'사회적 기업'을 알아보는 개념 이해 활동이 끝나면 실천을 위한 질문을 한다. 학교 축제를 앞두고 학급 부스가 지향해야 할 비전을 생각해 본다. 그리고 지금까지 활동했던 내용을 담아 학급에서 실천할 수 있는 내용을 각자 쓴 후에 모둠원과 나누어 보면서 학교 축제에서 관련 활동을 하기로 했다.

| 우리 학급 축제 부스로 기업을 만들어 보려고 한다.
우리 학급이 좋은 기업이 되려면 어떤 비전을 담아 활동을 해야 할까? |

- 조개껍데기로 만든 자개를 활용해 업사이클 제품을 만들어 환경적인 가치를 담는다.
- 사회의 이익을 위한 기업이다. 손소독제를 만드는 것으로 감염병 예방을 실천할 수 있고, 버려지는 양말목으로 공예를 하여 환경 오염을 줄일 수 있다.

학생들은 이 수업에서 생각했던 비전을 학교 축제에 담는다. 버려진 조개껍데기로 모빌을 만드는 부스, 양말목을 활용하여 생활용품을 만드는 체험 부스를 운영하면서 업사이클을 실천한다. 수업에서의 배움이 학생들의 생활 속으로 스며드는 순간이다.

학교 축제 후 이 프로젝트의 종착점인 자유 학기 진로 체험을 위한 창업 부스 계획을 세운다. 코로나를 겪으며 '위드 코로나 시대의 창업'이라는 주제로 창업 체험을 하는 활동이다. 코로나로 변한 일상 속 모습을 브레인스토밍으로 나누고, 위드 코로나 시대를 어떻게 준비할지 생각하며 창업 아이템으로 연결한다.

1. 코로나 이후 달라진 일상의 변화	2. 위드 코로나 시대에 사람들이 바라는 일상
- 사람들의 몸과 마음이 멀어졌다. - 마스크 사용량이 늘어나 쓰레기 증가	- 친한 사람들과 모이는 것 - 마스크 쓰지 않는 것
3. 안전성을 높이면서 2번의 삶을 가능하게 하는 방법은?	4. 창업으로 연결한다면?
- 거리 두기를 잘하고 올바른 방법으로 마스크 쓰기	- 마스크 업사이클링(가방, 가위, 기타 피크, 모자, 마스크 걸이를 만들어 착한 가격으로 판매하는 회사)

창업 계획을 구체화하기 위해 브레인스토밍에서 나온 다양한 의견 중에서 한 가지를 선택하여 한눈에 보기 쉽도록 마인드맵으로 구체화하며 정리한다. 이를 토대로 창업 계획서를 작성하였다. 창업 계획서에는 기업의 명칭, 의미, 로고 디자인, 제품 설명, 가격과 판매 대상, 기업 내 역할 분담, 마케팅 방법, 사회적 기업을 위한 요소 등을 작

아이들이 생각한 사회적 기업 포스터와 굿즈 설명서.

성한다. 이 내용으로 모둠별 창업 발표회를 위한 프레젠테이션과 광고를 제작한다. 광고 형식은 전단지, 영상 등 모둠에서 자유롭게 선택한다. 모든 준비가 끝나면 창업 발표회에서 발표한다.

학생들은 회사를 만드는 과정에 참여하고, 일상에서도 어떻게 가치 있는 생산과 의미 있는 소비를 실천할 수 있는지 알게 된다.

소비는 누구나 얼마든지 할 수 있다. 하지만 윤리적인 소비를 한다는 것은 다소 느리고 불편한 것도 감수해야 하는 일이다. 미래 세대를 위해 사회나 환경에 미치는 영향을 생각하여 바람직한 방향으로 소비하는 사람이 늘어난다면 결국 기업도 윤리적이고 가치 있는 제품을 생산하게 될 것이다. 바람직한 가치를 지향하는 소비를 생활 속에서 지속적으로 실천할 수 있도록, 책임 있는 생산과 소비에 대한 교육이 지속되어야 한다.

함께 읽으면 좋은 그림책

❶ 『하늘에서 보물이 떨어졌어요!』(테리 펜, 에릭 펜 글·그림, 이순영 옮김, 북극곰, 2021)
❷ 『꼬마 원숭이와 떠나는 착한 모험』(스에요시 리카 글, 나카가와 가쿠 그림, 권영선 옮김, 내일도맑음, 2021)
❸ 『암탉은 파업 중』(필라르 세라노 글, 마르 페레로 그림, 김지애 옮김, 라임, 2017)
❹ 『보세주르 레지던스』(질 바슐레 글·그림, 나선희 옮김, 책빛, 2021)
❺ 『쇼핑은 선택이야』(후지와라 히로노부 글, 호우 그림, 강방화 옮김, 웅진주니어, 2020)

환경을 살리는 착한 발걸음

공정 무역과 공정 여행

세계 무역 시스템이 모든 사람들에게 공정하지는 않다. 기업들은 이익을 원하고 소비자들은 값싼 제품을 원하기 때문이다. 그 결과 원료를 재배하고 생산하는 사람들은 매우 적은 돈을 벌고 가난하게 산다. 공정 무역은 말 그대로 '공정한' 무역을 의미하는데, 경제 선진국과 개발 도상국 간 불공정 무역 구조로 발생하는 부의 편중, 환경 파괴, 노동력 착취, 인권 침해 등의 문제를 해결하기 위해 시작된 무역 형태이자 사회운동이다. 공정 무역은 환경과도 깊은 관계가 있다. 일반적인 농업은 빠르게 대량 생산을 하기 위해서 농약을 많이 뿌린다. 예를 들면 면화는 전 세계 경작지 중 단 2.4%에서 재배되는데, 세계에서 생산되는 살충제의 11%, 농약의 11%가 살포된다. 연간 약 2만 명이 면화 농장에서 살충제 중독으로 사망한다. 공정 무역은 유기농법이나 유해 화학 물질을 덜 쓰는 생산 방식을 추구한다. 생산지의 환경을 보호하고 생산자의 건강을 해치지 않음을 원칙으로 하기 때문이다.

공정 무역과 더불어 공정 여행도 중요한 개념이다. 사람들이 여행을 가고 관광지를 방문하면 현지인들에게 도움이 될 것이라고 생각하는데, 안타깝게도 현지인들에게 이익이 돌아가지 않는 경우가 많다. 수익의 대부분은 선진국의 항공사, 여행사, 다국적 기업 호텔, 대형 식당으로 돌아가고, 오히려 현지인들은 삶의 터전이 관광을 목적으로 개발되고 오염되어 타격을 입는 경우가 많다. 공정 여행은 현지의 환경을 보호하고, 현지 문화를 체험하는 과정에서 현지인에게 실질적인 혜택이 돌아가게 하는 여행이다.

공정 무역과 공정 여행을 통해서 생산자와 노동자들은 스스로의 삶을 지키고 환경을 보호할 수 있다. 또한 지역 사회를 가꿔 나가고 자녀를 교육하면서 조합과 함께 자립하고 내일을 꿈꿀 수 있게 된다. 이들과 함께 사는 세계 시민으로서 공정 무역과 공정 여행에 동참해 보자.

공정 무역이란 무엇일까?

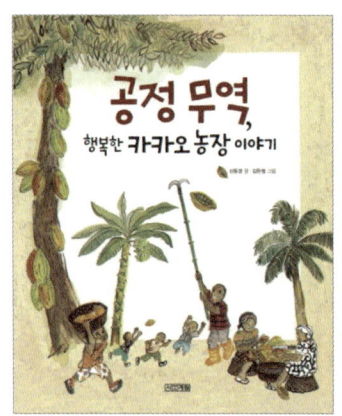

『공정 무역, 행복한 카카오 농장 이야기』
신동경 글, 김은영 그림, 사계절, 2013

공정 무역이란 무엇이며 왜 필요한지 자연스럽게 알려 주는 그림책이다. 카카오 농사를 짓는 아프리카 가나의 한 마을이 공정 무역으로 다시 활기를 찾게 되는 과정을 다룬다. 가장 모범적인 공정 무역 생산지의 사례로 꼽히는 가나의 쿠아파 코쿠 협동조합의 실제 이야기를 바탕으로 이야기를 재구성했다.

➔ 활동 1: DVDM 질문법[1]으로 공정 무역의 뜻과 문제점 알아보기

이 그림책은 제목부터 접근하기가 어렵다. '공정 무역'이라는 단어가 학생들에게 생소하고, 우리 주변에서 공정 무역 상품을 접할 기회가 적기 때문이다. DVDM은 새로운 개념이 나오는 지식 정보 그림책 수업을 할 때 활용하면 좋은 질문법인데, 이 기법을 활용하면 공정 무역의 개념과 문제점을 아이들이 좀 더 명확히 이해할 수 있다.

1. **1단계 질문**: Definition(정의 질문) – '공정 무역'의 개념이 무엇인지 묻는 질문이다. 토의나 모둠 활동을 하는 경우, 개념을 이해하지 못하거나 개념 정의가 서로 다르면 토의를 하기 어렵고 혼란이 발생한다.

단계	1단계 질문 (Definition)	2단계 질문 (Value)	3단계 질문 (Difficulty)	4단계 질문 (Method)
질문	공정 무역이란 무엇인가?	공정 무역이 중요한 이유는 무엇인가?	공정 무역이 어려운 이유는 무엇인가?	공정 무역을 잘 하려면 어떻게 해야 할까?
활동 사례	• 가난한 나라의 생산자들에게 커피값을 제대로 주는 것 • 바나나값 100원 더 주고 아프리카 아이들 학교 보내 주기	• 가난한 나라의 아이들이 학교에 갈 수 있게 하니까 • 가난한 나라 농민들이 잘살게 되니까	• 사업자들이 욕심을 부려서 • 사람들의 욕심 때문에 공정 무역을 안 한다.	• 공정 무역을 홍보하고 널리 알린다. • 공정 무역 가게를 더 만들고 인터넷에서 찾아 이용한다.

---

[1] 『질문이 있는 그림책 수업』(그림책사랑교사모임 지음, 케렌시아, 2022, 재인용 참고).

2. **2단계 질문**: Value(가치 질문) – 주제의 개념이 어떤 의미와 가치를 지니는지 묻는 질문이다. 공정 무역이 왜 중요한지, 주인공 '아사모아'의 삶에 어떤 영향을 주었는지 알아본다.

3. **3단계 질문**: Difficulty(난관 질문) – 주제를 실현하는 데에 겪는 어려움이 무엇인지 알아보기 위한 질문이다. 우리 생활에서 공정 무역 상품을 구입하기 어려운 이유를 알아본다.

4. **4단계 질문**: Method(해법 질문) – 주제를 해결하는 데에 필요한 방법이 무엇인지 알아본다. 공정 무역이 활발하게 이루어지려면 어떻게 해야 하는지, 우리가 할 수 있는 일을 알아본다.

➔ 활동 2: 초콜릿이 만들어지는 과정 알아보기

그림책을 읽고 코코아 수확에서부터 초콜릿을 만들기까지의 과정, 바나나와 커피의 생산 과정을 개인별로 선택하여 조사한다. 같은 주제를 선택한 친구들끼리 모둠을 만들어 4절지에 정리한 다음 '둘 가고 둘 남기 방법'을 사용하여 '초콜릿이 만들어지는 과정'을 설명한다. 학생들은 이 과정을 통해 개인, 소집단, 대집단의 학습 경험을 얻게 된다. 다른 모둠에 가서 설명을 들은 두 사람은 정보를 얻는 과정에서 흥미를 얻고, 듣는 훈련도 하게 된다. 또 움직이면서 학습을 하게 되므로 역동적인 수업이 된다. 다른 모둠을 2번 정도 방문하면 학습 효과가 좋다.

➔ 활동 3: 우리 동네 공정 무역 가게 리스트 만들기

그림책의 주인공 아사모아는 공정 무역 초콜릿을 판매한 돈으로 운동

◆ 우리 동네 공정 무역 가게 목록

가게명	판매 품목	관련 단체
두레생협	커피, 과일, 견과류, 초콜릿, 향신료, 설탕, 오일	피플스페어트레이드 협동조합
자연드림	커피, 과일, 견과류, 초콜릿, 향신료, 설탕, 오일, 와인, 홍차, 스낵, 수공예품	쿱무역
한살림	설탕	피플스페어트레이드 협동조합
행복중심생협	과일, 초콜릿, 커피, 설탕	피플스페어트레이드 협동조합
아름다운커피	커피	아름다운커피
아름다운가게	커피, 초콜릿, 과일	아름다운커피, (주)어스맨

화도 사고, 축구공도 사고, 학교에 가서 공부를 한다. 그런데 막상 우리 주변에서는 공정 무역 상품을 쉽게 찾아볼 수 없다. 학생들과 함께 주변의 공정 무역 가게와 상품을 검색한다. 편의점, 대형 마트, 생협과 한살림, 아름다운가게 등에서도 다양한 공정 무역 상품을 판매하고 있다. 가게 목록을 만든 다음 부모님과 함께 집 근처 가게에서 공정 무역 상품을 직접 구매해 보는 활동을 통해 공정 무역의 과정에 작게나마 참여해 보는 경험을 하게 한다.

환경을 보호하는 공정 무역

『파란 티셔츠의 여행』

비르기트 프라더 글, 비르기트 안토니 그림, 엄혜숙 옮김, 담푸스, 2009

인도에서 자란 목화가 파란 티셔츠가 되어 유럽에서 팔리기까지의 여행 속으로 초대하는 지식 정보 그림책이다. 목화가 학생들과 대화하는 형식으로 구성되어 재미있게 읽을 수 있다. 특히 어린이들이 이해하기 쉽게 '공정 무역'을 이야기한다. 뒷부분에 풍부한 정보를 제공하고 있어서 공정 무역이 필요한 이유를 쉽게 이해할 수 있다.

➡ 활동 1: 공정 무역 티셔츠가 만들어지는 과정 알아보기

『파란 티셔츠의 여행』을 읽고 공정 무역으로 면화가 티셔츠가 되기까지의 과정을 그림으로 간단하게 나타내어 인도의 면화 생산자와 우리가 밀접하게 연관되어 있음을 알아본다. 내가 입고 있는 면화 제품의 생산 과정과 공정 무역의 중요성을 이해하는 활동이다. 불공정한 무역은 값싼 노동력과 원료를 사용하고, 가난한 나라 사람들의 인권을 착취하며 환경을 파괴하고 있다는 것도 알게 한다. 이 활동은 옷의 생산 과정도 알 수 있게 하고, 글을 간추리고 요약하여 그림으로 제시함으로써 그림책 이해도를 높여 준다. 또한 공정 무역 제품을 이용하는 것이 환경을 생각하는 것임을 느끼게 한다.

목화가 옷이 되기까지 과정을
표현한 학생 결과물.

➔ 활동 2: 천연 염색 하기

이 책에는 자연이나 사람에게 해롭지 않은 물감으로 옷감을 염색하는 공정 무역 과정이 나온다. 일반 무역의 경우 옷감을 만들 때나 염색할 때 환경을 파괴하는 물질이 많이 발생한다. 공정 무역 제품은 친환경 염료를 사용하여 염색을 한다. 『파란 티셔츠의 여행』에 나온 염색 과정을 직접 체험해 본다. 가급적 지방 자치 단체의 마을 교육 예산이나 교육청의 프로젝트 예산, STEAM 예산을 지원받아 지역의 천연 염색 장인과 연계하여 홀치기 염색 실습을 한다.

먼저 천연 염색 염료를 통에 담고 물에 풀어 둔다. 컨버스 백을 나누어 주고 원하는 부분을 고무줄로 촘촘하게 감는다. 비닐장갑을 끼고 컨버스 백을 염액에 담그고 주물러서 염액을 골고루 묻힌다. 5분 정도 꼼꼼하게 주물러서 염액이 잘 스며들도록 해야 한다. 컨버스 백이 골고루 물들면 맑은 물로 헹궈 내고 널어서 말린다.

천연 염색 과정.

지구를 생각하는 착한 공정 여행

『착한 공정 여행 - 호텔 대신 랏지네 집에서 머물러요』

주느비에브 클라스트르 글, 뤼실 플라생 그림, 허보미 옮김, 내인생의책, 2016

여행을 갈 때 흔히 호텔을 예약한다. 그런데 이 책은 호텔 대신 현지인 친구인 랏지네 집에 머물면서 여행지 주민들에게 도움을 주라고 한다. 현지인의 집에서 머무르며 그들의 생활 문화를 직접 따라 해 보고, 관광버스를 타는 대신 현지인에게 안내와 운전을 맡길 수도 있는 공정 여행에 대해 소개하면서 세상을 변화시키는 착한 여행을 권하고 있다.

➲ 활동 1: 공정 여행 5계명 만들기

『착한 공정 여행 - 호텔 대신 랏지네 집에서 머물러요』를 읽고 생태·환경 보호와 지속 가능 발전을 위한 공정 여행 5계명 만들기를 한다. 공정 여행에서 특히 주의할 점은 그림책에서 제시하는 바와 같이 현지의 환경을 보호하고 현지 주민들의 삶을 존중하는 것이다. 먼저 책에서 제시하는 공정 여행 규칙을 모두 찾아본다. 모둠 토의를 통해 이 중에서 우리가 실천할 수 있는 것을 찾아보고 결과를 발표한다. 친구들의 발표를 듣고 내가 지키고 싶은 규칙을 정리하여 공정 여행 5계명 만들기를 한다.

◆ **생태·환경을 위한 착한 여행 5계명 리스트**

- **지구와 환경을 돌보는 여행** (비행기 이용 줄이기, 일회용품 쓰지 않기, 물 낭비하지 않기 등)
- **탄소 배출을 최소화하는 여행** (탄소 배출 줄이기, 탄소를 배출하면 흡수하는 활동에 참여하기)
- **생태를 보존하는 여행** (동물권 존중하기, 동물을 보호하기)
- **기부하는 여행** (환경 단체 방문하고 후원하기, 여행 경비의 1%는 현지 단체에 기부하기)
- **윤리적으로 소비하는 여행** (과도한 쇼핑 하지 않기, 공정 무역 제품 이용하기, 지나치게 깎지 않기)
- **친구가 되는 여행** (전통 음식과 지역 문화 체험하기, 현지 말과 노래와 춤 배우기)
- **상대를 존중하고 약속을 지키는 여행** (사진을 찍을 때는 허락을 구하고 약속을 지키는 여행)
- **지역에 도움이 되는 여행** (현지인이 운영하는 숙소, 음식점, 교통 시설 이용. 현지인 가이드와 함께 하기)

➔ 활동 2: 우리 동네 공정 여행 프로그램 만들기

최근 지방 자치 단체들이 지역의 특색을 살린 공정 여행 프로그램을 만들고 있다. 3학년 사회과 교육과정에서는 환경확대법을 탄력적으로 적용하여 우리 고장에 대해 학습한다. 우리 고장의 모습은 어떤지, 옛이야기, 문화유산, 교통수단에는 어떤 것들이 있는지 알아본 다음 그 내용을 활용해 공정 여행 프로그램을 개발한다.

먼저 지방 자치 단체 홈페이지에서 관광이나 문화·유적을 검색하여 가고 싶은 곳을 3~4군데 정한다. 그곳에서 볼거리, 먹거리, 체험할 거리를 정하고 이동을 위한 지역의 대중교통을 검색한다. 대중교통과 도보로 이동 경로를 정하여 공정 여행 프로그램을 만들고 발표한다.

세계 무역 덕분에 우리는 많은 나라의 노동자와 생산자가 재배, 생산, 가공한 물건을 사용하고 있지만, 그들은 정당한 소득을 얻지 못하고 공평한 대우를 받지 못하는 경우가 많다. 최근 공정 무역에 대한 홍보와 교육으로 인식이 개선되고 있다. 공정 무역 단체들은 공정한 가격과 현지 조합에 투자를 해서 생산자들이 더 나은 미래를 꿈꿀 수 있

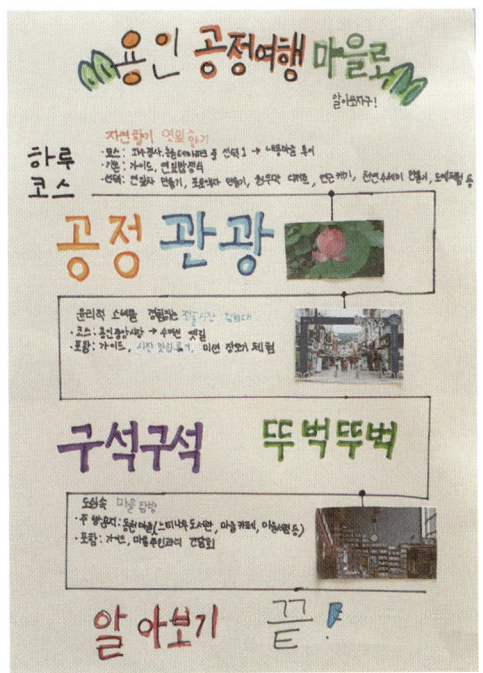

우리 동네 공정 여행 프로그램.

는 기회를 제공하려고 한다. 소비자들의 의식이 변화하면서 관광 업계와 패션 업계도 변화하고 있다. 특히 친환경 소비를 추구하는 소비자를 위해 지구에 해를 끼치지 않는 공정 무역, 공정 여행 단체가 늘어나고 있으며, 개인의 작은 소비가 사회에 큰 변화를 불러일으키고 있다. 공정 무역과 공정 여행이 제 역할을 하기 위해서는 지구를 지키려는 노력, 그 땅에 사는 사람들을 위한 협력이 필요하다. 우리가 살고 있는 아름다운 지구를 위해서 '오늘부터, 나부터' 실천해야 한다.

함께 읽으면 좋은 그림책

❶ 『어린 노동자와 희귀 금속 탄탈』(앙드레 마르와 글, 쥘리엥 카스타니에 그림, 김현아 옮김, 한울림어린이, 2020)
❷ 『지구촌 아름다운 거래 탐구생활』(한수정 글, 송하완 그림, 파란자전거, 2016)
❸ 『내가 라면을 먹을 때』(하세가와 요시후미 글·그림, 장지현 옮김, 고래이야기, 2023)
❹ 『거짓말 같은 이야기』(강경수 글·그림, 시공주니어, 2011)

안전한 먹거리를 위해

퍼머컬처(permaculture)

2022 개정교육과정에는 '지속 가능한 발전'에 포함된 가치를 교육 목표에 반영하여 생태 전환 교육을 강화하는 내용이 포함되어 있다. 1987년 세계환경개발위원회(WCED)가 정의하고 본격적으로 사용되기 시작한 '지속 가능 발전'이라는 용어는 우리나라에서도 중요하게 다루고 있으며, 한국은 2008년 지속 가능 발전법을 제정해 실천을 위한 노력을 하는 중이다. '지속 가능 발전'을 위한 17가지 전략 중 두 번째 전략인 '식량 안보 및 지속 가능한 농업 강화'는 먹거리 영역의 변화를 모색해 사람이 사람답게 살고 삶의 질을 향상시키는 것이 목표이다.

삶의 질 향상 및 기후 위기의 해법으로 1990년대에 우리나라에 소개된 퍼머컬처는 지속 가능한 농업을 강조하는 농법이자 생태 운동이다. 인공·화학 비료를 사용하지 않고 자연의 힘을 활용한 친환경 농법으로 음식과 물 등 살아가는 데에 필요한 모든 것을 지속적이고 재생 가능한 방법으로 제공하는 것이다.

요즘 많은 학교에서는 학생들의 생태 친화 교육, 먹거리 교육을 위해 학교의 토지나 건축물 등을 활용한 도시 농업을 학교 텃밭이라는 프로그램으로 운영하고 있다. 이러한 교육을 통해 학생들은 친환경 농업의 역할과 중요성을 인식하고 농산물 재배, 실내 원예 활동 등 다양한 농업 활동을 체험해 볼 수 있다. 나아가 농업과 우리 생활의 관계를 이해하고 지속 가능한 삶을 적용하며 실천하는 자세를 기를 수 있다. 학교 텃밭에서 채소를 재배하여 수확하고 그 재료로 음식을 만들어 먹는 활동이 환경과 어떤 연관이 있는지 의문을 품는 학생들은 이 활동을 통해 대량 생산으로 인한 탄소 배출을 줄이고 건강한 식생활을 할 수 있음을 깨닫게 된다. '작물은 농부의 발소리를 듣고 자란다.'는 말이 있듯이 매일 물을 주고 잡초를 뽑아 주며 병충해를 예방하는 일이 어려울 수 있지만, 수확을 통해 자신의 수고에 대한 성취감을 맛보는 학생들을 볼 수 있을 것이다.

▶ 읽기 전 활동: '퍼머컬처'의 의미 알기

퍼머컬처라는 말은 학생들에게 생소하다. 작물을 대량으로 재배하는 농업이 탄소 배출량을 증가시킨다는 점을 알아보고 우리의 먹거리에 대한 안전성 확보, 지속 가능한 농업의 중요성을 토의하면서 환경과 기후 위기의 해법으로 등장한 퍼머컬처의 개념을 찾아본다. 자료는 학교 크롬북을 이용해 인터넷으로 조사할 수 있다. 친환경 농업의 의미, 경제·기술의 발달로 중요성이 높아진 지속 가능한 농업의 필요성 및 역할을 알아본다. 지속 가능한 미래 사회는 어떤 사회일지 생각하고 미래 사회를 이끌어 갈 학생들이 무엇을 어떻게 실천해야 할지 토의한다.

학교에서의 퍼머컬처, 어떻게 시작할까?

『농부 달력』

김선진 글·그림, 웅진주니어, 2022

평범한 농부 부부의 1년을 담은 그림책으로 농사를 짓는 한 해의 과정이 잘 나타나 있다. 봄의 시작을 위해 농부는 어떠한 일을 하고 있는지, 봄이 왔음을 어떻게 아는지, 여름에는 어떤 일들이 벌어지는지, 가을에 달라지는 것은 무엇인지, 겨울을 겨울답게 난다는 것이 무엇인지를 보며 농사의 과정을 익힐 수 있다.

➡ 활동 1: 퍼머컬처 가든 디자인하기

퍼머컬처를 실천하는 사람이 증가하면서 퍼머컬처 가든을 개성 넘치게 디자인하는 사람들이 있다. 퍼머컬처를 향한 관심을 높이고 실천하려는 마음을 북돋기 위해 학생들의 개성이 담긴 퍼머컬처 가든을 디자인해 본다. 인터넷 자료를 참고로 하여, 심을 수 있는 작물들과 가든의 배치, 전체적인 모양 등을 생각하여 만들고 싶은 퍼머컬처 가든을 본격적으로 디자인한다. 식물 간의 높낮이 배치와 접근성 등도 고려해야 하지만 학생들이 직접 작물을 재배한 경험이 많지 않으므로 각자 재배하고 싶은 작물과 그 작물을 심을 위치를 선정할 수 있도록 한다. 그림책 『농부 달력』에 나온 이랑과 고랑을 생각하여 디자인하도록 하는데, 학생들이 어려워할 경우 이랑은 작물을 심는 곳, 고랑은 작물 관리를 위해 다닐 수 있는 길이라는 점을 알려 준다.

◀ 축구공 모양으로 이랑과 고랑을 만들어 고추, 딸기, 가지, 무, 오이를 심고 싶다.

◀ 지구를 생각하는 퍼머컬처이므로 지구 모양으로 고랑과 이랑을 디자인하고 상추, 오이, 벼, 감자, 호박을 심고 싶다.

학생 결과물.

실제 학교 텃밭은 학생에게 개인 단위로 제공해 주기 어렵고 학급 단위로 배정되기 때문에 학생들이 디자인한 각각의 퍼머컬처 텃밭은 실현시키기 어려운 아쉬움이 있다. 퍼머컬처 가든 콘테스트를 통해 가장 실현 가능한 텃밭을 정하고 그 형태로 텃밭을 조성해도 좋다.

➔ 활동 2: 퍼머컬처 한해살이 계획과 준비하기

그림책 표지에는 『농부 달력』이라는 제목과 어울리게 농촌의 봄, 여름, 가을, 겨울 모습을 한 장의 달력으로 구성했다. 그림책에 담긴 농부의 생활을 보며 학교 내에 마련된 텃밭과 상자 텃밭을 이용하여 학급에서 할 수 있는 퍼머컬처를 계획한다.

봄	• 물 주기와 작물 관리법 익히기 • 상추, 토마토, 가지, 호박, 오이, 고추, 당근, 래디시, 감자 심기 • 지주대 세우기, 곁순 따 주기, 풀 뽑기 • 난황유, 난각 칼슘 만들기
여름	• 난황유, 난각 칼슘 뿌리기 • 풀 뽑기, 벌레 잡기
가을	• 텃밭 만들고 배추, 무 모종 심기 • 난각 칼슘 뿌리기(천연 영양제 주기) • 풀 뽑기, 벌레 잡기 • 병충해 관리, 거름 주기 • 수확하기, 밭 정리하기

『농부 달력』 그림책을 보면 농사를 짓기 위해 농부가 준비하는 것들이 나온다. 농부 부부가 봄에 해야 할 일을 위해 각종 씨앗을 마련하고 밭을 갈아 이랑과 고랑을 만드는 그림을 보며 학교 텃밭에서 작물을 재배할 때에도 흙을 갈아엎어 이랑과 고랑을 만들어야 한다는 것을 알 수 있다. 이랑은 작물 재배 시 일정한 간격으로 길게 선을 긋고 그 선을 중심으로 흙을 쌓아 솟아오르게 만드는 부위를 말하고, 솟은 부분 사이로 움푹 파인 부분을 고랑이라고 한다. 텃밭 작물이 잘 자라게 하기 위해서는 흙덩이를 잘게 부수어 고르게 해 주고 작물을 심기 전에 거름을 주어 흙을 비옥하게 만드는 것이 좋다. 작물을 심기 위해 이랑과 고랑까지 만들면 작은 퍼머컬처 텃밭을 시작할 준비가 끝난다.

어린이 농부는 무엇을 할까?

『내게 텃밭이 생겼어요!』
레니아 마조르 글, 클레망스 폴레 그림, 이주영 옮김,
창비교육, 2022

한 소녀가 할아버지에게 텃밭을 선물받아 땅을 갈고 씨를 심으며 정성껏 텃밭을 가꾼다. 애써 기른 채소를 민달팽이와 참새, 토끼에게 빼앗기기도 하지만 자연을 벗 삼아 작물을 키워 나간다. 소녀를 통해 텃밭 가꾸기의 설렘과 행복, 뿌듯함을 가득 느낄 수 있는 그림책이다.

➡ 활동 1: 텃밭에 모종 심고 천연액비로 관리하기

『내게 텃밭이 생겼어요!』그림책을 함께 읽고 소녀의 행동을 생각하며 우리 반 텃밭을 어떻게 가꾸어야 하는지 회의를 한다. 본격적인 관리를 위해 땅을 잘 갈아엎어 주고 이랑과 고랑을 만든 후 텃밭에 심을 씨앗과 모종을 산다. 씨앗이나 모종은 주변의 화원이나 인터넷에서 구입 가능하다. 상추, 토마토, 고추, 가지는 모종을 사서 심고, 당근, 적비트는 씨앗을 심는 것이 학생들과 작물을 재배하기에 쉽다. 감자는 싹을 틔운 감자의 싹 부분을 잘라 싹이 위로 오게 해서 심는다. 작물은 두둑이 올라온 이랑에 심는데 작물마다 15~20cm 거리를 두는 것이 좋다. 토마토, 고추, 가지는 키가 큰 작물이므로 지지대를 옆에 꽂아 끈으로 연결해 주어서 작물이 지지대를 타고 자랄 수 있도록 한다. 『내게 텃밭이 생겼어요!』에는 '텃밭 가꾸기는 부지런히 움직여야 하는 운동' 같다는 이야기가 나온다. 학생들도 마찬가지이다. 작물을 심

◆ **난각 칼슘(천연액비) 만드는 방법**
 (준비물: 건조된 계란 껍데기, 식초, 2L페트병)

1. 건조된 계란 껍데기(15개 정도)를 잘게 부수어 페트병 안에 넣는다.
2. 계란 껍데기가 들어 있는 페트병에 식초 500ml 한 병을 넣는다.
3. 기포가 발생하므로 뚜껑을 살짝 열어 주어 일주일 정도 숙성시킨다.
4. 숙성된 난각 칼슘은 약 500배 물과 희석하여 사용한다.

은 후에는 관심과 사랑으로 농작물의 잡초를 제거하고 관리하며 꾸준히 살펴야 한다.

학생들과 작물을 재배하면 벌레들의 습격을 피할 수가 없다. 특히 고추와 배추는 병충해의 피해가 크므로 꾸준한 돌봄이 필요하다. 무농약으로 키우는 텃밭 작물의 병충해를 예방하고 칼슘을 공급하기 위해 난각 칼슘을 만든다. 난각 칼슘은 건조된 계란 껍데기와 식초를 섞어 만든 것으로 작물을 건강하게 자라게 한다. 학생들은 일주일간 계란 껍데기를 말려서 가져오고 교사는 식초 한 병과 2L 페트병을 준비한다.

학생들은 물을 주고 잡초를 제거하며 난황유와 난각 칼슘을 뿌려 주면서 작물이 잘 자라도록 한다. 작물을 키우며 농부의 수고로움과 자연에 감사하는 마음을 갖는다.

난각 칼슘 뿌리는 법.

활동 2: 자동 급수 페트병 화분 만들기

『내게 텃밭이 생겼어요!』의 주인공 소녀가 가꾸는 텃밭은 할아버지에게 받은, 집 안 텃밭 한쪽의 자그마한 공간이다. 우리나라에서는 주거 환경의 특성상 텃밭을 마련하기가 쉽지 않은데 최근 코로나19로 집에 있는 시간이 늘면서 지친 몸과 마음을 위로하는 '홈가드닝'에 관심을

◆ 자동 급수 페트병 화분 만들기 방법
 (준비물: 페트병, 가위, 면으로 된 천이나 부직포)

1. 2L페트병을 놓고 가운데 칼집을 내 가위를 넣어 반으로 자른다.
2. 면으로 된 천이나 부직포를 2cm 정도 너비로 자른다. 천이나 부직포가 없을 경우에 물티슈를 이용할 수도 있다.
3. 페트병 입구 부분에 천이나 부직포를 끼워 넣는다. 이때, 페트병 뚜껑에 십자로 칼집을 내어 끼워 넣으면 좋지만 천이나 부직포의 너비를 여유 있게 해서 뚜껑 없이 끼워 넣어도 된다. 천을 반으로 접어 접힌 쪽을 입구에 넣고 두 갈래로 나뉜 부분이 위쪽으로 오도록 한다.
4. 잘라 낸 페트병의 입구가 있는 윗부분에 흙을 채우고 페트병의 아랫부분에 끼워 넣는다.
5. 흙에 모종을 심는다.
6. 페트병의 아랫부분에 물을 넣고 천이나 부직포가 물에 닿도록 한다.

자동 급수 화분 만들기 순서.

가지는 사람들이 늘고 있다. 홈가드닝이란 집 안을 정원처럼 가꾼다는 뜻으로 관상용 식물을 기르는 데에서 나아가 텃밭을 집 안으로 옮겨서 생활하는 것이다. 직접 재배한 싱싱한 채소를 먹을 수 있고 건강까지 챙길 수 있는 홈가드닝 활동으로 학생들에게도 각 가정에서 페트병 작물을 키우도록 한다. 홈가드닝에 좋은 채소는 상추, 대파, 콩나물, 청경채가 적합한데 학생들이 쉽게 키울 수 있도록 상추 모종을 준비하여 자동 급수 페트병 화분을 만든다.

자동 급수 페트병 화분은 매일 물을 주지 않아도 아래에 있는 물이 심지를 타고 올라와 화분의 흙을 촉촉하게 만들어 주어 편리하게 작물을 키울 수 있다. 이렇게 만든 페트병 화분은 각 가정으로 가져가 작물이 자라는 과정을 보며 건강한 식재료를 얻는 경험을 할 수 있도록 한다.

수확한 작물은 어떻게 먹을까?

『도시 텃밭에 초대합니다』
펠리치타 살라 글·그림, 권지현 옮김, 씨드북, 2022

4월부터 이듬해 3월까지 각 계절에 수확한 작물로 만들어 건강하고 맛있는 열두 가지 요리법을 소개하는 그림책이다. 프랑스의 작은 마을 '플뢰르빌'에서 다양한 피부색의 주민들이 가꾸는 텃밭 모습이 잘 나타나 있고 텃밭 가꾸는 방법과 도구, 한눈에 보는 제철 과일과 채소 등이 부록으로 실려 있다.

활동 1: 수확한 작물을 활용한 요리 레시피

그림책에 소개된 도시 텃밭의 모습과 학생들이 텃밭을 가꿀 때의 상황과 환경이 비슷한지 이야기하고 그림책에 나온 계절 과일과 채소를 살펴보며 우리 학생들이 키운 채소들이 나오는지 찾아본다. 프랑스 작은 마을의 텃밭이라 학생들이 가꾼 텃밭과는 차이가 있지만 그림책에 등장한 작물과 작물을 이용한 요리법을 보며 학교 텃밭에서 학생들이 키운 작물은 언제 수확해야 하는지, 수확한 작물로 어떤 요리를 할 수 있을지 이야기할 수 있다. 각각의 작물이 지닌 특성을 생각하며 『도시 텃밭에 초대합니다』처럼 학급의 레시피북을 만든다. 원하는 작물을 골라 요리법을 인터넷으로 검색하여 취향에 맞게 레시피를 만든다. 각자 만든 레시피를 하나로 모아 엮어 주면 학급만의 레시피북이 완성된다.

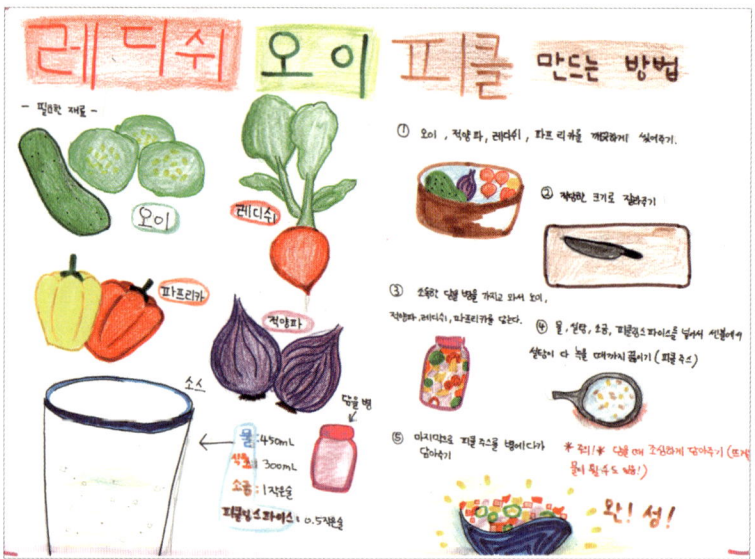

학생들의 오이 피클 요리법.

➡ 활동 2: 수확한 채소로 샐러드 만들기

학생들이 봄에 심은 작물은 자연의 도움으로 잘 자라 수확을 기다린다. 토마토, 가지, 호박, 당근, 래디시, 감자 등은 여름 장마가 오기 전에 수확을 하는 것이 좋다. 비를 많이 맞은 감자는 물을 먹어 포실한 맛이 사라지고 래디시나 다른 채소들은 땅에서 썩는다. 가지나 고추는 가을까지 열매를 맺도록 놔둬도 괜찮지만 정성스럽게 키운 작물이 썩지 않도록 시기에 맞게 수확하는 것도 중요하다.

학생들이 텃밭에서 키운 작물을 수확할 때에는 가위를 활용한다. 호박이나 가지, 오이는 열매를 잡고 끝을 가위로 자른다. 토마토는 잘 익은 것만, 고추는 적당히 자란 것만 따도록 한다. 교실에서 나누어 먹을 수 있는 오이나 토마토는 함께 맛보고 가지나 호박, 고추, 상추는 집으로 가져가 먹는다. 학생들이 만든 레시피북 중에서 학교에서 함께 만들 수 있는 것을 찾아보고 간단하면서도 맛있게 먹을 수 있는 샐러드를 만들어 먹기로 정한다. 자신의 먹거리는 자기가 재배하는 퍼머컬처의 취지에 맞게 학생들이 재배한 작물을 재료로 삼는다.

인류는 지금 화석 원료와 살충제 등 여러 문제를 일으키는 요인을 이용해 식량을 대량으로 생산하고 있다. 이 과정에서 발생하는 환경 문제들은 기후 위기를 불러오며 지구 환경에 심각한 위협을 준다. 퍼머컬처는 우리 삶의 양식을 바꾸는 근본적인 전환이며 동시에 기후 위기를 개인과 작은 공동체의 지속적인 관심과 실천으로 조금씩 극복할 수 있는 대안이기도 하다. 행동하고 실천하는 선두 그룹이 3.5%가 되면 자연스럽게 대중의 마음을 움직일 수 있다고 한다. 또한 환경을 위해 바른 행동을 하는 세 명의 존재를 드러내는 것으로 수많은 대중을 바르게 이끌 수 있다는 제3의 법칙처럼 우리 학생들이 지구 위기 극복을 위해 작게나마 퍼머컬처를 실현해 보면 좋겠다.

함께 읽으면 좋은 그림책

❶ 『마술가루』(장 피에르 기예 글, 질 티보 그림, 윤구병·윤나래 옮김, 다섯수레, 1997)
❷ 『여기는 텃밭 놀이터』(신수인 글, 장순일 그림, 개똥이, 2022)
❸ 『농부 할아버지와 아기 채소들』(현민경 글·그림, 웅진주니어, 2021)
❹ 『텃밭에서 놀아요』(보리 편집부 글, 느림 그림, 보리, 2019)
❺ 『완두콩아, 쑥쑥 자라렴!』(엘리자베스 드 랑빌리, 마리알린 바뱅 글·그림, 이정주 옮김, 시공주니어, 2017)

환경을 생각한 식생활을 고민해요

먹거리와 환경

전 세계적인 기후 위기 시대, 과학계와 환경 운동 진영은 기후 위기를 극복하기 위해서 채식 위주의 식단으로 과감한 전환이 필요하다고 주장한다. 공장식 축산을 통해 고기를 생산하는 과정에서 막대한 온실가스가 배출되고 있기 때문이다. 식품 생산 과정에서 발생하는 온실가스 배출량은 전체 배출량의 4분의 1 이상을 차지하는데 이 중 80%가 축산업과 관련되어 있다.

먹거리 교육은 학교에서 환경 교육이 이루어질 때 꼭 포함되어야 할 필수 주제 중 하나라 할 수 있다. 이때 기후 변화 대응책으로 꼽히기도 하는 채식 실천을 강조하기보다 무심코 접하는 음식이 어떻게 나에게 왔고, 어떤 과정을 거쳐 기후 변화에 영향을 미치는지 이해하는 일이 선행되어야 한다. 학생들 스스로 자신의 주변을 살피고 먹거리 문제를 어떻게 해결해야 기후 변화에 효과적으로 대응할 수 있는지 고민해 보며 먹거리에 대한 새로운 인식을 심는 계기를 만들어 나가길 희망한다.

먹거리와 관련된 문제를 얼마나 알고 있니?

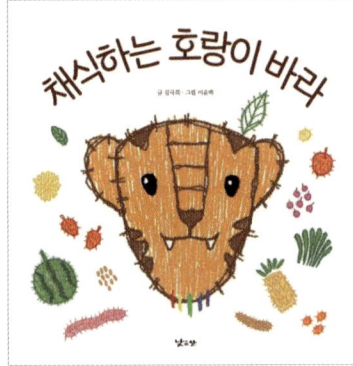

『채식하는 호랑이 바라』
김국희 글, 이윤백 그림, 낮은산, 2020

사냥이 싫어 굶던 호랑이 바라는 우연히 아무에게도 피해를 주지 않는 채식이라는 신세계를 발견하게 되어 기뻐한다. 새로운 결심을 한 바라는 모든 친구들에게 외면당하지만 꿋꿋이 변화를 만들어 간다. 다른 동물들과 공존하기 위해 채식을 선택한 호랑이 이야기이자, 타인과는 다른 삶을 스스로 선택하며 새로운 변화를 시도한 용기를 다룬 이야기이기도 하다.

→ 활동: 오리드 질문법으로 그림책 내용 파악하기

학생들과 그림책을 함께 읽고 4명을 한 모둠으로 구성한다. 모둠별로 그림책에서 인상 깊었던 주요 네 장면을 선정한다. 장면마다 오리드 기법을 적용해서 4개의 질문을 하면 최종적으로 질문은 모두 16개가 만들어진다.

오리드 질문법[1]은 인식 질문, 느낌 질문, 판단 질문, 결정 질문으로 이루어진 4단계 질문을 통해 사고의 흐름을 명료하게 하는 방식이다. 답을 얻어 가는 과정을 통해 그림책을 이해하고 자신의 삶을 성찰하는 데 긴요하게 활용된다.

학생들이 뽑은 그림책 주요 장면은 ① 발단: 바라가 사냥을 싫어함, ② 전개: 그래서 바라가 열매와 풀을 먹음, ③ 절정: 모든 친구들이

---

[1] 『질문이 있는 그림책 수업』(그림책사랑교사모임, 케렌시아, 2022, pp.241~250).

◆ 학생들이 뽑은 주요 장면과 오리드 기법에 따른 질문

	1단계 질문 인식(Objective)	2단계 질문 느낌(Reflective)	3단계 질문 판단(Interpretive)	4단계 질문 결정(Decisional)
특징	감정이나 판단 없이 사실만을 확인하는 단계의 질문	사실을 확인하고 나서 자기 내면의 감정을 반응시키는 단계의 질문	상황에 대해 전체적으로 자기 생각을 담아 평가하고, 의미와 가치를 해석하는 질문	결론을 도출하고 실천적 의지를 담은 결정을 내리는 질문
예시 질문	• 무엇이 보이나요? • 호랑이 바라에게 어떤 일이 발생했나요?	• 열매를 처음으로 맛본 바라는 어떤 느낌이 들었나요?	• 바라에게 이 일이 일어난 원인과 결과는? • 이 일을 통해 깨닫게 된 것은 무엇인가요?	• 바라가 앞으로 어떻게 대처하는 것이 좋을까요? • 우리가 함께 할 수 있는 실천 방법은?

오리드 4단계 질문하기 학생 활동지.

채식하는 바라를 싫어함, ④ 결말: 바라는 자신이 원하는 대로 채식을 했다는 내용이었다.

먹거리 문제는 기후 및 지구 환경에 어떤 영향을 미칠까?

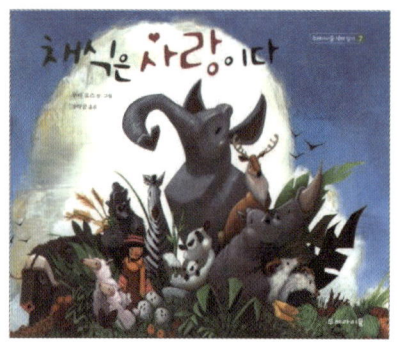

『채식은 사랑이다』
루비 로스 글·그림, 조약골 옮김, 두레아이들, 2013

동물원, 동물 실험, 서커스 공연, 동물 경주, 옷 등 동물들이 고통받는 현실을 보여 주면서 '채식은 곧 사랑'이라는 사실을 인식하게 하고, 육식으로 발생하는 환경 오염과 기후 변화의 위험성을 일깨워 준다. 먹는 것에 변화를 주는 일상의 작은 실천이 세상을 바꿀 수 있다는 용기를 심어 주는 지식 그림책이다.

➡ 활동 1: 내가 먹는 음식이 기후 및 지구 환경에 미치는 영향 알아보기

『채식은 사랑이다』 그림책을 학생들과 함께 읽은 후에 광주광역시교육청 유튜브 채널의 <[초등학생 대상] 지구가 보내는 구조신호 SOS>를 시청한다. 이 영상은 육식이 지구 환경에 미치는 영향 및 지구를 지키는 식단에 대한 내용을 담고 있다. 그 후, 고기가 나에게 오기까지의 전 과정(생산-유통-소비-처리)이 기후 및 지구 환경에 어떤 영향을 미치는지 함께 이야기한다. 특히 가축을 키우기 위한 과정, 고기가 만들어져 우리에게 도착하는 유통 과정에서 나오는 온실가스 배출량이 상당하다는 점을 이해할 수 있도록 발문한다. 먼저, 교사는 학생들에게 '대량으로 가축을 키우는 공장식 축산이 지구에 어떤 영향을 미치는지' 묻는다. 공장식 축산 때문에 온실가스가 많이 나오고, 가축을 대량으로 키우고 먹이기 위해 엄청난 크기의 땅이 필요해서 숲이 파괴되고, 항생제, 성장 촉진 호르몬제를 사용해 동물을 비정상적으로 크게 키우는 등 여러 문제점을 아이들은 명확히 알게 된다. 그다음 교사는 그림책의 주제인 '채식'에 관한 질문도 꺼내도록 한다. 이때 채식이나 육식에 관한 가치 판단이 지나치게 개입되지 않도록 사실에 기반한 이야기를 질문의 소재로 삼으면 좋다.

예를 들면, 우리나라 모든 사람이 일주일에 하루 동안 채식을 한다면 어떤 이로운 점이 있는지 등을 질문할 수 있다. 우리나라 전 인구가 일주일에 하루만 채식을 해도 하루에 온실가스 배출량을 4kg 줄이고, 자동차 450만 대를 멈추는 효과가 있다. 논밭의 75%가 필요 없어져 그곳에 나무를 심게 되면 나무들이 온실가스를 흡수해 지구의 기온을 낮추는 효과도 있다. 지구와 나를 지키기 위해 우리가 실천할 수 있는 식생활을 고민할 때다. 수업을 마친 뒤, 학생 몇몇은 고기를 좋

◆ 단백질 100g당 평균 온실가스 배출량

소(밀집 사육)	49.89kg	양식 생선	5.98kg
양	19.85kg	가금류	5.7kg
양식 새우	18.19kg	달걀	4.21kg
소(방목)	16.87kg	곡물	2.7kg
치즈	10.82kg	두부	1.98kg
우유	9.5kg	땅콩	1.23kg
돼지	7.61kg	완두콩	0.44kg

출처: <기후 위기 시대, 채식이 지구를 살린다>(《주간경향》, 주영재, 2020.10.17.)

아하지만 일주일에 하루 정도는 채식을 하겠다는 반응을 보이기도 했다.

➡ 활동 2: 저탄소 식단 짜기를 통해 '밥상의 탄소 발자국' 비교하기

『채식은 사랑이다』는 채식에 관해 "우리의 건강, 동물들, 지구를 위해 그것이 가장 좋은 방식"이라고 이야기한다. 이야기는 어떤 수치나 사례를 직접적으로 제시하지 않고 풍경을 담백하게 묘사하며 전개된다. 그렇다면 우리가 채식을 했을 때, 지구에 '얼마나' 좋은 영향이 있는 걸까? 음식의 '탄소 발자국'을 측정해 보면 해답을 알 수 있다. 음식의 전 과정, 즉 농산물의 생산, 수송 및 음식 조리 과정에서 발생하는 온실가스 양을 음식의 탄소 발자국이라고 한다. 먼저, '스마트 그린푸드'(smartgreenfood.org)에 접속하여 [생활 속의 탄소 이야기] - [밥상의 탄소 발자국] - [콘텐츠 확대 보기]를 클릭한다. 성별과 연령대를 입력한 후 원하는 음식들을 골라 식탁을 차리면 선택한 식단의 열량과 탄소 발자국을 알 수 있다. 직접 고른 식단에서 배출되는 온실가스 양을 농산물 생산-수송-조리 단계로 나누어 살펴볼 수 있는데 이 양이 승용차 1대가 몇 km를 주행했을 때 배출되는 이산화탄소의 양인지, 같은 식단으로 1년간 식사했을 경우에는 어떤지 등을 알 수 있어 유용하다. 평상시 자주 먹는 한 끼 식단과 육식 반찬 하나를 채식 반찬으로 바꾼 한 끼 식단의 탄소 발자국을 비교해 본 후, 활동을 통해 새로 알게 된 점이나 느낀 점을 공유한다. 아이들은 육식 반찬 한 가지만 채식 반찬으로 바꿔도 온실가스 양이 많이 줄어든다는 것을 알게 되어 놀랍다는 반응을 보인다.

◆ 스마트 그린푸드의 '밥상의 탄소 발자국' 콘텐츠

육식(소고기국)을 채식(콩나물국)으로 바꾼 식단의 온실가스 양(탄소 발자국) 비교.
평소 식단 2675gCO2e ⇒ 채식으로 바꾼 식단 1016gCO2e

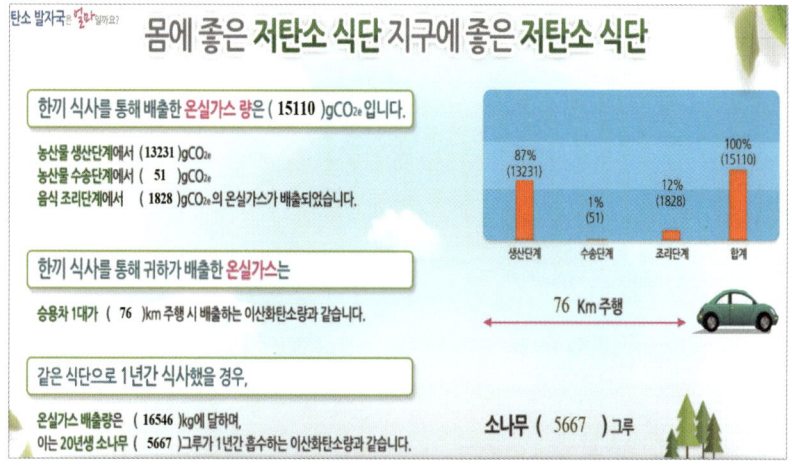

저탄소 식단의 효과.

　　채식이 환경에 미치는 영향을 수치로 확인한 후에는 채식의 또 다른 장점을 조사하는 모둠별 활동을 해 본다. 채식의 장점, 각종 채소의 효능 및 선호도 조사, 채식과 육식 비교, 음식물 쓰레기와 기후 변화의 관계 등 우리의 먹거리 전반에 대해 소주제를 함께 정하고, 모둠별 조사 학습을 통해 PPT를 제작하게 한다. 그 후 반 전체를 대상으로 발표, 질의응답, 퀴즈 시간을 통해 오개념을 수정하고 관련 지식을 확장시킨다.

먹거리 문제를 해결하려면 무엇을 실천해야 할까?

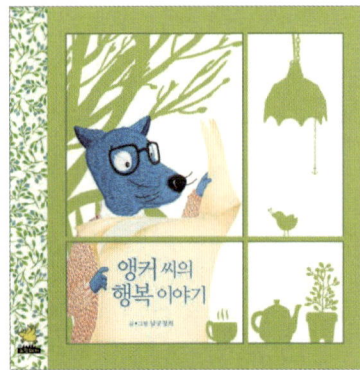

『앵커 씨의 행복 이야기』
남궁정희 글·그림, 노란돼지, 2017

사소한 것에 행복을 느끼는 늑대 앵커 씨는 공장식 농장의 실태를 고발하는 기사를 쓰다가 농장 동물들과 함께 행복하게 살아갈 수 있는 방법을 고민하고, 채식을 시작하게 된다. 가끔 육식의 유혹에 흔들리기도 하지만 결국은 동물과 공존하는 길을 선택한다는 이야기이다. 공장식 축산업과 동물 복지에 대해 다시금 생각해 보게 하는 울림이 있다.

➡ 활동 1: 회전목마 토론을 통해 문제 해결 방법 찾기

자료 조사를 통해 관련 지식을 습득한 후 육식 및 채식에 대한 주제를 OREO 글쓰기로 정리하면서 각각의 찬반 의견을 모두 정리한다. OREO 글쓰기는 하버드대학교에서 학생들에게 가르치고 있는 글쓰기 비법으로, '의견 제시, 이유 설명, 사례 제시, 의견 강조'의 4단계를 거친다. 논리적이면서도 의견의 핵심만 간결하게 전달하도록 돕기 때문에 자신의 생각을 결론부터 명확하게 정리하여 토론 입론서로 활용하면 효과적이다. OREO 글쓰기로 정리했으면 그 내용을 토대로 회전목마 토론을 한다. 일반적인 토론 모형과 달리 모든 학생이 토론 발언자 역할을 하는 방식이다. 모두가 주장을 펼치고 질문과 반박을 들을 수 있어 발언 기회가 공평하게 돌아간다는 장점이 있다. 여러 번 반복해서 토론하는 동안 자신의 의견에 대한 상대방의 피드백을 들을 수 있다.

회전목마 토론으로 논의해 볼 주제는 '탄소 중립을 위해 육식을 줄여야 한다.'이다. 그림책에서 앵커 씨가 동물과 다 함께 행복하게 살아가기 위해 육식을 참고 채식을 선택하는 부분과 연결 지어 우리라면 어떤 선택을 했을까, 앵커 씨의 입장에서 고민해 볼 수 있다.

◆ OREO 글쓰기(4단논법)[2]

단계	1단계 O(Opinion)	2단계 R(Reason)	3단계 E(Example)	4단계 O(Opinion)
특징	의견 주장	근거나 이유 설명	주장을 뒷받침하는 사례 제시	의견 재강조
표현	~합시다.	왜냐하면 ~	예를 들면 ~	그러므로 ~합시다.
오레오 글쓰기로 토론 준비	◆ 육식을 줄여야 한다는 쪽 O(의견): 탄소 중립을 위해 육식을 줄이는 일에 찬성한다. R(근거): 육식을 계속하면 지구가 점점 뜨거워지고 더 나은 상태로 되돌리기 어렵기 때문이다. E(사례): 예를 들면 소, 돼지 등 동물들이 이산화탄소를 많이 내뿜는다. 육식을 줄이면 공기도 맑아지고 이산화탄소도 줄일 수 있다. 육식을 계속하면 산불과 장마가 늘고 그 기간이 길어질 수 있다. O(의견): 그러므로 육식을 줄여야 한다. ◆ 육식을 줄이지 않아도 된다는 쪽 O(의견): 탄소 중립을 위해 육식을 줄여야 한다는 의견에 반대한다. R(근거): 고기는 맛있고 건강과 영양 측면에도 좋기 때문이다. E(사례): 육식을 하면 키가 크고 몸도 좋아진다. 고기는 성장에 꼭 필요한 음식이다. O(의견): 그러므로 육식을 줄이지 않아도 된다.			

---

[2] 그림책 독서토론수업 연수자료, 2021, 광주광역시 교육연구정보원.

< 회전목마 토론 모형 흐름 >[3]

- **토론 준비하기**: 오레오 글쓰기로 주장 내용을 작성한다.
- **찬성 주장하기(1분)**: 찬성 측 1인이 반대 측 1인을 향해 1분간 자기 의견을 이야기한다.
- **반대 질문하기(1분)**: 반대 측이 찬성 측에 질문한다. 이때 찬성 측은 답변만 할 수 있다.
- **반대 주장하기(1분)**: 반대 측이 찬성 측을 향해 자기 의견을 이야기한다.
- **찬성 질문하기(1분)**: 찬성 측이 반대 측에 질문한다. 이때 반대 측은 답변만 할 수 있다.
- **자리 바꾸고, 다음 토론 준비하기(1분)**: 큰 원을 두 개 만들어 안쪽 원에 앉은 학생들은 그대로 있고, 바깥쪽 원의 자리를 한 방향으로 두 칸 옮겨서 이동한다. 그러면 새로운 친구와 만나 토론을 이어 갈 수 있다.
- **정리하기**: 자신과 토론한 친구들의 의견만 들을 수 있으므로 학생들 개개인의 의견을 모으고 공유하는 정리 과정이 필요하다.

　발언 시간은 학생의 수준에 따라 바꿀 수 있다. 학생들은 주장하기보다 질문하기를 훨씬 재미있어하므로 질문하기 시간을 2분으로 늘려도 좋다. 학생들이 한쪽 입장에 익숙해졌다면, 입장을 바꾸어 토론해 본다. 양쪽 입장의 역할을 모두 맡으면 논제를 깊이 이해하게 된다.

---

[3] 『생각이 자라는 그림책 토론 수업』(권현숙 외 5인 지음, 학교도서관저널, 2018, pp.144~161).

➔ 활동 2: 지구를 지키는 식생활 실천하기

지구를 지키는 식생활 실천의 일환으로 '잔반 제로' 챌린지와 '먹거리 문제 인식 전환' 챌린지를 해 본다. 먼저 잔반 제로 챌린지는 식품의 생산-가공-유통-소비-폐기의 전 과정 중에 나오는 음식물 쓰레기를 줄이자는 의도에서 착안하였다. 학급 회의에서 학교 급식 잔반을 줄이자는 안건이 나와 학생이 스스로 스티커를 붙이는 체크 리스트를 만들었다. 작은 시도지만 스티커를 붙이며 자신의 식습관을 고치려고 노력하는 학생들이 점점 늘어 감을 알 수 있었다.

그다음으로 먹거리 문제의 인식 전환을 독려하는 챌린지를 펼친다. 학생들이 식생활 문제를 아는 데에서 그치지 않고 학교와 가정에서 꾸준히 실천할 수 있는 방법에 대해 모둠별로 토의한 후 포스터를 제작하고, 복도에 게시하여 홍보하는 방식이다. 그뿐만 아니라 학생

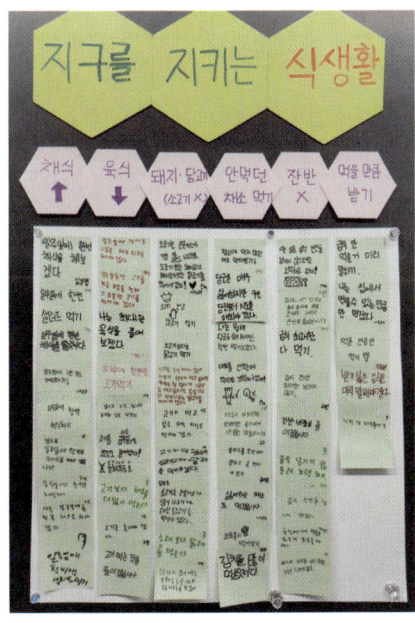

지구를 지키는 식생활 유목화.

들은 올 한 해 동안 자신이 실천할 수 있는 일을 포스트잇에 적어 칠판에 붙이고 비슷한 것끼리 유목화하면서 각자 실천 의지를 다지기도 했다. 실천 사항으로는 주 1~2일 채식 실천, 안 먹던 채소 먹기, 급식은 먹을 만큼만 받기, 잔반 제로 등이 나왔다. 띵커벨 같은 온라인 도구를 이용하면 자신의 먹거리 실천 인증샷을 공유하고 서로 격려하는 데에도 큰 도움이 된다.

우리의 먹거리가 기후 및 지구 환경에 미치는 영향을 전반적으로 이해하며 어떤 음식을 먹어야 이산화탄소 배출량을 줄여 기후 변화에 보다 효과적으로 대응할 수 있는지 고민해 보는 수업을 전개하고자 노력하였다. 환경 그림책 수업을 통해 우리가 저마다의 식탁에서 자연과 환경을 생각하는 작은 변화를 만들 수 있길 바란다. 또한 이 과정을 통해 예전과는 다른, 환경적인 관점에서 세상을 바라볼 수 있으면 좋겠다. 의무감으로 실천하는 학생이 아니라 능동적인 고민으로 삶의 변화를 이끌어 내는 학생으로 자라나게 되기를 바란다.

함께 읽으면 좋은 그림책

① 『고기를 먹지 않는다면?』(세라 엘턴 글, 줄리 맥래플린 그림, 천미나 옮김, 키다리, 2018)
② 『우리를 먹지 마세요!』(루비 로스 글·그림, 천샘 옮김, 두레아이들, 2011)
③ 『채식 흡혈귀 딩동』(임정진 글, 박실비 그림, 이숲아이, 2021)
④ 『나의 비거니즘 만화』(보선 글·그림, 푸른숲, 2020)
⑤ 『이토록 불편한 고기』(크리스토프 드뢰서 글, 노라 코에넨베르크 그림, 신동경 옮김, 그레이트북스, 2021)

❺

에너지와
도시 이야기

—
에너지 절약
—
재생 에너지
—
도시 생성
—
도시 재생

전기와 함께 하는 생활을 점검해 봐요

에너지 절약

개개인의 에너지 사용은 점점 늘어나고 있지만 화석 연료의 공급에는 한계가 있다. 따라서 지속 가능한 에너지에는 무엇이 있는지, 일상에서 활용할 방법이 있는지 고려하며 에너지 절약을 실천해야 하는 현실이다. 낙관적 견해를 보이는 학자들은 미처 발견하지 못한 유전이 앞으로도 계속해서 발견될 것이기 때문에 석유, 석탄, 천연가스 등의 고갈을 놓고 그리 염려하지 않아도 된다고 말한다. 하지만 자원 전문가들 대부분은 대규모 자원이 새롭게 발견될 가능성은 적다고 한다. 즉, 기후 변화와 함께 에너지 고갈이라는 문제는 우리 인류 모두가 헤쳐 나가야 할 항구적인 논제라는 의미이다. 현실적인 대책 중 하나는 에너지를 절약하는 것이다. 어떻게 해야 에너지를 효율적으로 이용할 수 있는지 모색하는 활동이 우리가 생활 속에서 지구를 위해 '지금, 바로' 실천할 수 있는 일이다.

한국전력공사에 따르면 텔레비전 시청을 하루 1시간 단축하고, 냉장고에는 음식물을 60% 정도만 채우고, 사용하지 않는 각종 전자 제품은 플러그를 뽑아 두면 한 가정에서 연 1,000kwh 전력을 절감하고 약 10만 원의 절감액 효과를 볼 수 있다고 한다. 전국 150만 가구로 따져 보면 1,500억 원에 달하는 효과이다. 작은 실천이 모여 눈에 보이는, 큰 효과를 불러온다는 점을 생각하며 그 행동들이 급속한 기후 변화를 막을 수 있다는 점 또한 이번 수업에서 중요하게 다루었다.

에너지 절약이 우리 생활과 얼마나 관련 있을까?

『달 샤베트』

백희나 글·그림, 책읽는곰, 2014

모두 창문을 꼭꼭 닫고 에어컨과 선풍기를 틀며 잠을 청하는 사이 달이 녹아내리게 된다. 반장 할머니는 큰 대야를 가져와 녹아 버린 달을 담았고, 그사이 온 세상은 정전이 된다. 반장 할머니는 달로 샤베트(셔벗)를 만들어 사람들에게 나눠 주고, 달이 사라져 살 곳이 없는 옥토끼 두 마리에게 달맞이꽃을 피워 새로운 보름달을 선물해 준다. 에너지를 아무렇지 않게 펑펑 쓰는 현대인들이 그 소중함을 생각해 볼 수 있게 해 주는 그림책이다.

활동: 그림책 읽고 상징적 의미 파악하기

학생들과 함께 그림책을 읽기 전, 분위기를 조성하기 위해 교실의 불을 모두 끄고, 인공 촛불을 켠다. 아주아주 무더운 날이라고 가정해 볼 수 있도록 교실의 에어컨을 잠시 쉬게 해 주는 것도 괜찮은 방법일 듯하다. 교실을 어둡게 한 뒤 흥미를 유발하기 위해 "에너지를 많이 써서 정전된다면 어떻게 행동할 건가요?"라고 물어보자 '온종일 잠을 잘

거예요.', '가만히 있을 거예요.' 등의 대답이 많이 나왔다. 장난 반 진담 반으로 물어보았지만 씁쓸한 마음이 들었다. '달 샤베트'라는 단어 자체가 생소하니 그림책을 읽기 전 학생들과 함께 단어의 의미를 추측한 다음 책을 읽기 시작한다. 그림책을 다 읽고 나면 내용이 상징하는 의미를 칠판에 도식화하면서 파악하는 시간을 가진다.

그림책을 읽은 후 그림책 속 단어와 인물을 탐색한다. 시간 여유가 된다면 옥토끼에 대한 학생들의 다양한 해석을 두고 지속 가능한 발전과 연결하여 탐구 활동을 진행해도 좋다.

교사 질문	학생 대답
그림책을 읽기 전에는 제목의 의미가 '시원한 먹거리'라는 의견이 대다수였어요. 책을 읽고 나니 어떤 생각이 드나요?	- 달은 우리가 쓰는 에너지를 의미하는 것 같아요. - 언젠가 없어질 수 있는 에너지를 아껴 쓰자는 의미예요. - 세상을 비추는 달은 녹아내렸지만 달 샤베트라는 다른 형태로 바뀌어 사람들을 도와주는 것을 의미해요.
'다른 형태로 바뀐다'는 의미를 에너지와 관련해서 연관 지어 보면 어떤 뜻이 되나요?	- 달이 샤베트로 바뀌었으니까 에너지 전환이라고 말할 수 있어요. - 에너지 효율이라는 뜻도 될 것 같아요.
반장 할머니는 누구를 상징할까요?	- 에너지 절약 실천가. 녹고 있는 달을 버리지 않고 대야에 담아 다시 사용했어요.
옥토끼는 누구를 상징할까요?	- 옥토끼는 에너지가 없어진 미래 세대의 후손을 나타내는 것 같아요 - 에너지 빈곤층을 대변해요. 에너지가 고갈되어 오갈 곳 없는 사람들이에요.

우리가 모두 에너지 절약을 실천한다면 어떤 일이 일어날까?

『냠냠 빙수』

윤정주 글·그림, 책읽는곰, 2017

동물 친구들이 '쉬어 가는 집'에 들어가 사람들이 했던 행동을 똑같이 따라 한다. 두꺼비집을 올리고, 플러그를 꽂고, 텔레비전, 냉장고, 선풍기 전원을 켠다. 시원한 시간을 보내던 중 흰곰이 등장한다. 무더운 날씨 탓에 최근 이상한 행동을 하며 동물원을 탈출한 흰곰이다. 더위를 먹은 흰곰에게 동물 친구들은 많은 도움을 준다. 흰곰은 과연 고향 북극까지 갈 수 있을까? 에너지 절약과 관련하여 다양한 생각을 할 수 있게 해 주는 그림책이다.

➡ 활동 1: 의사 결정 그리드 활동

의사 결정 그리드 활동을 하기 전 그림책을 읽는다. 『냠냠 빙수』를 읽고 학생들과 함께 등장인물이 상징하는 의미를 생각해 본 뒤 그림책에서는 가정 에너지가 어디에 쓰이는지 찾아본다. 냉장고, 텔레비전, 선풍기, 에어컨, 전등 등 평소 일상생활에서 자주 볼 수 있는 제품들이 나온다. 도시가스, 자동차, 수도, 건조기, 공기청정기, 식기세척기, 스타일러 등 학생들이 제시한 단어들을 칠판에 적는다.

학생들이 찾은 이름을 칠판에 도식화하니 제법 많이 등장한다. 현대 사회에서는 가정 에너지가 필요한 새로운 제품이 해마다 출시된다. 이 제품들이 생활을 편리하고 윤택하게 만든다는 장점을 먼저 언급한 후 단점은 무엇이 있는지 물어본다. 학생들은 '에너지 낭비'를 중심으로 다양한 의견을 이야기한다. 이어서 교사는 이번 수업과 관련하여 가정에서 쓰이는 에너지를 어떻게 하면 절약할 수 있을지 방법을 찾아보는 의사 결정 그리드 활동을 안내한다.

의사 결정 그리드 활동이란 여러 사람이 함께 아이디어를 낼 때 사용하는 방법이다. 복잡하고 중요한 문제의 해결 방안을 기준에 따라 제시하는 것이다. 모둠 활동을 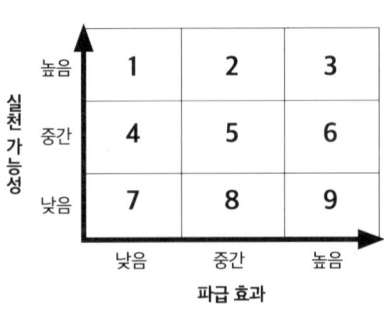 시작하기 전 모둠별로 종이를 나눠 준 후 세로축과 가로축을 그리도록 안내한다. 세로축은 실천 가능성, 가로축은 파급 효과로 정한다. 이어서 각 축에 낮음, 중간, 높음을 표시하고 총 9칸으로 나눈다. 예를 들면 제시된 아이디어가 파급 효과가 높고, 실천 가능성도 높다면 3번 칸에 해당하고, 아이디어의 파급 효과가 낮고, 실천 가능성은 높다면 1번 칸에 해당하는 것이다.

의사 결정 그리드 표가 완성되면 모둠별로 넉넉하게 포스트잇을 나눠 주고 모둠 활동을 시작하게 한다. 에너지를 절약하는 방법을 두고 생각나는 아이디어를 다양하게 적어 보도록 한다. 한국에너지공단 블로그나 '찾기 쉬운 생활법령정보' 사이트(easylaw.go.kr)를 함께 보여 주면 더 다양한 방안들을 찾을 수 있다.

아이디어를 다 적었으면 모둠원들은 제시된 아이디어가 얼마나 실천 가능성이 높은지, 얼마나 효과적인지 생각하고 의논한 뒤 의사 결정 그리드 표의 적절한 위치에 포스트잇을 붙인다. 표가 완성되면 모둠별로 인상 깊은 아이디어를 두 가지씩 골라 발표하도록 한다.

◆ **학생들이 만든 그리드 예시글**

실천 가능성			
높음	- 냉장고 문 닫기 - 보일러 끄고 나가기 - 여름에 에어컨 줄이기	- 외출 시 항상 불 끄기	- 전기 자동차를 전국적으로 시행
중간	- 전등 끄기 - 전자 제품 코드 뽑기	- 물 받아 놓고 세수, 양치하기 - 대중교통 이용하기	- 모든 가정의 전기를 태양열 에너지로 바꾸기
낮음	- 반신욕 줄이기	- 걸어 다니기	- 에너지 절약 법 제정하기
	낮음	중간	높음
		파급 효과	

➡ **활동 2: 월드 카페 토의 후 Save the Energy 다짐표 만들기**

월드 카페는 모두가 이야기를 나눌 수 있게 하는 카페식 토의 방법이다. 친밀하고 열린 대화 분위기를 촉진하고 다양한 아이디어를 생산할 수 있도록 한다.

이번 활동에서는 학생들이 탐구했던 내용들을 재구성하여 일상생활에서 발생하는 에너지 절약과 관련된 문제 상황을 찾고, 이를 해결하기 위해 실제로 할 수 있는 방안을 토의해 본다. 앞에서 이어 온 다양한 활동을 통해 어느 정도 사전 지식이 충분해졌으므로, 본인이 생각한 현실적이고 풍부한 방안들을 말할 기회를 주고자 토의 활동을 진행했다. 총 두 가지 질문을 만들어 학생들에게 제시하고 월드 카페 진행 방법을 다음과 같이 안내하였다.

> **질문1.** 에너지 절약과 관련해서 가정(학교)에서 생기는 문제 상황은?
> **질문2.** 이를 해결하기 위해 우리가 할 수 있는 실천 방안은?
>
> **역할 선정:** 모둠별로 호스트 1명을 선정, 나머지는 참여자.
>
> 1. 호스트는 그 테이블의 사려 깊은 주최자이고, 테이블 이동을 하지 않습니다.
> 2. 참여자는 호스트의 질문에 따라 편하게 이야기를 나누고, 테이블을 옮겨 다니며 그 질문에 관련된 대화를 이어 갑니다.
> 3. 참여자는 자신이 들른 모둠에서 카페 종이에 의견을 남기며 토의하면 됩니다.

학생들에게 월드 카페 활동은 마치 카페에서 수다를 떠는 것처럼 편안한 분위기를 조성하는 것이 중요하다는 점을 이야기하고 특정 음식점이나 카페 벽에 있는 낙서를 보여 준다. '누구누구 왔다 감', 'OOO, OOO 우정 영원히' 등 장난스럽고 재미있는 낙서들을 예시로 보여 주면서 모둠에서 의견을 적을 때 비슷한 방식으로 흔적을 남기면 된다고 안내한다. 즉, 방문자들은 모둠에서 토론하는 동안 테이블에 놓인 종이에 간단히 메모하거나 그림을 자유롭게 그릴 수 있는 것이다.

본격적으로 활동이 시작되면 기존 모둠원들끼리 '모둠 카페'에서 토의 활동을 시작한다. 먼저, 모둠 테이블에 둘러앉아 정해진 시간 동안 열린 대화를 한다. 질문1에 대해서 토의하고 어느 정도 대화가 마무리되면 질문2에 대해서 토의를 진행한다. 토의를 진행하는 동안 다른 학생과 구별되는 색깔 펜을 선택해 테이블에 놓인 종이에 자유롭게 메모한다. 정해진 시간이 지나면 다른 테이블로 이동한다. 이때 교사는 학생들이 중복해서 같은 모둠 카페에 방문하지 않도록 안내한다. 새로운 모둠 카페가 만들어지면 그 테이블의 호스트는 손님들을 맞이하여 지난 대화의 요점들을 간단하게 알려 주도록 한다. 요점 소개가 끝나면 두 질문을 놓고 토의 활동을 시작하고, 정해진 시간이 지나면 다시 새로운 테이블로 이동하여 토의를 반복한다. 한 반이 네 모둠이라면 같은 주제를 두고 토의를 네 번 진행하는 것이고, 다섯 모둠이면 토의를 다섯 번 진행하는 것이다.

월드 카페 활동은 정해진 질문을 놓고 대화를 반복해 진행하는 방식이다. 학생들이 새로운 테이블로 옮겨 갈 때마다 앞선 대화에서 나온 아이디어가 더 풍부해지고 발전되어 집단 지성이 확장된다고 할 수 있다. 월드 카페를 진행한 후 학생들의 소감을 들어 보았다. '개인마다 세상을 보는 관점이 다르게 해석되는 것이 재미있었다.', '전체 토의를 하면 자신의 의견을 제대로 피력하지 못할 때가 많은데 월드 카페는 다섯 번이나 자신의 의견을 말할 기회가 생겨서 존중받을 수 있는 토의 방법인 것 같다.' 등 다양한 의견이 나왔다. 실제로 월드 카페 토의 중 재미있는 아이디어도 많이 나왔다. 예를 들면 '대변 보고 물 한 번만 내리기', '냉수보다는 정수 마시기', 'TV 틀고 딴짓하지 않기' 등이다.

월드 카페 토의 활동이 끝나면 처음 모둠으로 돌아가서 그 테이블

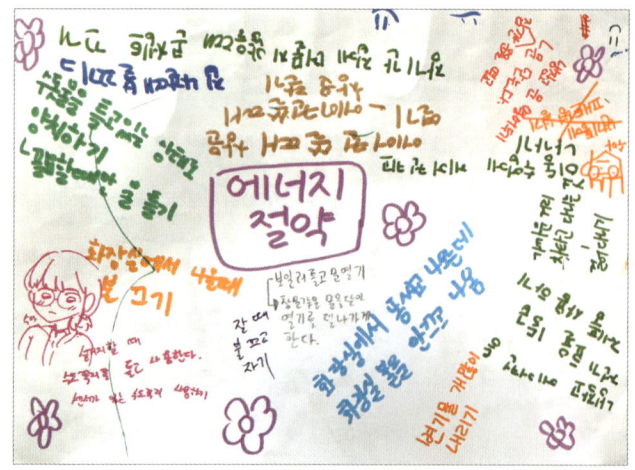

월드 카페 토의 결과지.

에 놓인 결과지를 전체적으로 읽어 본다. 각 모둠 카페 종이에서 인상 깊고 현실성 높은 내용들을 하나씩 뽑아 칠판에 'Save the Energy 다짐표'를 만든다. 칠판 한 면을 넓게 사용해 크게 정리하면 학생들도 주제를 좀 더 진지하게 생각하고 주목도도 높아진다. Save the Energy 다짐표를 다 적었다면 학생들과 함께 평가를 진행한다. 실제로 일상생활에서 하루에 몇 번이나 가능한지, 이러한 행동을 하루 이틀로 끝내지 않고 여러 해에 걸쳐 모든 사람이 하게 된다면 사회에 어떤 변화가 일어날지 상상해 보도록 한다.

"우리가 함께 정리한 Save the Energy 다짐들을 매일매일 모든 사람들이 하게 된다면 어떤 일이 일어날까요?"라고 질문을 하자 '나라 전체의 전기료를 줄일 수 있어요.', '국가에서 다양한 에너지 관련 사업을 진행하기 수월할 것 같아요. 반대하는 사람들이 줄어들 테니까요.', '국민들의 마음이 변하기 때문에 기업들도 에너지 절약 제품을 위주로 생산할 것 같아요.' 등 다양한 대답이 나왔다.

◆ **Save the Energy 다짐표 예시**

> 1조: 에너지 효율 등급이 높은 제품을 사용한다.
> 2조: 낮에는 자연광을 활용하고 밤에는 LED 조명을 사용한다.
> 3조: 에어컨을 틀고 문 열고 다니지 않는다.
> 4조: 밖이 밝을 때에는 커튼을 올리고 실내의 불을 끈다.

우리는 현재의 행동이 기후 위기에 어떠한 영향을 미칠 수 있는지, 어떤 결과를 초래하는지 다음 세대의 구성원들에게 명확하게 인지시켜야 한다. 환경 수업을 통해 우리가 하는 다양한 행동과 그 결과가 환경과 어떤 연관성이 있는지 다음 세대가 다른 방식으로 생각할 수 있는 기회를 만들면 좋겠다. 학생들이 자신들의 삶을 넘어 지구의 관점에서 환경과 관련된 이슈를 바라보고 탐구할 수 있는 눈을 키워야 한다.

함께 읽으면 좋은 그림책

1. 『아도와 전깃불』(아도넬라 코마체토, 마리안나 투르키 글, 크리스티나 지벨라토 그림, 서소영 옮김, 키즈엠, 2013)
2. 『우리 집 전기가 집을 나갔어요!』(신순재 글, 김고은 그림, 최혜영 감수, 소담주니어, 2015)
3. 『지구를 위한 한 시간』(박주연 글, 조미자 그림, 한솔수북, 2011)
4. 『전기가 우리 집에 오기까지』(엠마뉘엘 피게라스 글, 릴리 라 발렌 그림, 이정주 옮김, 우리학교, 2022)

초록별을 위한 특별한 에너지

재생 에너지

"화석 연료 사용이 지구 온난화의 원인이라는 것을 알면서도 왜 계속 쓰나요?"

"나쁜 것은 그만 쓰고 다른 방법을 찾는 건 어떨까요?"

학생들이 물었다. 절박한 기후 위기 속에서 그 대안과 방법이 있냐고 묻는 것은 내일의 희망을 찾고 싶은 마음 때문일 것이다.

2019년 기준 국제에너지기구(IEA) 통계에 따르면 한국의 탄소 배출량은 7위, 1인당 탄소 배출량은 세계 6위를 기록했다. 정부는 '2050 탄소 중립'을 목표로 신재생 에너지를 적극적으로 개발 중이다. 우리나라는 2020년, 재생 에너지가 차지하는 비율이 6.6%였으며 2030년에는 30% 이상을 목표로 두고 있다. 독일은 2020년에 재생 에너지 비중이 46.2%까지 올랐다. 전 세계적으로 화석 연료 사용을 감소시키고 재생 에너지 사용 비중을 높이는 추세다. 화석 연료는 사용 과정에서 지구 온난화를 가속화시킬 뿐 아니라 그 양이 한정되어 있기 때문이다. 현재와 같은 추세라면, 석유는 46년, 석탄은 122년, 천연가스는 64년이면 대부분 고갈될 것으로 예측한다. 에너지 소비는 지속적으로 증가하기에 자원의 고갈 속도는 더 빨라질 것이다. 그렇기 때문에 재생 에너지에 관심을 두고 그 기술을 아는 일은 미래를 준비하는 데에 필수적이며 학생들이 진로를 고민할 때에도 중요한 부분이 될 것이다. 우리는 그림책을 통해 재생 에너지의 종류와 개념, 필요성을 살펴보고자 한다.

에너지란 무엇일까?

『나는 태양의 아이』

신동경 글, 정문주 그림, 풀빛, 2019

에너지 순환과 그 쓰임을 살펴보고 지구 환경을 위해 가장 효율적인 에너지가 무엇인지 알려 주는 책이다. 태양에서 시작된 에너지의 흐름을 쉽고 친절하게 그림으로 설명하고 있어 에너지의 개념을 처음 접하는 학습자들에게 도움이 될 것이다. 그림책을 읽을 때 교사가 학생들의 수준을 고려하여 어려운 단어의 뜻과 의미를 풀어 설명해 주면 좋다.

➡ 활동 1: '에너지'를 주제로 K-W-L 정리하기

세상은 물질과 에너지로 이루어진다. 물질은 우리가 보거나 만질 수 있는 것으로 물건, 동식물, 땅과 나무와 같은 것들이다. 에너지는 어둠을 밝히는 빛, 매일 사용하는 휴대 전화를 움직이게 하는 전기 등이다.

주위에 어디에나 있지만 눈에 보이지 않고 손으로 만질 수 없기 때문에 우리가 제대로 알지 못하는 경우가 많다. 그래서 수업을 시작하기 전에 학생들이 에너지를 얼마나 알고 있는지 확인하고자 괄호 안에 공통적으로 들어가는 것이 무엇인지 물었다.

( ) 안에 들어갈 단어는 무엇일까요?

- 세상을 움직이는 (   )
- 자전거를 움직이는 (   )
- 불을 켤 때 사용되는 (   )
- 몸이 축축 처지거나 피곤할 때, 우리는 (   )가 필요해.

학생들은 힘, 비타민, 동력, 전기, 사람이라고 대답하다가 에너지라는 답을 찾아냈다. 퀴즈에 이어 교사는 학생들이 에너지에 대해 얼마나 알고 있는지 확인하기 위해 K-W-L 학습지를 나눠 준다. K-W-L 학습법은 책을 읽기 전에 그 주제에 대해 '아는 것(K)'을 떠올려 보고, '알고 싶은 것(W)'을 질문 형태로 만들어 보며 '알게 된 것(L)'을 정리해, 배경지식을 활성화하여 능동적으로 읽기에 참여하도록 도와주는 방식이다. 이것은 평가 활동이 아니라 주제를 공부하는 데에 관심을 끌기 위한 동기 유발 활동이므로 편안하게 적도록 한다. 다 적은 후, 학생들이 돌아가며 발표한다. 같은 내용일 경우 패스할 수 있다. 교사는 내용을 판서하며 적극적으로 듣고 관련 지식과 정보를 제공한다.

◆ 에너지를 주제로 한 K-W-L 활동

알고 있는 것 (what I Know)	알고 싶은 것 (what I Want to know)	알게 된 것 (what I Learned)
- 에너지, 힘, 전기 - 밥을 먹어야 한다. - 에너지 파워, 충전, 생명, 죽음, 자동차, 전쟁, 석유, 원자력, 지구 온난화, 탄소	- 에너지가 무엇인가요? - 에너지가 언제 필요한가요? - 화석 연료가 꼭 필요한가요? - 우리는 에너지를 어떻게 얻을 수 있나요? - 사람들은 스스로 에너지를 만들 수 있나요? - 자연을 오염시키지 않는 에너지에는 무엇이 있나요?	- 에너지는 힘을 내게 하는 것. - 에너지는 꼭 필요하다. - 에너지는 태양에서 얻는다. - 에너지가 없으면 인간이 살기 어렵다. - 에너지를 잘 쓰려면 에너지를 절약해야 한다.

→ **활동 2: 에너지 마인드맵 그리기**

『나는 태양의 아이』에서는 우리가 움직일 때 반드시 필요한 것이 에너지이며 에너지의 근원이 태양에 있다는 내용을 기본에 두고 각 에너지를 소개한다. 예를 들면 엘리베이터를 이용할 때는 전기 에너지가 사용되는데 그 에너지는 태양 에너지로부터 얻은 화석 연료에서 나오는 것이다. 사람이 계단을 이용하여 올라갈 때는 운동 에너지가 필요한데 그때 우리는 태양으로부터 에너지를 받아 자란 동식물을 먹어서 운동 에너지를 얻게 된 것이다. 『나는 태양의 아이』는 이렇게 여러 에너지가 태양으로부터 시작되며, 태양 에너지가 다른 에너지로 전환되어 사용되는 예를 많이 소개한다. 이번 활동에서는 그 내용을 마인드맵으로 정리한다. 먼저 교사는 이 그림책의 핵심 단어인 '태양'

학생들의 마인드맵.

을 칠판 가운데에 크게 그리고, 태양으로부터 어떤 에너지를 어떻게 얻어 사용하는지 가지를 뻗어 그린다. 학생들은 교사와 함께 그림책을 다시 읽으며 나오는 이야기의 순서대로 태양에서 가지를 뻗어 공책에 마인드맵을 그린다.

마인드맵을 다 그린 후에는 짝과 함께 돌아가며 내용을 설명하게 한다. 그리고 교사가 몇 가지 퀴즈를 내며 수업을 정리한다. 에너지의 기본 개념이 앞으로의 수업에서 중요하기 때문에 학생들이 잘 이해했는지 확인하는 과정을 거쳐야 한다.

재생 에너지란 무엇일까?

『바람으로 전기를 만들어』

해리엇 브런들 글, 이계순 옮김, 풀빛, 2021

주위에서 흔히 볼 수 있는 전구, 바람을 에너지로 만드는 풍력 발전기가 화자가 되어 재생 에너지를 이야기하는 논픽션 그림책이다. 태양열, 풍력, 수력, 조력, 바이오 연료 에너지의 개념과 에너지가 쓰이는 방법이 명료하게 설명되어 있다. 이 그림책을 읽고 재생 에너지가 무엇인지 처음 접하는 학생들을 위하여 다양한 놀이를 통해 관련 용어를 익히고자 한다.

활동: 도전! 재생 에너지 놀이터!

짝 맞추기 게임(matching game)

그림책에 나온 다섯 가지 재생 에너지의 명칭과 그림을 연결하는 놀이다. 교사는 에너지 명칭 카드 5장(태양, 풍력, 수력, 조력, 바이오 연료)과 각 에너지를 상징하는 그림 카드 5장, 총 10장의 활동지를 만들어 1인당 1장씩 제공한다. 아이들은 활동지를 받으면 해당 부분을 각각 오려서 책상 위에 10장의 카드를 마구 섞어 둔다. 교사가 "바람을 이용한 풍력 에너지!"라

에너지 명칭과 그림 카드 예시.

고 말하면 학생들은 풍력 에너지 명칭 카드와 그림 카드 각 1장씩을 찾는다. 같은 방식으로 밀물과 썰물의 차이를 이용한 조력 에너지, 태양열을 이용한 태양 에너지, 식물이나 똥, 쓰레기 등을 이용한 바이오 에너지, 댐을 세워 물이 아래로 떨어질 때 생기는 힘을 이용하는 수력 에너지를 찾는다. 이 활동을 통해 아이들은 재생 에너지의 기본 개념과 명칭을 자연스럽게 익힐 수 있다.

메모리 게임(memory game)

짝과 함께 하는 게임이다. 앞 게임에서 활용한 카드 10장을 책상 위에 뒤집어 놓는다. 한 번씩 번갈아 가며 2장의 카드를 넘겨 어떤 카드인지 확인한다. 만약 2장의 명칭과 그림이 연결되면 가져간다. 연결되지 않으면 다시 뒤집어 둔다. 처음 카드를 둔 자리를 변경하지 않으며 뒤집어 보고 앞 과정을 반복해 카드를 많이 모은 사람이 이기는 게임이다.

미싱 게임(missing game)

모둠 놀이이다. 책상 위에 카드 10장을 그림이 보이도록 펼쳐 둔다. 술래 한 명이 카드 1장을 몰래 숨기고, 나머지 사람들은 '숨겨진 카드가 무엇'인지 1분 안에 알아맞힌다. 정답을 맞혔으면 숨겼던 카드를 원래 위치에 놓고 맞힌 사람이 술래가 되어 또 다른 카드를 숨기는 방식으로 게임을 계속 진행한다. 1분 안에 정답을 맞히지 못하면 술래가 힌트를 제공할 수 있다.

재생 에너지의 장단점은 무엇일까?

『파워 업! 에너지 전쟁』

샤커 팔레자 글, 글렌다 체 그림, 박영도 옮김,
라임, 2016

에너지에 관한 정보를 그래프, 도표, 그림 등으로 설명한다. 재생 에너지가 지속 가능한 발전을 위해 필요함을 알려 주며 각 에너지의 개념과 장단점은 물론 재생 에너지에 대한 역사와 발전 가능성 등을 자세하게 풀어 주고 있다.

➡ 활동: 각 재생 에너지의 SWOT 찾기

'재생 에너지가 화석 연료에 비해 좋은 점이 훨씬 많지만, 단점은 없을까? 재생 에너지 발전소는 어디에나 세울 수 있을까?' 이 질문의 답을 찾기 위해 SWOT분석 모형[1]을 활용해 보려 한다. SWOT는 강점(Strength), 약점(Weakness), 기회(Opportunity), 위기(Threat)의 앞 글자를 따서 만든 단어로 효과적인 경영 전략 수립을 위한 분석 방법 중 하나이다. 재생 에너지를 둘러싸고 강점, 기회, 그 반대로 약점과 위기를 살펴보면서 해당 주제를 깊이 들여다볼 수 있다. 이 그림책은 앞에서 배운 다섯 가지 재생 에너지를 소개하는데 에너지별로 장점과 단점이 적혀 있어서 SWOT 활동을 하기에 적절하다.

학생들은 장단점을 바탕으로 기회와 위기에 관련된 내용을 토론

---

[1] 『질문이 있는 그림책 수업』(그림책사랑교사모임 지음, 케렌시아, 2021, p.197).

하고 분석한다. 학생들의 수준에 따라 교사가 주도하여 칠판에 각 에너지별로 SWOT표를 그린 후 전체 학생들과 함께 토론하거나 모둠별로 한 에너지씩 선택하여 분석하고 전체 발표를 통해 정보를 공유하는 방법으로 진행해도 좋다. 필자는 초등학교 3학년 학생들과 전체 토론을 먼저 진행하여 연습한 후 모둠별로 토론 활동을 했다.

다음은 교사의 질문이다. 학생들은 SWOT표에 대답을 기록하며 정리했다.

- 태양 에너지의 장점은 무엇일까요? 왜 쓰게 되었을까요?
- 태양 에너지의 단점은 무엇일까요? 극복하려면 어떻게 해야 할까요?
- 태양 에너지를 만들기 불리한 곳은 어디일까요?
- 우리 동네에서 태양광을 이용하는 경우를 본 적 있나요?
  여러분이 태양 에너지를 사용하려면 어디에 집을 짓는 것이
  좋을까요? 그곳의 위치는 어떠한가요?

동전의 양면처럼 강점과 약점, 기회와 위기가 서로 관련되어 있으며 그 관계를 잘 이해할 때 해결책 또는 전략을 잘 세울 수 있다. 이 점을 염두에 두고 교사와 함께 태양 에너지 SWOT분석을 해 본 후에는 모둠별로 다른 재생 에너지들을 분석하고 발표한다. 이 수업의 목적은 재생 에너지를 가깝게 인식하고 지속 가능한 발전을 하는 데 재생 에너지가 중요함을 아는 것이다. 학생들이 스스로 이 주제에 관심을 두고 다각도로 생각해 보는 관점을 형성해야 한다. 예를 들어, 학생들이 바닷가 지역에 산다고 가정할 때 바다에 왜 풍력 발전기가 설치되

질문	학생들이 발표한 내용			
강점(S) 이 에너지의 강점은?	고갈되지 않고 공짜로 얻음	한번 설치하면 오래 사용 가능	설치가 쉬운 편임	공터나 주차장에 설치할 수 있음
약점(W) 이 에너지의 약점은?	겨울철에는 전기가 부족할 수 있음	태양광 설치비가 비쌈(하지만 보조금 제도가 있다.)	비가 올 때는 에너지가 부족함	설치할 장소가 따로 필요함
기회(O) 이 에너지를 얻기에 좋은 곳은?	산꼭대기	옥상	그림자가 생기지 않는 곳	해가 많이 드는 지역
위기(T) 이 에너지를 얻기에 불리한 환경은?	산 아래	1층 집	건물이 빼곡하게 있는 곳	비가 많이 오는 지역

햇볕이 드는 곳이라면 OK, 태양 에너지

었으며 현재 어느 정도의 전력을 만들어 내는지, 그 가치가 미래에 어떠한지 궁금해하여 스스로 자료를 찾아보려는 마음이 들었다면, 성공적인 수업인 것이다. 이 수업을 통해 학생들이 그동안 관심 없이 지나치던 동네의 태양광 전지를 자세히 살펴보기도 하고, 공터가 있다면 지역 사회의 에너지 자립을 생각하며 태양광 전지 설치 의견을 제시하기도 하는 적극적인 관점이 생기길 바란다.

에너지 독립을 위해 재생 에너지를 어떻게 사용할까?

『누가 우리 아빠 좀 말려 줘요!』

김단비 글, 한상언 그림, 이유진 감수, 웃는돌고래, 2012

이슬이 아빠는 에너지 독립 선언을 하고 집에서 쓰는 에너지를 모두 손으로 만들겠다며 뒷마당에는 풍력 발전기, 지붕에는 태양열 온수기, 마당에는 태양열 조리기, 뒤꼍에는 바이오 가스 제조기를 놓고 좌충우돌한다. 이 과정을 통해 독자들은 전기의 고마움을 깨닫고 에너지에 대한 이해를 높일 수 있다. 지속 가능한 에너지를 고민해야 하는 이유와 그 에너지를 찾는 방법을 생각해 보도록 호기심을 자극하는 그림책이다.

➡ 활동: 에너지 독립 선언 마을 만들기

만약 어느 날 갑자기 불이 꺼지고 전기가 들어오지 않는다면 어떻게 해야 할까? 전기 에너지를 스스로 만들어 사용할 수 있을까? 학생들과 우리가 늘 사용하는 에너지에 대해 생각해 보며 얼마나, 어떤 형태로, 언제까지 사용할 수 있는지 이야기를 나눈다. 주택에서 재생 에너지를 활용하여 에너지 독립을 할 수 있는 방법도 찾아보고자 한다. 이 수업을 통해 기술적이고 과학적인 측면까지 세세하게 논하는 데에는 한계가 있지만 어떤 에너지를 어떻게 얻어 활용할지 생각할 기회를 마련한다는 의미가 있다. 『누가 우리 아빠 좀 말려 줘요!』의 내용 일부는 실천 가능한 것이기 때문에 이 책의 아이디어를 적극적으로 활용하면 좋다. 에너지 자립 방법과 관련된 뉴스를 함께 보는 것도 도움이 된다. 검색창에 에너지 자립 마을, 제로 에너지 주택, 재생 에너지 마을 등을 입력하면 다양한 사례가 나오는데 학생 수준에 맞게 선택하여 보여 주도록 한다. 태양열 조리기, 자전거 믹서기, 풍력 LED 조명, 태양광 컴퓨터뿐 아니라 의류 건조기가 아닌 바람으로 옷 말리기, 단열이 잘되어 있어 태양열로 충분히 따뜻하게 지낼 수 있는 건축 구조 등의 아이디어를 공유한다.

먼저 학생들에게 A4용지를 한 장씩 제공한다. 가로 방향으로 반을 접어 바깥 면에는 자신이 살고 싶은 집을 그리고, 안쪽 면에는 에너지 독립 계획서를 적는다. 개인별로 꾸민 집은 한곳에 모아 붙여 에너지 독립 마을을 형성하도록 꾸민다. 마을 차원에서 재생 에너지를 더 설치할 수 있다면 추가로 그린다. 예를 들어 마을이 바닷가에 있다면 풍력 발전소, 조력 발전소 등을 설치할 수 있다. 태양열을 이용한 마을 공용 전기 차 충전소 설치하기, 아이들이 놀이터에서 미끄럼틀을 타거나 시소를 탈 때 생기는 에너지를 전기 에너지로 변환하기 등 다양

학생들이 그린 집을 모아 붙여 꾸민 '에너지 독립 선언 마을' 모습.

한 아이디어도 그림으로 표현해 본다. 상상 속의 그림이 곧 실현된다고 생각하며 참여한다면 학생들에게도 의미 있는 시간이 될 것이다.

에너지에 대해 처음 배운 학생들은 이 수업을 통해 재생 에너지가 지속 가능한 미래를 위한 에너지 자립에 꼭 필요하다는 것을 알게 되었다는 반응을 보였다. 에너지와 관련된 직업으로 과학자가 되어 깨끗한 지구를 만들고 싶다고 하기도 했다. 아직까지는 우리나라에서 화석 연료 사용 비율이 전체의 80% 이상이지만 빠른 시일 내에 재생 에너지 사용량이 80% 이상이 되어 모두가 행복한 지구가 되길 바란다.

함께 읽으면 좋은 그림책

① 『모두를 위한 초록별 에너지』(상드린 뒤마 로이 글, 셀린 마니에 그림, 김현정 옮김, 놀궁리, 2021)
② 『말괄량이 바람 소녀와 풍력 발전』(키스 네글리 글·그림, 위문숙 옮김, 주니어김영사, 2020)
③ 『에너지 이렇게 저렇게 요렇게』(고여주 글, 민병권 그림, 정관영 감수, 상상의집, 2016)
④ 『내 고양이는 어디로 갔을까?』(올리비에 댕 - 벨몽 글, 파흐리 마올라나 그림, 박정연 옮김, 안녕로빈, 2021)
⑤ 『에너지는 세상을 움직여』(이필렬 글, 이경석 그림, 시공주니어, 2018)

자연과 발맞추는 생태 도시

도시 생성

세계 인구 중 도시에 사는 인구 비율(도시화율)은 57% 정도이고[1] 우리나라의 도시화율은 무려 91.8%[2]에 이른다. 도시 집중 현상의 여러 문제점 중 하나는 주변 자연환경이 파괴되어 다른 동물과 식물이 살아갈 삶의 터전이 사라지게 된다는 점이다. 생태 도시(에코시티, ecocity)의 기본 정의는 '사람과 자연 또는 환경이 서로 조화되며 공생할 수 있는 체계를 갖춘 도시'를 뜻한다. 환경을 파괴하는 기존의 도시 개발, 도시 계획에서 벗어나 사람을 위한 기능을 충분히 해내면서 동시에 자연과 공생하는 도시를 만든다는 개념이다. 도시를 가꿔 나가면서, 사람이 도시 속 삶을 영위하면서 다른 생명과 공존하는 방법에는 무엇이 있는지, 그 방법을 어떻게 실천할 것인지 알아 가는 과정 역시 환경 수업에 필요한 주제이다. 야생 동물의 서식지가 단절·파괴되는 것

---

1 KOSIS 국가통계포털(kosis.kr).
2 e-나라지표(index.go.kr).

을 막고 동물의 이동을 돕기 위해 설치하는 생태 이동 통로, 새의 번식을 위해 만든 둥지 상자 등 비교적 친숙한 용어를 통해 친환경 생태 도시에 대해 알아볼 수 있다.

도시가 발전하면 생태계에는 어떤 일이 생길까?

『지혜로운 멧돼지가 되기 위한 지침서』
권정민 글·그림, 보림, 2016

집을 잃은 멧돼지 가족이 새집을 찾아 도시에 정착하는 과정을 재치 있게 그리고 비판적으로 그려 낸 그림책이다. 개발을 위해 다른 동물들의 서식지를 훼손하고 있는 모습은 많은 생각과 고민을 하게 한다.

➔ 활동 1: 다르지만, 함께해 - 지혜로운 공존을 위한 지침서 만들기

그림책을 읽을 때 먼저 글은 가리고 그림을 중심으로 보여 주며 작가가 각 장면에서 어떤 지침을 적었을지 상상해 보도록 하면서 학생들과 같이 읽는다. 그다음 아이들은 자신이 작가라고 생각하며 그림을 보고 상상하여 멧돼지를 위한 지침을 한 문장으로 만들어 본다. 문장을 만든 후에는 자신이 적은 지침 내용과 멧돼지의 마음을 대변하는 작가의 글을 비교해 본다.

그다음에는 도시에서 살아가는 동물에 대한 영상을 시청하고 소감을 나누며 도시 속 야생 동물의 삶과 그들이 겪는 어려움, 아픔

책 속의 지침 내용	아이들이 상상한 지침 내용 중 일부
• 하루아침에 집이 없어져도 당황하지 말고 새집을 찾아 나설 것.	• 차를 조심해서 아이들을 안전한 곳으로 대피시킨다. • 우선 새끼들과 함께 도망간다.
• 힘들면 쉬어 갈 것.	• 트럭에서는 떨어지지 않게 조심한다. • 트럭에 몰래 타서 이사할 장소를 찾는다.
• 복잡하게 생각하지 말고 한 가지만 기억할 것.	• 내가 뉴스에 나와도 당황하지 않고 집을 찾는다.

을 생각해 본다. <야생의 동물들이 찾아오는 곳! 도시의 야생 동물 센터!>(<심장이 뛴다 38.5> 8화, 유튜브 ENA 채널) 영상은 도시의 다른 한 곳에서 살아가는 동물들의 아픔과 이들의 주치의이자 임시 보호자가 되어 주는 야생 동물 센터 이야기를 다룬 것이다. 시청 후 아이들과 생각이나 느낌을 자유롭게 이야기 나누고 '지혜로운 공존을 위한 지침서 만들기' 활동을 한다.

◆ 지혜로운 공존을 위한 지침서

지혜로워지고 싶다면 꼭 보세요!
산과 평화롭게 살아가기 위한 지침서

1. 나무를 많이 심을 것
2. 쓰레기를 산에 버리지 말 것
3. 쓰레기를 많이 주울 것
4. 동물들의 먹이를 줍지 말 것

동물과 공존하기 위한 지침서

1. 동물들을 보면 반겨 줄 것
2. 동물들을 봐도 당황하지 말 것
3. 동물들을 정성으로 돌볼 것
4. 동물들을 위해 노력할 것
5. 동물들과 공존하는 삶을 즐길 것
6. 지침서대로 행동할 것

➡️ 활동 2: 과거로 시간 여행: 도시 발전 모습 살펴보기

구글 어스 프로(google earth pro)를 활용하여 도시가 발전하면서 주변에 어떤 영향을 미쳤는지 살펴보는 활동이다. 이 활동을 통해 숲이 사라지고 도시 규모가 커지며 멧돼지를 포함한 야생 동물들이 어떤 위험에 처해 있는지 생각해 볼 수 있다. 구글 어스는 구글에서 제공하는 지도 프로그램으로 전 세계의 모습을 위성 사진으로 보여 준다. 휴대 전화나 태블릿 등에는 구글 어스를, 데스크탑의 경우 구글 어스 프로를 설치할 수 있다. 구글 어스 프로의 경우 현재뿐 아니라 과거의 위성 지도 찾기도 가능하다. 다만, 원하는 특정 시기의 사진을 찾지 못할 수 있다는 점을 참고해야 한다.

우리가 살고 있는 지역의 현재 사진을 검색해 본 후 과거에는 어떠한 모습이었는지를 살펴보며 본격적인 활동을 시작한다. 프로그램 사용에 익숙해지면 다른 지역의 모습은 과거와 어떻게 달라졌는지도 찾아본다. 과거와 현재의 변화가 크지 않은 지역이 있을 수 있으므로 최근에 개발된 신도시를 중심으로 보면 그 차이를 확연하게 알 수 있다. 신도시의 경우 산이나 숲이 사라지고 아파트가 생겨나는 모습을,

2003년

2020년

구글 어스 프로를 활용하여 살펴본 검단 신도시의 변화 모습.

서해안 간척지의 경우 갯벌이 점점 육지로 변해 가는 모습을 살펴볼 수 있다. 찾은 지역에 어떤 변화가 있었는지 알아보고 느낀 점을 발표해 본다.

우리 도시에는 누가 누가 살고 있을까?

『우리 숲을 내버려 둬!』
옌수뉘 글, 장유란 그림, 김선영 옮김, 미세기, 2009

도심 속에 살고 있는 여러 동식물을 만나고 인간과 그들의 삶을 생각해 보게 하는 그림책이다. 주인공 샤오뤼가 사는 동네에는 공장이 문을 닫고 생겨난 울창한 숲이 있다. 천식을 앓고 있는 샤오뤼는 숨죽인 채 숲에서 들려오는 동물들 이야기에 귀 기울이기도 하고 숲속 동물들이 다락방으로 놀러 오는 상상을 하기도 한다. 가을이 되자 샤오뤼는 꽃씨를 줍기 위해 용기를 내어 숲으로 내려오고, 숲은 샤오뤼와 동물들의 비밀 장소가 된다. 그러던 어느 날, 커다란 빌딩을 지으러 온 아저씨가 빌딩을 가린다는 이유로 나무를 자르고 숲을 없애 버린다.

➔ 활동 1: 너였구나! - 우리 도시에 사는 생물 찾기

숲에 어떤 동물이 살고 있는지 궁금한 샤오뤼처럼 우리 도시 안에는 어떤 생물들이 살고 있는지 찾아보는 활동이다. 근처의 공원이나 숲을 다니며 찾은 동식물을 사진으로 찍고 이름을 찾는다. 어떤 생물인지 잘 모르는 경우에는 네이처링 사이트(naturing.net)를 활용할 수 있다. 우리 마을, 도시에서 만날 수 있는 생물을 지속적으로 관찰하고 등록하여 다른 사람들과 공유하는 활동이 가능한 플랫폼이다. 내가 관찰한 동식물을 기록할 수 있고, 모르는 생물인 경우 '이름을 알려 주세요'를 선택하면 이용자들이 확인한 후 분류를 해 주기도 한다. 생물 분류를 선택하고 찍은 사진을 올리면 되는데, 위치 정보가 포함된 사진이면 관찰 위치와 시간이 자동으로 등록된다. 정보가 포함되지 않은 경우 지도로 검색, 입력을 통해 수동으로 등록할 수 있다.

사진으로 찍은 생물 중 더 알아보고 싶거나 다른 친구들에게 소개하고 싶은 경우 인터넷이나 책 등을 통해 필요한 정보를 찾아본다. 직접 찍은 사진과 찾은 정보를 바탕으로 우리 도시 속 동식물을 소개하는 포스터도 만든다. 복도나 학교 출입구 등에 전시하여 다른 반, 다른 학년 학생들도 볼 수 있도록 하면 효과적이다.

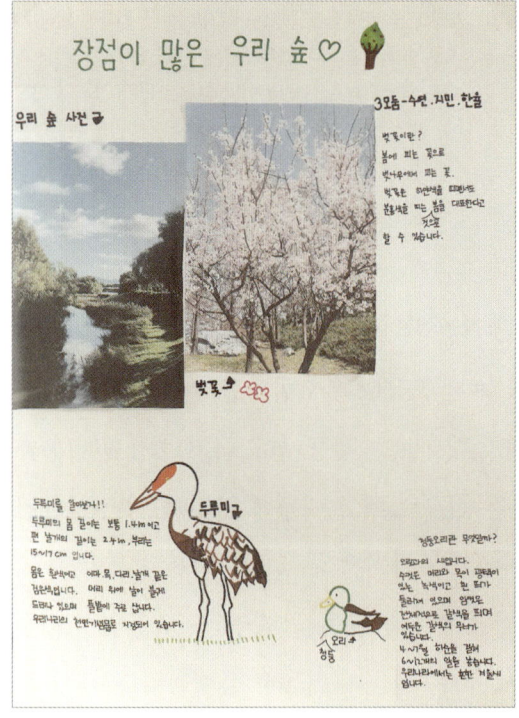

숲 관찰을 하고 학생이 직접 만든 홍보 포스터.

➡ 활동 2: 도시 개발의 장점과 단점 - PMI 기법 활용

도심 속 숲에 살고 있는 동물과 식물에는 무엇이 있는지 알아본 후 도시 개발에 대해 살펴본다. 도시가 형성되면 도시 인구가 증가하고 도시적 생활 양식이 주변 지역으로 확대되는 '도시화'가 진행된다. 도시가 개발되었을 때의 장점과 단점은 무엇인지 PMI 기법을 활용하여 알아본다.

PMI(Plus Minus Interisting) 기법은 특정 대상의 강점(P)과 약점(M), 그리고 흥미로운 점(I)을 기록하고 각각을 분석, 판단하여 최선책을 찾는 과정이다. PMI 기법을 설명한 후 도시 개발의 장점과 단점에는 무엇이 있는지 자유롭게 이야기를 나눈다. 필요한 경우 태블릿 PC 등을 활용하여 추가로 조사하고 미래에는 어떤 도시를 만들면 좋

도시 개발의 장점(Plus)	도시 개발의 단점(Minus)
• 도시에는 사람이 많고 버스와 지하철이 있어서 교통도 편리하다. • 편의점, 영화관, 음식점 등 편의 시설이 많다. • 배달 서비스를 편하게 이용할 수 있다. • 공장과 사무실이 많고 일자리도 많다. • 병원과 약국이 많다. • 학원도 많다.	• 자동차, 버스에서 나오는 매연으로 공기가 좋지 않고 미세먼지가 심하다. • 환경이 오염된다. • 음식 배달 등으로 쓰레기가 많이 발생한다. • 도시로 사람이 모이면서 신도시가 생기는 등 도시가 커지고, 동물들이 살 곳이 사라진다.

내가 바라는 미래 도시의 모습(Interesting)
• 동물과 식물이 많고 공기를 정화하는 시설이 있는 도시 • 인간과 동물이 함께 살아가는 친환경 생태 도시 / 숲이 많고 동물도 함께 사는 도시 • 동물과 자연 그리고 인간이 함께 공생하는 도시 • 독일의 프라이부르크 같은 도시 • 사람도 도시에서 편리하게 살고, 동물들도 이동하는 데에 불편하지 않은 도시

을지, 내가 바라는 미래 도시의 모습(I)에 대한 자신의 생각을 정리하여 발표한다.

도시와 생태계, 공존하며 살아가는 방법은 무엇일까?

『형제의 숲』
유키코 노리다케 글·그림, 이경혜 옮김, 봄볕, 2022

자연을 대하는 형제의 서로 다른 삶의 자세가 어떤 결과를 가져오는지 짧고 간결한 문장과 압도적인 그림으로 보여 주는 책이다. 자연환경과 함께 살아갈 것인가, 아니면 생명의 터전을 대상화하여 개발할 것인가. 짧은 문장으로 많은 이야기를 담고 있는 이 그림책은 인간의 삶과 욕심, 자연을 둘러싸고 많은 생각을 하게 하며, 우리의 삶을 되돌아보고 어떤 삶을 살아갈 것인지 고민하게 하는 많은 여운을 남긴다.

➔ 활동 1: 개발 vs 보전 - 토의하기

2015 교육과정 5학년 1학기 사회 2단원 주제인 '인권 존중과 정의로운 사회' 수업 중 '권리와 의무의 바람직한 관계 알아보기' 주제와 연계하여 수업을 준비할 수 있다. 땅 주인, 환경 단체, 지방 자치 단체 세 가지 입장에서 해결 방법을 찾는 토의 수업을 진행한다. 관련 용어인 '개발, 보전, 공존, 생태 도시, 친환경 도시'의 뜻을 찾아본 후 세 입장 중 하나를 정하고 선택된 입장에서 해결 방법을 모색한다. 그다음 평가 기준을 정해 의견이 적합한지 판단한다.

◆ 활동지에 들어갈 문항 예시

『형제의 숲』

토의 주제: 개발 vs 보전, 우리가 선택한 해결 방법은?

◆ **문제 상황 살펴보기**

- 땅 주인의 입장과 주장
  부모님으로부터 물려받은 땅을 개발하여 건물을 짓고 싶음.
  땅에 건물을 지으면 돈을 벌 수 있지만 그냥 두면 돈을 벌 수단이 없음.
- 환경 단체의 입장과 주장
  멸종 위기종인 맹꽁이와 도롱뇽의 서식지로 확인되어 개발 제한 구역으로 지정해 보호하기를 원함.
- 지방 자치 단체의 입장과 주장
  우리 지역이 환경과 사람이 어우러지는 곳이 되기를 바람. 필요한 경우 세금을 쓸 수 있음.

◆ (   ) 입장에서 의견과 근거를 나눠 해결 방법 마련하기

의견:

근거:

◆ **토의 결과**

- 지방 자치 단체에서 땅을 사서 땅 주인에게 보상을 해 주고 멸종 위기 동물이 살고 있는 서식지는 개발 제한 구역으로 지정한다.
- 지방 자치 단체에서 맹꽁이와 도롱뇽이 살 수 있는 다른 지역을 찾아 이주시킨다.
- 땅 주인의 땅 중에 맹꽁이와 도롱뇽이 살지 않는 땅만 개발하고 개발을 못 한 지역은 지방 자치 단체가 보상한다.

활동 2: 내가 바라는 도시 - 스톱 모션 애니메이션 만들기

내가 바라는 도시의 모습을 주제로 스톱 모션 애니메이션 만들기 활동을 한다. 스톱 모션 애니메이션은 대상의 움직임을 연속으로 촬영하는 일반적인 방식과 달리 정지된 장면을 한 프레임씩 찍어 이 이미지들을 연속으로 재생해 만들어 내는 애니메이션 기법을 말한다.

먼저 앞선 토의 결과를 보고 모둠별로 어떤 도시에 살고 싶은지를 주제로 의견을 나눈다. 스톱 모션 애니메이션을 본격적으로 만들기에 앞서 스토리 보드를 먼저 구상한다. 이때 자연이 보존되는 환경을 갖춘 도시를 위해 스스로 실천할 수 있는 일을 포함하도록 안내한다.

스토리 보드 만들기 활동이 끝나면 영상을 찍을 때 활용할 수 있는 재료, 사용할 동영상 편집 앱 등에 관해서도 모둠별로 의견을 나눈다. 수업을 모두 마친 교과서 그림을 활용하거나, 교사가 도서관에서 정리하는 고서나 그림책을 미리 준비하면 학생들이 필요한 그림이나

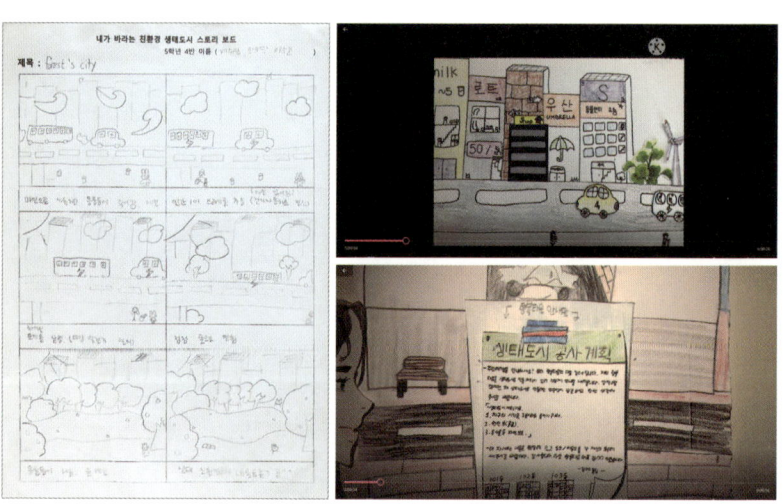

학생들이 만든 스토리 보드와 스톱 모션 애니메이션 장면 일부.

사진 등을 찾아 작품 제작에 활용할 수 있다. 동영상 프로그램인 키네마스터(KineMaster), 블로(VLLO) 등을 활용하고, 필요한 경우 더빙 프로그램을 활용해 음성을 넣거나 자막을 삽입할 수 있다.

지구에는 많은 동물과 식물이 살아가고 있으며 인간도 그중 하나다. 지구는 인간의 것이 아니라 다른 생물들과 함께 살아가는 곳이며 잠시 빌려 쓰는 공간이다. 도시의 삶을 지속하기 위해서는 도시와 자연의 상호 의존 관계를 인정하고 자연을 파괴해야 할 대상이 아니라 아름답게 만들어 갈 공존의 대상으로 바라보아야 한다. 도시가 자연환경을 살리는 공간이 될 수 있도록, 도시에서 동식물과 함께 살아가려는 태도를 길러 주는 환경 교육이 필요하다.

함께 읽으면 좋은 그림책

❶ 『도시는 어떻게 만들어졌을까?』(에릭 바튀 글·그림, 박철화 옮김, 봄볕, 2016)
❷ 『숲』(마크 마틴 글·그림, 아이생각 옮김, 키즈엠, 2012)
❸ 『산이 화가 났어요』(첸요링 글·그림, 남은숙 옮김, 키즈엠, 2019)
❹ 『낙원섬에서 생긴 일』(찰스 키핑 글·그림, 서애경 옮김, 사계절, 2008)
❺ 『생태통로』(김황 글, 안은진 그림, 논장, 2015)
❻ 『둥지상자』(김황 글, 이승원 그림, 한솔수북, 2009)

도시를 건강하게 살리는 방법

도시 재생

긴 세월을 지나온 도시가 노후되면 재건축이나 재개발이 이뤄지고, 인간의 입장에서는 살기 편한 도시가 된다. 중요한 사실은 그 과정에서 원래 살던 사람들이 보금자리를 잃고 떠나며, 기존 주민들이 만들어 온 도시 정체성은 사라지고 대부분 아파트와 고층 빌딩이 즐비한 모습이 된다는 점이다. 여기에 또 다른 문제가 있다. 바로 도시 재생 과정에서 나오는 건축 폐기물이다. 절차에 따라 매립을 해도 문제가 되고, 처리 비용과 절차를 이유로 무단 투기가 이뤄져 문제가 되기도 한다. 토양 오염 피해는 고스란히 지역 주민들에게 돌아간다. 이렇듯 도시 환경 정비에 재건축, 재개발이 절대적인 해법이 될 수 없다. 도시 기능을 회복하고 시설을 개선하며 주민들이 함께 참여하여 의미 있는 변화를 만들고, 역사와 정체성을 보존하면서도 쾌적한 생활이 가능한 주거 환경을 만들어야 한다. 결국 이는 '도시 재생'을 의미한다. 2015년 유엔과 국제 사회가 발표한 지속 가능 발전 목표(SDGs: Sustainable Development Goals)의 열한 번째 목표인 '포용적이고 안전하며 회복력 있는 지속 가능한 도시와 거주지'에 관한 내용이다.

　건설 단원 수업 첫해에 학생들은 신도시를 만드는 데에 더 관심을 가졌다. 이 과정에서 학생들의 추억이 담긴 의미 있는 공간을 하나씩 떠올리게 했고, '만약 신도시를 만들면서 그곳이 사라진다면?'이라는 질문을 하니, 학생들은 옛것을 살리는 방향으로 도시를 만들어 보자고 제안을 했다. 이렇듯 도시 문제 해결은 현세대를 넘어 다음 세대를 위한 선택이며, 다음 세대인 학생들이 안전하고 평화로운 도시의 주민으로서 도시 문제 해결에 참여하기 위해서는 도시 재생의 개념을 이해하고 실천할 수 있는 수업이 필요하다.

새롭게 변화하는 도시에 꼭 필요한 것

『나무가 자라는 빌딩』
윤강미 글·그림, 창비, 2019

주인공 아이는 그림을 그려 건물을 짓고 색칠하면서 꽃이 자라는 놀이터를 만든다. 아이의 상상이 우리를 점점 더 넓은 세상으로 데려다준다. 앞표지와 뒤표지의 색감 대비가 상징적인 책으로, 도시 재생의 관점을 이해하기에 좋은 이야기이다.

➔ 활동 1: 내가 살고 있는 도시 이해 및 그림책 톺아보기

그림책을 읽기 전 현재 살고 있는 도시의 슬로건을 먼저 살펴본다. 필자가 살고 있는 도시는 시흥으로 '미래를 키우는 생명도시'라는 슬로건을 내세우고 있다. 주민 참여로 도시 재생 사업도 하고 있는데 주민들 의견이 어떻게 반영되는지 알아보기 위해 관련된 도시 정책도 간단히 알아본다.

사전에 학생들에게 설명한 수업 방향은 '기술 변화를 민감하게 알아차리는 것도 중요하지만, 인간다움도 놓치지 않는 조화로운 수업이 되기를 바란다.'는 내용이었다. 이를 상기시키며, 현재 우리는 이 도시에서 어떤 삶을 살고 있는지 질문을 던지고 그림책을 읽는 동안 생각하도록 한다. 이 책은 앞표지와 뒤표지가 주는 느낌이 많이 달라 앞표지만 먼저 보여 준다. 주인공은 나무가 자라는 빌딩이 완성되자 모두들 놀러 오라고 초대한다. 페이지를 넘기면 주인공이 만든 건물들이 모여 하나의 마을이 되고 그곳에는 사람들로 가득하다. 이 장면을 보지 않고, 나무와 꽃이 가득한 도시를 만들겠다는 주인공의 다짐으로 끝나는 마지막 장면을 먼저 본다. 주인공이 다짐을 하기 전에는 어떤 내용이 전개될지 학생들에게 예상하는 질문을 하고 뒤표지를 본다. 주인공처럼 상상력으로 우리가 사는 마을을 함께 변화시키자는 제안을 건네며 수업으로 초대한다.

활동 2: 그림책으로 세상 보기

책의 마지막 장면에는 '난 그림을 그릴 거야. 나무와 꽃이 가득한 도시를 만들 거야.'라는 주인공의 다짐이 등장한다. 먼저, 학생들은 모둠별로 각각 다른 주민 역할을 맡는다.

도시에서는 누구나 동등하게 구성원이 될 수 있고 함께 어울려 안전하게 살 수 있어야 함을 이해하도록 역할을 배정한다. 역할이 정해지면 학생들과 어떤 도시에 살고 싶은지, 도시에 필요한 것은 무엇인

모둠별 역할 안내

1모둠: 어린이가 포함된 4인 가족의 엄마와 아빠(35세)
2모둠: 거동이 불편해 전동 휠체어를 타고 이동하는 어르신(70세)
3모둠: 초등학교에 다니는 어린이(9세)
4모둠: 곧 출산을 앞둔 만삭의 임신부(28세)
5모둠: 중학교 1학년인 학생(14세)
6모둠: 시각 장애인
7모둠: ○○시 도시 계획을 담당하는 시청 도시정책과 담당자

지 질문한다. 학생들은 주민의 입장이 되어 고민해 보고 도시의 어떤 모습을 담을지 글로 작성한다.

작성한 내용을 모둠 슬라이드에 정리해 발표한다. 4모둠의 경우 임신부는 배려와 존중을 받아야 하고 도시에는 출산이 가능한 병원, 아기가 다닐 병원이 필요하다고 이야기했다. 임신부는 운동을 해야 하고 태어난 아기는 놀며 자라야 하기 때문에 공원과 놀이터도 있어야 한다는 의견이 나왔다. 임신부는 움직임이 불편하고, 출산 후에 유아차도 사용하기 때문에 도로와 인도가 안전하게 분리되는 작업이 필요하다고도 했다.

◈ 학생 결과물 예시

나의 역할은 (시청 도시정책과 담당자)입니다.
만약 내가 이 사람이라면 (시민의 의견을 반영하여 안전하고 환경 친화적인 정주 환경을 갖춘 생명) 도시를 만들 것입니다.

➡ 활동 3: 도시 재생 프로젝트를 위한 자신만의 관점 형성하기

세 번째 활동은 도시 재생 모형 제작을 위해 도시 환경과 문화를 바라보는 자신만의 관점을 기르는 것이다. 도시 재생과 관련된 용어에 친숙해지도록 단어 활동지 중 그림책에 등장하지 않는 단어 찾기 활동을 한다. 먼저, 학생들이 그림책을 집중해서 볼 수 있도록 그림책에 나오는 단어를 표시한 후에, 나오지 않는 단어는 다른 색깔 펜으로 표시한다. 도시 재생 과정에서 학생들이 모형 제작에 반영해야 할 요소들이기 때문에 다른 색깔 펜으로 구분을 했고, 이 단어들은 이후 자료 조사 활동을 할 때 연결시키도록 한다.

도시	프라이부르크	마법	친환경 에너지	숲
쿠리치바	아파트	유니버설 디자인	놀이터	공기
동물	동네	로봇	친구	훈데르트 바서

색깔 펜으로 구분한 단어 중 모둠에서 한 가지를 선택해 자료 조사 활동의 주제로 삼는다. 지식 그림책이나 권장 도서를 읽고 해당 단어의 의미를 찾아본 다음 모둠별로 무엇에 초점을 두고 조사할지 논의하여 소주제를 정한다. 학생들이 살고 있는 마을에 어떤 변화가 필요한지 찾는 데에 도움이 되도록 도시 재생이 필요한 이유, 도시 재생을 하고자 했던 계기는 모든 모둠에서 조사한다. 예를 들면, 쿠리치바가 생태 도시로 변화한 배경, 쿠리치바만의 특징 등을 정리하는 것이다.

> # 프라이부르크(에너지자립도시)
>
> ### 1. 에너지 자립도시의 의미
> - 에너지 자립은 화석연료에 의존하지 않고 자연 에너지만을 사용하는 것을 말한다.
>
> ### 2. 프라이부르크가 에너지 자립도시가 된 계기
> - 1970년대 원자력 발전소인 체르노빌(원자력 발전소 폭발사고) 사태 후 시의회와 시민들이 탈원전(원자력발전소를 더이상 사용하지 말자는 정책) 을 했다. 원자력 발전소 없이도 친환경적인 방법으로 도시를 유지 할 수 있다는 것을 보여주기 위해 친환경도시로 변하기 시작했다.
> - 1970년말 대기오염과 산성 피해로 인해 환경보전의 중요성을 알게 되어 에너지자립도시로 변화하기 시작했다.

에너지 자립 도시로서 프라이부르크 사례를 조사한 결과물.

자신이 맡은 부분에서 조사가 끝나면 내용을 모둠에서 설명한다. 위 내용은 일부 모둠의 활동 결과물이다.

　발표자는 다른 모둠으로 이동해 발표를 이어 가고, 남은 학생은 다른 모둠에서 온 발표자의 내용을 듣고 정리한다. 남은 학생들은 우리 모둠 발표자도 다른 모둠의 내용을 알 수 있도록 발표자가 모둠으로 돌아왔을 때 그동안 들은 내용을 설명한다. 아이들이 조사한 내용에 비추어 실제 모습은 어떤지 살펴보기 위해 쿠리치바, 프라이부르크, 유니버설 디자인, 훈데르트 바서와 관련된 영상을 보여 준다.

➔ 활동 4: 내가 살고 싶은 마을 만들기

앞선 활동에서 도시 재생 프로젝트를 조사하고 그와 관련된 자기만의 관점을 만들었다면 이번 활동에서는 해당 내용을 학생들이 살고 있는 마을에 적용해 본다. 내가 살고 싶은 마을의 모형을 만드는 것이다. 먼

저, 모형 제작 전에 학생들에게 제작 조건을 제시한다.

모형 제작 조건

1. 앞 단계에서 조사한 내용을 모형에 적용한다. 특히 환경 친화적인 요소, 사회적 약자를 배려한 유니버설 디자인을 반영하여 마을 주민 모두가 행복하게 살 수 있는 마을이 되도록 한다.
2. 업사이클의 의미를 떠올려 보고, 모형을 제작하는 재료는 재활용품 위주로 준비한다.
3. 지리적, 환경적 조건을 고려해 모둠원 모두의 생각을 담은 구조물을 제작한다.

장소는 모둠원이 협의하여 정하고, 원격 수업과 등교가 병행되는 기간에는 필요한 요소들을 서로 나누어 만들도록 한다. 완성 후에는 사진을 찍어서 지도 위에 올리고 모형에 대한 상세한 설명을 작성한다. 다음은 학생들이 마을의 모습을 구상하는 단계에서 정리한 내용이다.

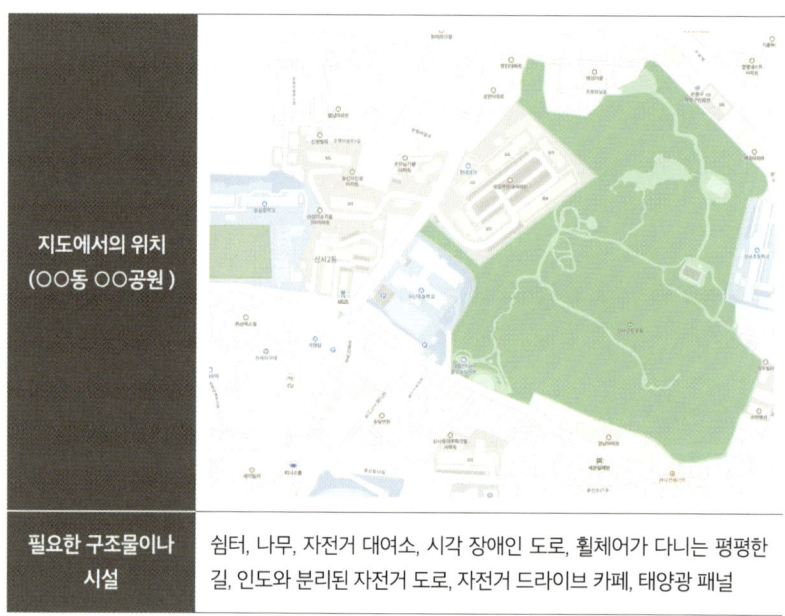

지도에서의 위치 (○○동 ○○공원)	
필요한 구조물이나 시설	쉼터, 나무, 자전거 대여소, 시각 장애인 도로, 휠체어가 다니는 평평한 길, 인도와 분리된 자전거 도로, 자전거 드라이브 카페, 태양광 패널

구조물이 필요한 이유	사람이 자주 다니는 길에 있는 공원이다. 시각 장애인이 안전하게 다닐 수 있는 인도, 자전거 도로, 휠체어가 다닐 수 있는 길은 분리되어야 한다. 태양광 패널을 사용하면 친환경 에너지를 사용할 수 있다. 자전거 드라이브 카페를 만들면 자동차 대신 자전거를 이용하는 사람이 늘어난다.
적용한 기술	신재생 에너지(태양광), 유니버설 디자인(시각 장애인 도로, 휠체어)
사용하고 싶은 이유	태양 에너지를 사용하면 환경 오염을 줄임. 안전하고 편리하게 공원에 필요한 에너지 사용 가능. 자동차로 인한 대기 오염을 줄이기 위해 자전거 드라이브 카페에 대여소를 같이 만들면 자전거를 많이 이용하게 됨. 장애인들이 공원을 안전하게 이용하도록 시각 장애인 유도 블록과 공원 안내가 되어 있는 점자 안내판, 휠체어가 안전하게 다닐 수 있는 길이 필요함.

우리 마을에 무엇이 필요한지 정리되었다면 살고 싶은 마을을 어떻게 만들고 싶은지 그림으로 간단한 설계를 해 본다.

구상이 끝나면 외형을 만든다. 도시를 재생하는 아이디어를 낸다는 취지에 맞게 재활용 수거함에 있는 재료로 제작한다. 필요한 구조

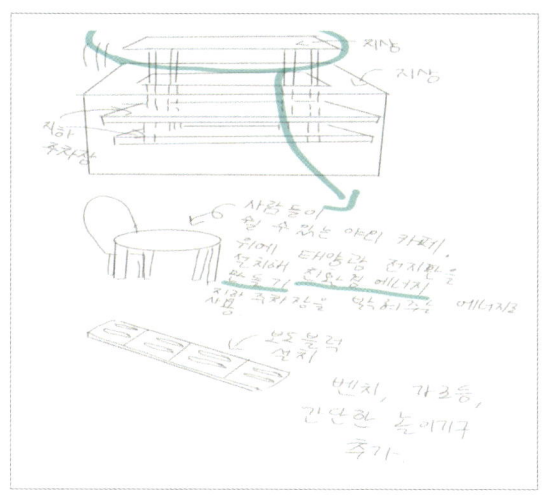

학생들이 마을에 필요하다고 생각한 것들을 그림으로 나타낸 모습.

아이들이 만든 구조물. 공영 주차장을 지하로 내리고 지상에는 쉼터를 만들자는 의견이다.

내가 살고 싶은 ○○동 만들기 모형에서 내가 제작한 부분을 자세히 설명한다면?

우리 모둠이 선택한 장소는 노루우물입니다. 마르지 않는 노루우물은 예로부터 마을 사람들의 '소통의 공간'이자 호조벌의 농업용수로 사용되었습니다. 노루우물 뒤쪽은 정비가 늦어진 상태라 여러 문제점이 있습니다. 그래서 유니버설 디자인을 적용하여 누구나 노루우물을 찾도록 우물 주변에 안전 펜스, 점자가 있는 역사 안내판을 설치해 안전성을 높이고 시각 장애인도 노루우물을 이용하도록 합니다. 그리고 편히 쉴 수 있는 벤치를 설치하고 친환경적인 태양광 패널로 그늘막을 만들었습니다. 태양광 패널은 공원의 가로등과 전등에 사용합니다. 집라인, 그네, 암벽 등반 놀이 기구를 설치하여 아이들은 친환경 놀이터에서 즐겁게 놀고, 어른들은 태양광 패널 그늘막에 앉아 우물을 보며 쉴 수 있게 하여 가족이 함께 하는 공원을 만들었습니다.

물이나 시설은 나누어 만들고 모형이 완성되면 지도 위에 올려 설명을 담은 슬라이드를 제작한다. 마을 모형 제작 발표회를 열고 도시 재생 전문가가 되어, 모형에 친환경 기술이나 유니버설 디자인을 어떻게 적용했는지 자세히 설명한다.

발표회 후 프로젝트 과정을 돌아보며 자기 평가를 한다. 이 프로젝트를 시작할 때 실제로 노루우물을 없애자는 건설사와 보존하겠다는 주민 사이에 갈등이 있었다. 학생들도 보존하고 싶은 장소 1순위로 노루우물[1]을 선정했다. 현재는 주민의 제안대로 공원으로 변모하였다. 그 후 학생들은 누구에게나 안전하고 평화로운 공원이 되기를 바라는 마음과 역사적으로 보존의 가치를 알리고자 하는 마음을 담아 수업에서 여러 가지 제안을 했다. 개발의 논리에 밀려 이곳을 없애 버렸다면 마을 주민들이자 학생들에게 삶에서 어떤 가치가 더 소중한지 설명할 수 있었을까?

이 수업 초창기에는 도시 재생의 관점을 만드는 부분이 어려웠다. 도시 재생의 필요성을 어떻게 이해시켜야 하며, 건설과 관련된 이론을 학생들이 어떻게 이해하기 쉽게 접근할 수 있을까 고민하던 찰나 그림책을 생각하게 되었다. 그림책이 주는 따뜻함과 기발한 상상으로 학생들이 수업에 흥미를 보였고, 도시 재생이라는 다소 어려운 주제를 놓고 교사와 학생을 연결하는 징검다리가 되어 주었다.

학생들과 함께 한 활동을 돌아보면 도시 재생을 위해서는 지속적인 관심이 필요하다는 생각이 든다. 내가 살고 있는 곳이 주민들의 관심과 실천을 통해 긍정적으로 변화하려면 결국 도시 재생에 대한 평생 교육이 필요하다고 할 수 있다.

---

1 노루우물 보존 운동(한국향토문화전자대전, grandculture.net).

함께 읽으면 좋은 그림책

❶ 『이상한 집』(이지현 글·그림, 이야기꽃, 2018)
❷ 『세상이 특별해지는 순간』(샘 보턴 글·그림, 이정은 옮김, 키즈엠, 2019)
❸ 『모두를 위한 집』(티보 라싸 글·그림, 이경혜 옮김, 원더박스, 2020)
❹ 『다시 봄, 벚꽃마을』(그리고 글, 무돌, 신느루, 이응 그림, 그림그리고책, 2022)
❺ 『내 고양이는 어디로 갔을까?』(올리비에 댕-벨몽 글, 파흐리 마울라나 그림, 박정연 옮김, 안녕로빈, 2021)

찾아보기 | 생태 전환 교육에 활용된 그림책

- 『09:47』 이기훈 글·그림, 글로연, 2021 **87~88**
- 『illuminature(일루미네이쳐) - 자연을 비춰 봐요』 레이철 윌리엄스 글, 카르노브스키 그림, 이현숙 옮김, 보림, 2017 **145, 147, 149**
- 『강물이 이야기』 카트린 르파주 글·그림, 권지현 옮김, 머스트비, 2017 **101**
- 『강아, 너는 누구야?』 모니카 바이세나비시엔 글·그림, 발테르 스트룀베리 옮김, 한봉호 감수, 그레이트북스, 2019 **101**
- 『거짓말 같은 이야기』 강경수 글·그림, 시공주니어, 2011 **234**
- 『검정 토끼』 오세나 글·그림, 달그림, 2020 **137**
- 『고기를 먹지 않는다면?』 세라 엘턴 글, 줄리 맥래플린 그림, 천미나 옮김, 키다리, 2018 **258**
- 『곰들은 어디로 갔을까?』 김지은 글·그림, 노란상상, 2021 **200**
- 『공기는 안 괜찮아』 고여주 글, 미르 그림, 상상의집, 2016 **112**
- 『공정 무역, 행복한 카카오 농장 이야기』 신동경 글, 김은영 그림, 사계절, 2013 **224**
- 『귄터 아저씨에게 택배가 왔어요!』 엘리자베트 슈타인켈너 글, 미하엘 로어 그림, 위정현 옮김, 계수나무, 2010 **101**
- 『기후 변화 이야기』 캐서린 바 외 글, 에이미 허즈번드 외 그림, 황세림 옮김, 노란돼지, 2021 **18, 20**
- 『꼬마 원숭이와 떠나는 착한 모험』 스에요시 리카 글, 나카가와 가쿠 그림, 권영선 옮김, 내일도맑음, 2021 **222**
- 『꼬질꼬질 구리구리 지구가 몸살 났어요』 최열 글, 최병옥 그림, 청년사, 2008 **90**
- 『꿈꾸는 사막』 박경진 글·그림, 미세기, 2019 **64**
- 『나 이거 사 줘!』 스테파니 블레이크 글·그림, 김영신 옮김, 한울림어린이, 2020 **212**
- 『나는 태양의 아이』 신동경 글, 정문주 그림, 풀빛, 2019 **271, 273**
- 『나는, 비둘기』 고정순 글·그림, 만만한책방, 2022 **90**
- 『나무 도둑』 올리버 제퍼스 글·그림, 황인빈 옮김, 주니어김영사, 2011 **60**
- 『나무가 자라는 빌딩』 윤강미 글·그림, 창비, 2019 **295**
- 『나무는 좋다』 재니스 메이 우드리 글, 마르크 시몽 그림, 강무홍 옮김, 시공주니어, 2017 **51**

- 『나무늘보가 사는 숲에서』 아누크 부아로베르, 루이 리고 글·그림, 이정주 옮김, 보림, 2014 *49*
- 『나의 비거니즘 만화』 보선 글·그림, 푸른숲, 2020 *258*
- 『낙원섬에서 생긴 일』 찰스 키핑 글·그림, 서애경 옮김, 사계절, 2008 *293*
- 『난민이 뭐예요?』 호세 캄파나리 글, 에블린 다비디 그림, 김지애 옮김, 라임, 2018 *77*
- 『난지도가 살아났어요』 이명희 글, 박재철 그림, 마루벌, 2007 *90*
- 『내 고양이는 어디로 갔을까?』 올리비에 댕-벨몽 글, 파흐리 마울라나 그림, 박정연 옮김, 안녕로빈, 2021 *282, 304*
- 『내 의자에 북극곰이 앉아 있어!』 로스 콜린스 글·그림, 문유진 옮김, 사파리, 2021 *26*
- 『내가 라면을 먹을 때』 하세가와 요시후미 글·그림, 장지현 옮김, 고래이야기, 2023 *234*
- 『내게 텃밭이 생겼어요!』 레니아 마조르 글, 클레망스 폴레 그림, 이주영 옮김, 창비교육, 2022 *240, 242*
- 『내일의 동물원』 에릭 바튀 글·그림, 박철화 옮김, 봄볕, 2019 *170~171*
- 『냉장고 먹는 괴물』 이현욱 글, 양수홍 그림, 밝은 미래, 2020 *212*
- 『냠냠 빙수』 윤정주 글·그림, 책읽는곰, 2017 *263*
- 『농부 달력』 김선진 글·그림, 웅진주니어, 2022 *237~239*
- 『농부 할아버지와 아기 채소들』 현민경 글·그림, 웅진주니어, 2021 *246*
- 『누가 누구를 먹나』 알렉산드라 미지엘린스카, 다니엘 미지엘린스키 글·그림, 이지원 옮김, 보림, 2012 *152*
- 『누가 우리 아빠 좀 말려 줘요!』 김단비 글, 한상언 그림, 이유진 감수, 웃는돌고래, 2012 *280*
- 『눈보라』 강경수 글·그림, 창비, 2021 *15, 17*
- 『다 같은 나무인 줄 알았어』 김선남 글·그림, 그림책공작소, 2021 *58*
- 『다 파헤쳐 도도새의 탐정 일기』 닉 크럼턴 글, 롭 호지슨 그림, 이순영 옮김, 북극곰, 2021 *200*
- 『다시 봄, 벚꽃마을』 그리고 글, 무돌, 신느루, 이응 그림, 그림그리고책, 2022 *304*
- 『달 샤베트』 백희나 글·그림, 책읽는곰, 2014 *261*
- 『대머리 사막』 박경진 글·그림, 미세기, 2019 *54~55*
- 『도시 텃밭에 초대합니다』 펠리치타 살라 글·그림, 권지현 옮김, 씨드북, 2022 *243~244*
- 『도시는 어떻게 만들어졌을까?』 에릭 바튀 글·그림, 박철화 옮김, 봄볕, 2016 *293*
- 『돌아갈 수 있을까?』 이상옥 글, 이주미 그림, 한솔수북, 2021 *26, 77*
- 『동물원』 이수지 글·그림, 비룡소, 2004 *174*

- 『동물원에 갇힌 슈퍼스타』 신현경 글, 김고은 그림, 해와나무, 2019 **174**
- 『둥지상자』 김황 글, 이승원 그림, 한솔수북, 2009 **293**
- 『또 마트에 간 게 실수야』 엘리즈 그라벨 글·그림, 정미애 옮김, 토토북, 2013 **212**
- 『뜨거운 지구』 애나 클레이본 글, 김선영 옮김, 푸른숲주니어, 2020 **18, 20**
- 『마술가루』 장 피에르 기예 글, 질 티보 그림, 윤구병·윤나래 옮김, 다섯수레, 1997 **246**
- 『마지막 섬』 이지현 글·그림, 창비, 2021 **66, 68**
- 『마지막 코뿔소』 니콜라 데이비스 글·그림, 이종원 옮김, 행복한 그림책, 2021 **200**
- 『말괄량이 바람 소녀와 풍력 발전』 키스 네글리 글·그림, 위문숙 옮김, 주니어김영사, 2020 **282**
- 『맑은 공기가 필요해』 장미정 글, 김순효 그림, 한울림어린이, 2020 **112**
- 『멋진 하루』 안신애 글·그림, 고래뱃속, 2021 **214**
- 『멸종 위기 동물들』 제스 프렌치 글, 제임스 길러드 그림, 명혜권 옮김, 우리동네책공장, 2020 **200**
- 『모두를 위한 집』 티보 라싸 글·그림, 이경혜 옮김, 원더박스, 2020 **304**
- 『모두를 위한 초록별 에너지』 상드린 뒤마 로이 글, 셀린 마니에 그림, 김현정 옮김, 놀궁리, 2021 **282**
- 『미미의 스웨터』 정해영 글·그림, 논장, 2018 **119, 122**
- 『미세미세한 맛 플라수프』 김지형, 조은수 글, 김지형 그림, 두마리토끼책, 2022 **114~115**
- 『바다로 간 빨대』 김영미 글, 조히 그림, 아이앤북, 2020 **189**
- 『바람으로 전기를 만들어』 해리엇 브런든 글, 이계순 옮김, 풀빛, 2021 **275**
- 『밖에 나가 놀자!』 로랑 모로 글·그림, 이세진 옮김, 김신연 감수, 미디어창비, 2019 **150**
- 『보세주르 레지던스』 질 바슐레 글·그림, 나선희 옮김, 책빛, 2021 **222**
- 『북극곰에게 냉장고를 보내야겠어』 김현태 글, 이범 그림, 휴먼어린이, 2011 **26**
- 『빙하가 사라진 내일』 로지 이브 글·그림, 라피마 옮김, 한울림어린이, 2018 **26**
- 『빙하섬을 지켜주세요』 이새미 글·그림, 파란정원, 2020 **77**
- 『사라지는 동물 친구들』 이자벨라 버넬 글·그림, 김명남 옮김, 이정모 감수, 그림책공작소, 2017 **180**
- 『사라지는 섬, 투발루』 바루 글·그림, 이주희 옮김, 북스토리아이, 2012 **77**
- 『산불은 왜 일어날까?』 테일러 모리슨 글·그림, 장석봉 옮김, 사계절, 2009 **49**
- 『산불이 일어난 뒤에』 대니 포포비치 글·그림, 김배경 옮김, 김황 해설, 책속물고기, 2021 **45~46**

- 『산이 화가 났어요』 첸요링 글·그림, 남은숙 옮김, 키즈엠, 2019 *293*
- 『상자 세상』 윤여림 글, 이명하 그림, 천개의바람, 2020 *84*
- 『생명과 손잡기』 마틸드 파리 글, 마리옹 티그레아 그림, 정주연 옮김, 주니어RHK, 2022 *150*
- 『생물의 다양성』 위베르 리브스, 넬리 부티노 글, 다니엘 카자나브 그림, 문박엘리 옮김, 생각비행, 2020 *150*
- 『생태계 공생의 법칙』 클레르 르쾨브르 글, 시몽 바이 그림, 김보희 옮김, 풀과바람, 2021 *160*
- 『생태통로』 김황 글, 안은진 그림, 논장, 2015 *293*
- 『서로를 보다』 윤여림 글, 이유정 그림, 낮은산, 2012 *174*
- 『세상에 잡초는 없대!』 세바스티앵 페레즈 글, 안로르 파로 그림, 이세진 옮김, 이소영 감수, 미디어창비, 2022 *150*
- 『세상을 돌고 도는 놀라운 물의 여행』 맬컴 로즈 글, 숀 심스 그림, 김현희 옮김, 사파리, 2015 *101*
- 『세상이 특별해지는 순간』 샘 보턴 글·그림, 이정은 옮김, 키즈엠, 2019 *304*
- 『소원』 박혜선 글, 이수연 그림, 키즈엠, 2020 *137*
- 『쇼핑은 선택이야』 후지와라 히로노부 글, 호우 그림, 강방화 옮김, 웅진주니어, 2020 *212, 222*
- 『숲』 마크 마틴 글·그림, 아이생각 옮김, 키즈엠, 2012 *293*
- 『숲』 이주미 글·그림, 현북스, 2016 *49*
- 『숲의 생태계』 위베르 리브스, 넬리 부티노 글, 다니엘 카자나브 그림, 문박엘리 옮김, 생각비행, 2022 *160*
- 『시골로 돌아갈래!』 이순남 글, 박준 그림, 스푼북, 2019 *112*
- 『쓰레기 괴물』 에밀리 S. 스미스 글, 하이디 쿠퍼 스미스 그림, 명혜권 옮김, 맛있는책, 2021 *189*
- 『쓰레기 귀신이 나타났다!』 백지영 글·그림, 미세기, 2021 *128~129*
- 『쓰레기가 쌓이고 쌓이면』 박기영 글, 이경국 그림, 웅진주니어, 2010 *90*
- 『아기 거북이 클로버』 조아름 글·그림, 빨간콩, 2020 *189*
- 『아다의 바이올린』 수전 후드 글, 샐리 원 컴포트 그림, 이유림 옮김, 논장, 2021 *134, 136*
- 『아도와 전깃불』 아도넬라 코마체토, 마리안나 투르키 글, 크리스티나 지벨라토 그림, 서소영 옮김, 키즈엠, 2013 *269*
- 『아마존 숲의 편지』 잉그리드 비스마이어 벨링하젠 글·그림, 김현좌 옮김, 걸음동무, 2009 *43~44*

- 『아직 봄이 오지 않았을 거야』 정유진 글·그림, 고래뱃속, 2021 *81~83*
- 『안녕, 나의 고래』 장은혜 글·그림, 크레용하우스, 2021 *176*
- 『알루미늄 캔의 모험』 앨리슨 인치스 글, 마크 체임버스 그림, 마술연필 옮김, 보물창고, 2020 *137*
- 『알바는 100살』 라라 호손 글·그림, 박여진 옮김, 애플트리태일즈, 2020 *189*
- 『암탉은 파업 중』 필라르 세라노 글, 마르 페레로 그림, 김지애 옮김, 라임, 2017 *222*
- 『앵커 씨의 행복 이야기』 남궁정희 글·그림, 노란돼지, 2017 *254*
- 『어려도 지구는 우리가 구할 거야!』 롤 커비 글, 아델리나 리리어스 그림, 심연희 옮김, 책읽는곰, 2022 *22*
- 『어린 노동자와 희귀 금속 탄탈』 앙드레 마르와 글, 쥘리엥 카스타니에 그림, 김현아 옮김, 한울림어린이, 2020 *234*
- 『어머, 이건 꼭 사야 해!』 이현진 글·그림, 노란돼지, 2020 *205~206, 208*
- 『엄마, 난 이 옷이 좋아요』 권윤덕 글·그림, 길벗어린이, 2010 *124*
- 『에너지 이렇게 저렇게 요렇게』 고여주 글, 민병권 그림, 정관영 감수, 상상의집, 2016 *282*
- 『에너지는 세상을 움직여』 이필렬 글, 이경석 그림, 시공주니어, 2018 *282*
- 『여기는 텃밭 놀이터』 신수인 글, 장순일 그림, 개똥이, 2022 *246*
- 『열네 마리 늑대』 캐서린 바르 글, 제니 데스몬드 그림, 김미선 옮김, 상수리, 2022 *156, 158*
- 『열매 하나』 전현정 글, 이유정 그림, 파란자전거, 2018 *141, 143, 145*
- 『오늘 미세먼지 매우 나쁨』 양혜원 글, 소복이 그림, 위즈덤하우스, 2016 *112*
- 『오염물이 터졌다!』 송수혜 글·그림, 미세기, 2020 *96~97*
- 『완두콩아, 쑥쑥 자라렴!』 엘리자베스 드 랑빌리, 마리알린 바뱅 글·그림, 이정주 옮김, 시공주니어, 2017 *246*
- 『요셉의 작고 낡은 오버코트가…?』 심스 태백 글·그림, 김정희 옮김, 베틀북, 2000 *124*
- 『우리 곧 사라져요』 이예숙 글·그림, 노란상상, 2021 *177, 181, 184*
- 『우리 마을이 사막으로 변해 가요』 유다정 글, 황종욱 그림, 미래아이, 2014 *64*
- 『우리 숲을 내버려 둬!』 엔수뉘 글, 장유란 그림, 김선영 옮김, 미세기, 2009 *287*
- 『우리 여기 있어요, 동물원』 허정윤 글, 고정순 그림, 킨더랜드, 2019 *164*
- 『우리 집 전기 도둑』 임덕연 글, 이형진 그림, 미래엔아이세움, 2011 *37*
- 『우리 집 전기가 집을 나갔어요!』 신순재 글, 김고은 그림, 최혜영 감수, 소담주니어, 2015 *269*
- 『우리 집은 어디 있나요?』 진주니, 린산 글, 리우닝 그림, 펭귄랜덤하우스코리아, 2019 *26*

- 『우리, 집』 진주 글, 진경 그림, 고래뱃속, 2022 *174*
- 『우리가 지켜야 할 동물들』 마틴 젠킨스 글, 톰 프로스트 그림, 이순영 옮김, 북극곰, 2020 *200*
- 『우리를 먹지 마세요!』 루비 로스 글·그림, 천샘 옮김, 두레아이들, 2011 *258*
- 『웅덩이 관찰 일기』 황보연 글, 윤봉선 그림, 웅진주니어, 2007 *160*
- 『유리병 속의 생태계』 레이철 이그노토프스키 글·그림, 조은영 옮김, 책읽는곰, 2022 *160*
- 『이빨 사냥꾼』 조원희 글·그림, 이야기꽃, 2014 *192, 194*
- 『이상한 동물원』 이예숙 글·그림, 국민서관, 2019 *174*
- 『이상한 집』 이지현 글·그림, 이야기꽃, 2018 *304*
- 『이토록 불편한 고기』 크리스토프 드뢰서 글, 노라 코에넨베르크 그림, 신동경 옮김, 그레이트북스, 2021 *258*
- 『작은 종이 봉지의 아주 특별한 이야기』 헨리 콜 글·그림, 비룡소, 2021 *64*
- 『전기가 우리 집에 오기까지』 엠마뉘엘 피게라스 글, 릴리 라 발렌 그림, 이정주 옮김, 우리학교, 2022 *269*
- 『죽음의 먼지가 내려와요』 김수희 글, 이경국 그림, 미래아이, 2015 *106*
- 『지구는 네가 필요해!』 필립 번팅 글·그림, 황유진 옮김, 북극곰, 2021 *29, 31, 137*
- 『지구를 위한 한 시간』 박주연 글, 조미자 그림, 한솔수북, 2011 *32, 269*
- 『지구를 죽이는 1초, 지구를 살리는 1초』 하오광차이 글, 페드로 페니조토 그림, 이재훈 옮김, 미세기, 2010 *37, 90*
- 『지구에는 생물이 가득가득』 닐 레이튼 글·그림, 유윤한 옮김, 재능교육, 2021 *150*
- 『지구온난화가 가져온 이상한 휴가』 이윤민 글·그림, 미세기, 2020 *37*
- 『지구의 일』 김용택 글, 연수 그림, 바우솔, 2021 *34~35*
- 『지구촌 아름다운 거래 탐구생활』 한수정 글, 송하완 그림, 파란자전거, 2016 *234*
- 『지혜로운 멧돼지가 되기 위한 지침서』 권정민 글·그림, 보림, 2016 *284*
- 『착한 공정 여행- 호텔 대신 랏지네 집에서 머물러요』 주느비에브 클라스트르 글, 뤼실 플라생 그림, 허보미 옮김, 내인생의책, 2016 *231*
- 『채소밭 잔치』 다시마 세이조 글·그림, 고향옥 옮김, 우리교육, 2006 *150*
- 『채식 흡혈귀 딩동』 임정진 글, 박실비 그림, 이숲아이, 2021 *258*
- 『채식은 사랑이다』 루비 로스 글·그림, 조약골 옮김, 두레아이들, 2013 *250, 252*
- 『채식하는 호랑이 바라』 김국희 글, 이윤백 그림, 낮은산, 2020 *248*
- 『청소부 토끼』 한호진 글·그림, 반달, 2015 *92*

- 『최고의 차』 다비드 칼리 글, 세바스티앙 무랭 그림, 바람숲아이 옮김, 봄개울, 2019 *203*
- 『코끼리와 숲과 감자 칩』 요코쓰카 마코토 지음, 고향옥 옮김, 도토리나무, 2014 *196, 198*
- 『탁한 공기, 이제 그만』 이욱재 글·그림, 노란돼지, 2012 *103, 106*
- 『탄소 중립이 뭐예요?』 장성익 글, 방상호 그림, 풀빛, 2022 *37*
- 『태어납니다 사라집니다』 유미희 글, 장선환 그림, 초록개구리, 2020 *209~210*
- 『텃밭에서 놀아요』 보리 편집부 글, 느림 그림, 보리, 2019 *246*
- 『투발루에게 수영을 가르칠 걸 그랬어!』 유다정 글, 박재현 그림, 미래아이, 2008 *71*
- 『파란 티셔츠의 여행』 비르기트 프라더 글, 비르기트 안토니 그림, 엄혜숙 옮김, 담푸스, 2009 *228~229*
- 『파란 파리를 먹었어』 마티아스 프리망 글·그림, 박나리 옮김, 풀빛, 2020 *160*
- 『파워 업! 에너지 전쟁』 샤커 팔레자 글, 글렌다 체 그림, 박영도 옮김, 라임, 2016 *277*
- 『플라스틱 병의 모험』 앨리슨 인치스 글, 피트 화이트헤드 그림, 마술연필 옮김, 보물창고, 2018 *137*
- 『플라스틱 섬』 이명애 글·그림, 상출판사, 2014 *124*
- 『플라스틱 지구』 조지아 암슨-브래드쇼 글, 김선영 옮김, 푸른숲주니어, 2019 *117~118, 123*
- 『하늘에서 보물이 떨어졌어요!』 테리 펜, 에릭 펜 글·그림, 이순영 옮김, 북극곰, 2021 *222*
- 『할머니의 용궁 여행』 권민조 글·그림, 천개의바람, 2020 *189*
- 『형제의 숲』 유키코 노리다케 글·그림, 이경혜 옮김, 봄볕, 2022 *290~291*
- 『호랑이 바람』 김지연 글·그림, 다림, 2020 *41~43*

그림책으로 시작하는
생태 전환 교육

1판 1쇄 발행 2023년 4월 24일
　5쇄 발행 2025년 10월 20일

지은이　그림책사랑교사모임
펴낸이　한기호
편집　서정원, 박예슬, 송원빈, 이선진
본부장　여문주
마케팅　윤병일, 신세빈
경영지원　김윤아
디자인　토가 김선태
인쇄　예림인쇄

펴낸곳　(주)학교도서관저널
　　　　출판등록 제2009-000231호(2009년 10월 15일)
　　　　주소 04029 서울시 마포구 동교로12안길 14(서교동) 삼성빌딩 A동 3층
　　　　전화 02-322-9677 팩스 02-6918-0818
　　　　전자우편 slj9677@gmail.com
　　　　홈페이지 www.slj.co.kr

ISBN　978-89-6915-145-2　03370

ⓒ 그림책사랑교사모임

- 이 책은 저작권법에 따라 보호를 받는 저작물이므로 무단 전재와 무단 복제를 금합니다.
- 책값은 뒤표지에 있습니다.